民族预科

普通话
训练教程

主　编 ◎ 邓宇萍　杨甲甲
副主编 ◎ 马史火　麦吉作体　马　婷　罗妞牛

四川大学出版社
SICHUAN UNIVERSITY PRESS

图书在版编目（CIP）数据

民族预科普通话训练教程 / 邓宇萍，杨甲甲主编
. — 成都：四川大学出版社，2023.8
ISBN 978-7-5690-6228-1

Ⅰ．①民… Ⅱ．①邓… ②杨… Ⅲ．①普通话－少数民族教育－教材 Ⅳ．①H102

中国国家版本馆CIP数据核字（2023）第134759号

书　　名：	民族预科普通话训练教程
	Minzu Yuke Putonghua Xunlian Jiaocheng
主　　编：	邓宇萍　杨甲甲
丛 书 名：	民族预科系列教材

选题策划：梁　平　杨　果
责任编辑：李　梅
责任校对：宋彦博
装帧设计：裴菊红
责任印制：王　炜

出版发行：四川大学出版社有限责任公司
　　　　　地址：成都市一环路南一段24号（610065）
　　　　　电话：（028）85408311（发行部）、85400276（总编室）
　　　　　电子邮箱：scupress@vip.163.com
　　　　　网址：https://press.scu.edu.cn
印前制作：四川胜翔数码印务设计有限公司
印刷装订：成都市新都华兴印务有限公司

成品尺寸：185 mm×260 mm
印　　张：12.75
字　　数：293千字

版　　次：2023年9月 第1版
印　　次：2023年9月 第1次印刷
定　　价：48.00元

本社图书如有印装质量问题，请联系发行部调换

版权所有 ◆ 侵权必究

扫码获取数字资源

四川大学出版社
微信公众号

总　　序

党和国家历来高度重视民族教育的发展。民族地区教育高质量发展是我国教育高质量发展不可或缺的组成部分，是建设教育强国、科技强国、人才强国的重要内容。培养拥护中国共产党的领导，拥护社会主义制度，维护国家统一和民族团结，具备一定专业知识，能较好适应大学学习生活的少数民族学生，是少数民族预科教育的根本。

西昌学院民族预科教育始于1980年，是四川省内最早承担民族预科教育的省属高校之一，也是四川省少数民族预科教育基地。40余年来，学校少数民族预科教育秉承"预本贯通"的思想，坚持"养习惯、重品性、强基础、拓素质"的办学理念，立足区域经济社会发展实际，积极构建民族地区人才培养体系，先后培养输送了近两万名合格的少数民族预科学生，为加快民族地区经济社会发展，实现各民族平等、团结、共同繁荣进步作出了突出贡献。

近年来，随着国家高等教育改革与发展的不断深入，少数民族预科教育教学改革也加速推进。教材是学生获取系统知识的重要工具，是教师进行教学的主要依据，教材质量的优劣直接影响着教育教学的好坏。目前高校预科教学尚未有统编教材，现行少数民族预科教育教材多为20世纪90年代初编写的，一定程度上存在教材内容陈旧、学科前沿知识较少、对学生学习兴趣的激发较弱、与当前民族地区教育实际需求结合度不够等问题。为进一步加强少数民族预科教学研究、深化教学改革、提高预科教学质量，学校以习近平新时代中国特色社会主义思想为指导，组织少数民族预科教育学院全体教师，按照"夯实基础、突出重点、兼顾专业、预本对接"的原则，以培养预科学生科学思维方式，改进学生学习方法，提高学生自主学习能力为主要教学目标，坚持科学性、系统性，突出区域化、差异化和精准性，针对我校少数民族预科学生（以彝族、羌族、藏族、回族为主，包括苗族、白族、满族、蒙古族、侗族、布依族、土家族、傈僳族、壮族和傣族等十余个民族）的学习特点和专业学习要求，编写了《阅读与写作》《民族预科普通话训练教程》《民族预科初等数学》《民族预科高等数学》《民族预科英语综合教程1》《民族预科英语综合教程2》等教材。该套教材是学校持续铸牢中华民族共同体意识教育，不断深化预科教育教学改革，提高预科教育教学质量，建设一流的民族预科教育基地的体现；

是学校以教学为中心，以学生为本，紧扣少数民族预科教育教学实际，开展教学研究的重要成果，对推动和促进少数民族预科教育具有示范和促进作用。

甘瓜苦蒂，物无全美。期待社会各界为该套教材提出宝贵的意见和建议，我们将虚心接受、认真完善，与各位一道推动少数民族预科教育高质量发展。

西昌学院党委副书记、校长　朱占元

前　言

西昌学院地处凉山彝族自治州，预科普通话的教学对象是民族学生，其中彝族学生比例最高。凉山彝族学生大多居住在边远彝区，汉语基础薄弱，其普通话不仅受到以西昌话为代表的凉山方言的影响，在语音、词汇、语法等方面还受到本民族语言彝语的影响，在普通话教学实践中彝族学生的民族性、区域性特征十分明显。但目前还没有一本专门针对民族预科学生普通话学习的专用教材，以往一直使用汉族学生普通话训练同类教材。将这些教材用于少数民族学生普通话教学，则存在教材编写内容欠缺针对性、体系不够合理、实践效用不理想等问题，导致民族预科学生的普通话水平相对较低，多年来普通话水平测试通过率不够理想，甚至较难有效参与普通话水平测试。基于此，结合教育对象的实际情况，编写具有针对性的民族学生普通话教材具有其紧迫性和必要性。这也是本书编写组编写此教材的原因。

本教材具有以下特点：首先，对于以彝语和凉山方言为第一习得语的少数民族学生而言，因本民族语音系统特点造成的母语负迁移现象，需要通过与普通话的辨正来加以区分。这正是本教材独具特色之处。本书可供高校少数民族普通预科、一类模式预科学生使用，对于其他凉山少数民族学生学习普通话也有参考意义。

其次，在语言学、语音学的教育中融入民族团结教育和铸牢中华民族共同体意识教育，融入诸多思政元素，是本教材的创新和特色。少数民族学生因为普通话基础差，在普通话实践中相对怯场、自信心不足、参与度不高，该教材在内容编写上难度适宜，能结合学生的第一习得语进行辨证，有很强的针对性。同时，教材选文和题目注意典型性，可激发民族学生的学习热情、提升其民族自信心。合理使用本教材不仅可以使学生得到语言上的学习，更能有效激发学生的学习兴趣、民族自信心。

教材编写组成员拥有从事普通话教学和测试的丰富经验。大部分编写人员彝语、汉语皆通，对以彝族学生为主体的普通话教学有较深的经验和心得。编写人员在教学实践中注重将民族学生的母语与地方方言进行比较分析，找出异同，及时归纳教学规律，这也为本教材的编写打下了深厚的理论和实践基础。

本书编写分工如下："绪论"部分由马史火编写，第一章"普通话语音训练"由邓宇萍编写，第二章"普通话词汇训练"由马婷、罗妞牛编写，第三章"普通话语法训练"由麦吉作体编写，第四章"普通话朗读训练"由麦吉作体、杨甲甲编写，第五章"普通话说话训练"由杨甲甲编写。

  由于时间仓促，加之同类参考资料相对稀缺，书中疏误缺失在所难免，请广大师生批评指正，以便再版修订。

《民族预科普通话训练教程》教材编写组

目 录

绪 论 ……………………………………………………………………（ 1 ）
    第一节 普通话的定义、形成及推广意义 …………………………（ 1 ）
    第二节 汉语方言概述 ………………………………………………（ 3 ）
    第三节 普通话水平测试 ……………………………………………（ 4 ）
    第四节 汉语拼音方案 ………………………………………………（ 8 ）

第一章 普通话语音训练 ………………………………………………（ 11 ）
    第一节 概 述 ………………………………………………………（ 11 ）
    第二节 声 母 ………………………………………………………（ 14 ）
    第三节 韵 母 ………………………………………………………（ 25 ）
    第四节 声调和音节描写 ……………………………………………（ 39 ）
    第五节 语流音变 ……………………………………………………（ 44 ）

第二章 普通话词汇训练 ………………………………………………（ 56 ）
    第一节 概述 …………………………………………………………（ 56 ）
    第二节 "团结话"和普通话的词汇比较 …………………………（ 58 ）
    第三节 普通话水平测试字词训练 …………………………………（ 62 ）

第三章 普通话语法训练 ………………………………………………（ 92 ）
    第一节 语法单位 ……………………………………………………（ 92 ）
    第二节 彝语和汉语的语法比较 ……………………………………（ 98 ）
    第三节 四川方言和普通话的语法比较 ……………………………（100）

第四章 普通话朗读训练 ………………………………………………（106）
    第一节 朗读基础知识 ………………………………………………（107）
    第二节 朗读技巧与训练 ……………………………………………（109）
    第三节 普通话水平测度朗读短文60篇 ……………………………（124）

第五章　普通话说话训练 …………………………………………………… (165)
　　第一节　说话测试概述 ……………………………………………… (165)
　　第二节　说话测试的问题及对策 …………………………………… (167)
　　第三节　说话测试的话题与分类训练 ……………………………… (173)

参考文献 ………………………………………………………………… (193)

绪 论

第一节 普通话的定义、形成及推广意义

一、普通话的定义

普通话，又称现代标准汉语，是以北京语音为标准音，以北方官话为基础方言，以典范的现代白话文著作为语法规范的现代汉民族共同语。推广普通话是为了消除方言隔阂，便利社会交际，它与人们使用和传承方言并不矛盾。现代普通话的主要来源是元朝时期以大都（北京）话为基础编制的《中原音韵》及明清官话。到了清朝雍正年间，清政府正式确立北京话为标准官话。现代普通话跟东南地区方言相比，保留的古音比较少，并且没有"入声"。

普通话（也即现代标准汉语）作为联合国工作语言之一，已成为中外文化交流的重要桥梁，也是外国人学习汉语的首选语言。截至2015年，中国70%的人口具备普通话应用能力，尚有约4亿人口只局限于听懂的单向交流。

民族共同语是超方言的，同时又以某一种方言为基础。普通话以北方话为基础方言，以北京语音为标准音，这不是少数人主观规定的，而是有它的客观基础的。这一客观基础涉及社会政治、经济、文化等各方面。

普通话以北京语音为标准音。北京语音指北京语音系统，包括北京语音的声母、韵母、声调，声母、韵母、声调的结合规律、音变规律等（其标准语音采集地为河北省承德市的滦平县，1953年国家语音工作人员到滦平金沟屯村对两位教师进行标准音采集）。但是，我们不能把北京语音理解为在语音上北京本地人怎么说，普通话也就怎么说。换句话说，我们不能认为北京土话就是普通话。譬如，北京土话对某些字有误读的情况，如把"侵（qīn）略"读成"侵（qǐn）略"，"亚（yà）洲"读成"亚（yǎ）洲"，"复

(fù）杂"读成"复（fǔ）杂"，这些就不能跟着误读。北京土话里的大量儿化词（如"今儿""明儿"等）和轻音节词（如把"明天""古怪""主张""重要"等词里的"天""怪""张""要"都读成轻音），也不能照搬到普通话里。普通话也要不断从其他方言中吸收富有表现力的成分。

以北方官话为基础方言，是指当对同一事物或现象各方言的表达不同时，我们应该使用北方官话的词语。以北方官话为基础方言也并不是说北方官话的所有词语都能进入普通话。如果一种事物在北方官话里有几种不同的说法，普通话一般吸收历史比较长、使用地区比较广、词义比较明确的词，而舍弃使用时间短、使用地区窄、词义不太明确的词。普通话也会从各个方面吸收有特殊表现力的词汇，如从古代汉语里继承现在还有生命力的词汇，从外国语中吸收一些汉语所需要的词汇，这样会使普通话的词汇更加丰富多彩。

普通话以典范的现代白话文著作为语法规范。语法是词、短语、句子等语言单位的结构规律。就语法而言，汉语各方言区的语法大体一致，相对于语音、词汇来讲，其共性更多，但仍存在一定的差异。这些语法差异表现在方方面面，如构词法、虚词的用法、语序等。

总而言之，作为现代汉民族共同语的普通话包括了语音、词汇、语法三方面的标准。

二、普通话的形成

从现有的文献资料看，汉族在历史上长期使用"文言"作为统一的书面语。这种文言最初也应该是以口语为基础的，但后来越来越与口语脱节，能熟练使用文言的人占当时社会的极少部分。这就不能适应整个社会发展的需要。晚唐及五代时期，一种建立在北方话基础上的、同口语直接相连的、新的书面语"白话"逐渐兴起。到了宋元特别是明清时期，白话发展到了可以与文言分庭抗礼的地步，各种体裁的文学作品，如一些元杂剧和后来成为传世名著的《水浒传》《西游记》《儒林外史》《红楼梦》等，基本上是用白话文写成的。在明清时期更有了以北方话为基础的"官话"，清政府还命令在福建、广东两省设立正音书院，以教授官话。但是在当时，文言还是在书面语的使用上占有优势。1919年爆发的"五四"运动明确提出了"废文言，兴白话"的口号，动摇了文言的统治地位。

汉民族共同语的确定，是在中华人民共和国成立以后。中国是一个多民族的国家。随着国家的统一，为了便于各民族的相互交流，汉语普通话被选为共同的交际语。

普通话这一概念源于1956年2月6日国务院颁布的《关于推广普通话的指示》。普通话的法定地位是通过1982年修订的《中华人民共和国宪法》确立的，宪法的第十九条规定："国家推广全国通用的普通话。"经过半个多世纪的推广，特别是改革开放以来社会的飞速发展，普通话在我国的社会生活中发挥着越来越重要的作用。2000年全国人民代表大会通过的《中华人民共和国国家通用语言文字法》，通过专门法的形式使普通话的法定地位更为具体化。随后，全国各地在该法的基础上相继建立了相应的地方法规。

从法律的角度来说，普通话是国家通用语言；从社会语言学的角度来说，普通话则是汉语的共同语和标准语。

三、推广普通话的重要意义

语言是重要的交际工具和信息载体。大力推广、普及全国通用的普通话，有利于消除语言隔阂，促进社会交往，对社会主义经济、政治、文化建设和社会发展具有重要意义。推广普及普通话，有利于营造良好的语言环境，促进人员交流，有利于商品流通和培育统一的大市场。

我国是多民族、多语言、多方言的人口大国，推广普通话也有利于推动各民族的交往、交流、交融，有利于维护国家统一，增强中华民族凝聚力，铸牢中华民族共同体意识。

语言文字能力也是文化素质的基本内容，推广普通话是素质教育的重要内容。推广普通话有利于贯彻教育面向现代化、面向世界、面向未来的战略方针，有利于弘扬和传播中华优秀传统文化和爱国主义精神，提高全民族的文化素质。

信息技术水平是衡量国家科技水平的标志之一。语言文字规范化、标准化是提高中文信息处理水平的前提。推广普通话和推行汉语拼音方案有利于推动中文信息处理技术的发展和应用。

在少数民族聚居地区大力推广普通话具有重大战略意义。

少数民族聚居地区大多环境闭塞，人们世代聚族而居，与外界缺乏交流，存在普遍的普通话应用困难。以四川省凉山彝族自治州为例，该州彝族人口占比53.6%，在自治州下辖的各县里彝族人口比重更高，如布拖县高达97.2%，昭觉县高达98.4%。这些县多数位于山高谷深的大、小凉山地区，绝大多数彝族群众仅能使用彝语进行交流。而众多彝语分支之间也存在不能互通的状况，正如彝族人所说，"不在一个地方住，说话不可能会一样"。类似的少数民族聚居区也应当成为推广普通话的关注重点。

第二节　汉语方言概述

中国人口众多，地域辽阔，加之汉族社会在发展过程中出现过不同程度的分化和统一，所以，汉语有较多的方言，且比较复杂。关于汉语方言的分类，学术界至今意见不一。较为常见的分法是将其分作七类：

北方方言。北方方言区包括长江以北地区，长江以南的镇江以西、九江以东的沿江地带，云南、贵州、四川三省，湖北省大部（东南部除外），湖南省西北部以及广西北

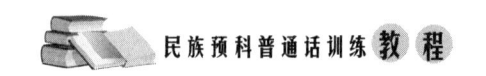

部。使用人口约占汉族人的71.2%。

吴方言。吴方言区包括长江以南、镇江以东地区（不包括镇江），浙江省大部。使用人口约占汉族人的8.3%。

湘方言。湘方言区主要为湖南省（西北部除外）。使用人口约占汉族人的4.8%。

赣方言。赣方言区包括江西省大部（东北沿江地带和南部部分地区除外）。使用人口约占汉族人的2.4%。

客家方言。客家方言区包括广东省东部和北部，广西省东南部，福建省西部，江西省南部，以及湖南省、四川省少部分地区。使用人口约占汉族人的3.7%。

闽方言。闽方言区包括福建省、台湾省，海南省部分，以及广东省潮安、汕头一带。使用人口约占汉族人的4.1%。

粤方言。粤方言区包括广东省大部分地区，香港、澳门特别行政区以及广西的东南部。使用人口约占汉族人的5.5%。

不同方言的差别有大有小，总体来说，各种方言语音上的差别比较大，其次是词汇，语法方面的差异最小。

四川话（四川方言）指四川人的主流话语，一般以成都话为代表。四川话和云南话、贵州话共同构成一致性较高的西南次方言，一般被看作西南次方言的代表。四川话属于北方语系，在语音、词汇、语法上和普通话相对接近，但也有自己的特点，其中以语音、语调方面的差异最大。学习普通话，最重要的就是要克服方言的影响。四川话与普通话之间的具体区别及四川地区民众在学习普通话时需要注意的要点，本书将在后文详细介绍。

不同方言区的人如果通过书面形式进行交际，则影响不大，但口语交际难度会比较大。且不说北方人可能听不懂南方方言，甚至就算都是福建人，不同县的人可能都听不懂彼此的方言。一般来说，中国东南省份的方言比较复杂，不同地区的人口头交际的障碍更大；而广大的北方地区和西南地区方言分歧相对较小，不同地区的人彼此都能进行一定的口头交际。但方言的存在，的确给人们的自由交际带来了不便，甚至造成不必要的麻烦。为了使社会能有效协调运作，使我们社会的政治、经济、文化、科技等各方面能飞速发展，一个规范的现代汉民族共同语是非常必要的。

第三节　普通话水平测试

普通话水平测试（PSC, Putonghua Shuiping Ceshi）是对应试人运用普通话规范程度的口语考试，属于国家标准参照性考试。普通话水平测试等级考试在国家语言文字工作委员会的指导下进行，由各省、自治区、直辖市级语言文字工作委员具体负责实施，各省、自治区、直辖市的国家普通话水平测试中心为测试工作的执行机构。

四川省从1995年开始,在一定范围内对某些岗位人员进行普通话水平测试(重点对师范院校毕业生进行测试),并逐步实行持证上岗制度。四川省语言文字工作委员会和四川省普通话水平测试中心是四川省负责普通话水平测试工作的政府机构。

一、为什么要进行普通话水平测试?

推广和普及普通话作为我国的一项基本国策,有利于民族团结、国家统一、社会进步、文明复兴。开展普通话水平测试工作,将使推广和普及普通话工作走上制度化、规范化、科学化的道路,极大地提高全社会的普通话水平和汉语规范化水平,使语言更好地为社会主义现代化建设服务。

《中华人民共和国宪法》等法律法规规定要推广全国通用的普通话。开展普通话水平测试工作,是依法行政的具体体现,是各级政府有关部门在推广和普及普通话工作中完善执法手段、加大执法力度的重要措施。

开展普通话水平测试工作,还有助于政府有关部门调查和评估数十年来国家推广和普及普通话工作的成果,为今后的普通话推广工作确立合理的目标、制订可行的方案、选择恰当的手段,使普通话推广和普及更为科学、系统、有序和有效。

二、普通话水平测试的内容和范围

普通话水平测试的内容包括语音、词汇和语法三部分。

普通话水平测试的范围主要集中在《普通话水平测试用普通话词语表》《普通话水平测试用普通话与方言词语对照表》《普通话水平测试用普通话与方言常见语法差异对照表》《普通话水平测试用朗读作品》《普通话水平测试用话题》这几本书中,具体可分为以下四部分内容。

(一) 读单音节字词

单音节共100个,不含轻声、儿化音节。这100个音节中70%选自《普通话水平测试用普通话词语表》的"表一",30%选自"表二"。主要测试应试人声母、韵母、声调、读音的标准程度。限时3.5分钟,共10分。

(二) 读多音节词语

多音节共100个,其中含双音节词语45~47个,三音节词语2个,四音节词语0~1个。词语的70%选自《普通话水平测试用普通话词语表》的"表一",30%选自"表二"。主要测试应试人声母、韵母、声调和变调、轻声、儿化音的标准程度。限时2.5分钟,共20分。

(三) 朗读短文

短文1篇,共400个音节。选文从《普通话水平测试用朗读作品》中选取,目的是测试应试人使用普通话朗读书面作品的水平。在测试声母、韵母、声调、读音的标准程度的同时，重点测试连读音变、停连、语调以及流畅程度。评分以朗读作品的前 40 个音节（不含标点符号和括注的音节）为限，即读到画"/"线的句子截止。限时 4 分钟，共 30 分。

（四）命题说话

说话话题从《普通话水平测试用话题》中选取，由应试人从给定的两个话题中选取 1 个话题，单向连续说一段话。主要测试应试人在无文字凭借的情况下说普通话的水平，重点测试应试人的语音标准程度、运用词汇语法的规范程度、表达的自然流畅程度等。限时 3 分钟，共 40 分。

三、普通话水平测试的等级及其评定标准

国家语言文字工作委员会颁布的《普通话水平测试等级标准》是划分普通话水平等级的全国统一标准。普通话水平等级分为三级六等，即一、二、三级，每个级别再分出甲、乙两个等次，其中一级甲等为最高，三级乙等为最低。应试人的普通话水平根据应试人在测试中所获得的分值确定。

普通话水平测试等级的具体标准如下。

（一）一级

甲等　朗读和自由交谈时，语音标准，语汇、语法正确无误，语调自然，表达流畅。测试总失分率在 3% 以内，即测试得分在 97 分及以上。

乙等　朗读和自由交谈时，语音标准，语汇、语法正确无误，语调自然，表达流畅。偶有字音、字调失误。测试总失分率在 8% 以内，即测试得分在 92 分及以上但不足 97 分。

（二）二级

甲等　朗读和自由交谈时，声、韵、调发音基本标准，语调自然，表达流畅。少数难点音（平翘舌音、前后鼻尾音、边鼻音等）有时出现失误。语汇、语法极少有误。测试总失分率在 13% 以内，即测试得分在 87 分及以上但不足 92 分。

乙等　朗读和自由交谈时，个别调值不准，声韵母发音有不到位现象。难点音较多（平翘舌音、前后鼻尾音、边鼻音、fu-hu、z-zh-j、送气不送气、i-ü 不分、保留浊塞音或浊塞擦音、丢介音、复韵母单音化等），失误较多。方言语调不明显，有使用方言词、方言语法的情况。测试总失分率在 20% 以内，即测试得分在 80 分及以上但不足 87 分。

（三）三级

甲等　朗读和自由交谈时，声韵母发音失误较多，难点音超出常见范围，声调调值多不准。方言语调明显。语汇、语法有失误。测试总失分率在 30% 以内，即测试得分在

70 分及以上但不足 80 分。

乙等　朗读和自由交谈时，声韵调发音失误多，方音特征突出。方言语调明显。语汇、语法失误较多。外地人听其谈话有听不懂的情况。测试总失分率在 40% 以内，即测试得分在 60 分及以上但不足 70 分。

普通话水平测试不是口才的评定，而是对应试人掌握和运用普通话所达到的规范程度的测试和评定。应试人在运用普通话口语的过程中表现的语音、词汇、语法规范程度，是评定其所达到的水平等级的重要依据。

四、测试对象及其等级要求

2000 年 10 月 31 日颁布的《中华人民共和国国家通用语言文字法》第十九条规定："凡以普通话作为工作语言的岗位，其工作人员应当具备说普通话的能力。以普通话作为工作语言的播音员、节目主持人和影视话剧演员、教师、国家机关工作人员的普通话水平，应当分别达到国家规定的等级标准；对尚未达到国家规定的普通话等级标准的，分别情况进行培训。"

2003 年 5 月 21 日，教育部发布了《普通话水平测试管理规定》，规定了教师、影视从业人员等六类要接受测试人员的范围。后来又陆续有一些其他行业的规定出台。综合起来，计有如下几类人员应该接受普通话水平测试，并达到相应的等级：

1. 师范院校的教师和毕业生，普通话水平不得低于二级甲等，其中普通话语音教师和口语课教师必须达到一级乙等；

2. 普通教育系统的教师以及职业中学与口语表达密切相关专业的毕业生，普通话水平不得低于二级甲等；

3. 非师范院校的理科教师以及与口语表达密切相关专业的毕业生，普通话水平不得低于二级乙等；

4. 报考教师资格的人员，普通话水平不得低于二级；

5. 国家级和省级广播电台、电视台的播音员和节目主持人，普通话水平必须达到一级甲等，其余广播电台、电视台的播音员和节目主持人的达标要求由广播电影部另行规定；

6. 电影、话剧、广播剧、电视剧等表演、配音人员，播音、主持人等专业和电影、话剧表演专业的教师和毕业生，普通话水平必须达到一级；

7. 国家公务员普通话水平应达到三级甲等；

8. 其他应当接受普通话水平测试的人员（如导游员、讲解员、律师、公共服务行业的营业员等），其达标等级根据其相关部门和国家、省语言文字工作委员会的规定执行。

第四节　汉语拼音方案

汉语拼音方案是给普通话注音的一套符号。它采用国际普遍使用的拉丁字母，又根据现代汉语语音系统的特点进行了调整和加工，准确、灵活、妥善地反映了现代汉语的语音系统，是一个比较完善地记录了现代汉语语音系统的拼音方案。

汉语拼音方案共有五个部分：字母表（26个）、声母表（21个）、韵母表（35个）、声调符号以及隔音符号。

一、字母表

Aa Bb Cc Dd Ee Ff Gg Hh Ii Jj Kk Ll Mm Nn
Oo Pp Qq Rr Ss Tt Uu Vv Ww Xx Yy Zz

二、声母表

b p m f d t n l g k h j q x zh ch sh r z c s y w

三、韵母表

	i	u	ü
a	ia	ua	
o		uo	
e	ie		üe
ai		uai	
ei		uei	
ao	iao		
ou	iou		
an	ian	uan	üan
en	in	uen	ün
ang	iang	uang	

(续表)

eng	ing	ueng	
ong	iong		

汉语拼音方案在拼写汉字时还有一些特别的规定：

1. "知、蚩、诗、日、资、雌、思"等字的韵母是i，拼音分别为zhi、chi、shi、ri、zi、ci、si。

2. y、w在拼写形式上起分隔音节的作用。

如：xinying（新颖）—xining（西宁）—danwu（耽误）—danu（大怒）

i行的韵母前面没有声母时，i改用y，改成yi（衣）、ya（呀）、ye（耶）、yao（腰）、you（忧）、yan（烟）、yin（因）、yang（央）、ying（英）、yong（雍）。

u行的韵母前面没有声母时，u改用w，改成wu（乌）、wa（蛙）、wo（窝）、wai（歪）、wei（威）、wan（弯）、wen（温）、wang（汪）、weng（翁）。

ü行的韵母前面没有声母时，写成yu（迂）、yue（约）、yuan（冤）、yun（晕）。

3. ü行的韵母跟声母j、q、x、y拼的时候，ü写成u，如ju（居）、qu（区）、xu（虚）。

4. ü行的韵母跟声母n、l拼的时候，仍写成nü（女）、lü（吕）。

5. iou、uei、uen前面加声母时，改为iu、ui、un，例如niu（牛）、gui（归）、lun（论）。

6. 音节是指声母+韵母（两拼音节，如：ba）或声母+介母+韵母（三拼音节，如：huo），整体认读音节不分声母和韵母而直接拼读，也属于音节。

7. 标调方法：有a在，把帽戴，a要不在o、e戴，要是i、u一起来，谁在后边给谁戴；有a不放过，没a把o、e、i、u并列标在后，最后再找u。

（1）调号要标在一个音节的主要元音（韵腹）上。

如：kāi piāo luò yuè qiān shuāng

（2）在省略式韵母（iu、ui）的音节中，调号要标在后面的元音u或i上。

如：xiù duī qiú shuǐ

（3）调号如果标在i上时，i上的小点要省去。

如：yī yǐn huī xìng

（4）轻声不标调号。

如：tàiyang（太阳） dāozi（刀子） xiānsheng（先生） líba（篱笆）

（5）音节一律标原调，不标变调（特殊要求的除外）。

如：yīlǜ（一律） yǒngyuǎn（永远） bālù（八路） měihǎo（美好）

8. 韵母er，用作韵尾时写成r。例如"儿童"拼作"értóng"，花儿拼作"huār"。

四、声调

声调是汉语音节中普遍存在的具有区别作用的音高。汉语普通话中有四个声调,即一声(阴平或平调"-"),二声(阳平或升调"ˊ"),三声(上声或上音"ˇ"),四声(去声或去音"ˋ")。

汉语中还有一种特殊声调,在拼音中也不标调,这叫轻声。这种音节读得短而轻,没有明显的高低、升降变化。

五、隔音符号

隔音符号是一种用在字母拼音中的符号,用"'"表示。a、o、e开头的音节连接在其他音节后面的时候,如果音节的界限发生混淆,用隔音符号(')隔开,例如:皮袄(pi'ǎo)、企鹅(qi'é)、酷爱(ku'ai)、档案(dàng'àn)、西安(xi'an)。如果音节的界限没有发生混淆,则不需用隔音符号,例如:haerbin(哈尔滨)。

第一章

普通话语音训练

第一节 概 述

一、语音学习的重要性

语言作为一种符号系统，具有三个基本要素：语音、词汇、语法。语音是语言的物质外壳，词汇是语言的建筑材料，语法是语言的组合规律。语音即语言的声音，是语言符号系统的载体。它由人的发音器官发出，负载着一定的语言意义，语言依靠语音实现它的社会功能。语音在语言系统中具有决定性的作用，世界上有无文字的语言，但没有无语音的语言。在语言学方面有很深造诣的东方学大师季羡林，对吐火罗文、拉丁文、梵文等古老的语言有很深的研究，但研究过程很艰辛，因为这些语言通常只有书面语没有口语形式。

谈到语音的学习，可以用我国著名语言学家赵元任的一句话来概括，那就是"一失音成千古恨"。可见，语音学习是整个语言学习的开端和基础，一旦开始没学好，形成习惯，将很难改过来。这种现象被称作语言学习中的"化石化"。因此，我们要充分重视语音学习，夯实基础，避免此类现象的发生。

二、语音的"三性"

语音具有"三性"，分别是物理属性、生理属性、社会属性。

（一）物理属性

从物理的声学角度分析，语音和其他声音一样都是因物体振动而产生的，语音产生于人的声带振动,具有音高、音强、音长、音色这四个要素。

音高:声音的高低,取决于发音体振动的快慢,如声调、语调等。

音强:声音的强弱,取决于发音时声波振动幅度的大小,如轻声。

音长:声音的长短,取决于发音体振动延续时间的长短。音长在普通话中不区别意义,在有些汉语方言和其他语言中能够区别意义。如英语中,sheep 和 ship 的长元音、短元音能起到区别意义的作用。

音色:也称音质,是声音的特色、本质,取决于音波振动的形式,而音波振动形式由发音体、发音方法、共鸣器形状决定。男人和女人的生理结构不一致,音色有明显区别,一般来说,男人音色低沉,女人音色尖细而且高些。

(二) 生理属性

从生理上看,人类能够发音是因为呼吸器官产生的气流通过发音器官而发出的,发音器官的生理活动决定了语音具有生理性质。人的发音器官可分为三大部分:呼吸器官、喉头声带与口腔。发音部位和发音方法的不同决定了音素的不同。

1. 定位辅音。发音时气流在通过口腔或鼻腔时受到阻碍,形成阻部位紧张。普通话有 22 个辅音音素。

发音部位:双唇、唇齿、舌尖(前、后、中)、舌面、舌根、鼻音、边音。

发音方法:塞音、擦音、塞擦音,清音、浊音,送气、不送气。

2. 定位元音。发音时气流在通过口腔或鼻腔时不受阻碍,声带振动,发音部位均衡紧张。普通话有 10 个单元音和 13 个复元音。根据发音部位和发音方法,可将元音定位如下。

发音部位:舌面音、舌尖音、卷舌音。

发音方法:舌位前后(前/央/后)、舌位高低(高/半高/半低/低)、唇形圆展(圆唇/不圆唇或展唇)。

(三) 社会属性

物理属性和生理属性是语音的自然属性,自然界的各种声音都有物理属性或生理属性,但只有语音具有社会属性,因为只有人类社会才有语音,社会属性是语音的本质属性。用什么样的语音形式表达什么样的意义是社会共同体约定俗成的。不同的社会群体各自的约定不同。我们可以通过一些例子来理解这个概念。

1. 同样的概念在不同语言中的语音形式不同。如"鸡",普通话读"jī",广东话读[kai],彝语里为"va33"。"鞋子"普通话读"xiézi",四川方言读成"háizi"。"苹果"一词,英语为 apple;日语里写作"林檎"(中国唐代以前没有苹果,叫林檎,后传入日本),读作 rinno;韩语写作"사과",读作 sagua。

2. 同样的语音形式在不同的语言系统中具有不同的功能,如 fei 这个发音,汉语可以表示"非、飞、妃"等意义,而英语里 fairy 表示"仙女、小妖精、吻合、结合"等意义。

3. 各种语言均有自己的语音系统,在不同的语音系统中,一些相同的语音现象的作用也会有所不同。如关于清音、浊音的问题，汉语中只有 m、n、ng（不作声母只作韵尾，山西、陕西一带方言有此音，发音类似"额"且鼻化）、l、r 五个浊音。b、d、g 在汉语中都是清音，发音时声带不颤动。但它们在英语中却是浊音，发音时声带颤动。母语为英语的欧美人在学读汉语"爸爸、弟弟、哥哥"等词语时，就会非常生硬，不自觉颤动声带，这就是语言学习中的母语负迁移现象。又比如关于送气音与不送气音：汉语中 b、p，d、t，g、k 三组音中，前者都是不送气音，后者都是送气音。如混淆两者，就会把"我爸"念成"我怕"，"口语"念成"狗语"。英语中 speak 和 peak 虽然分别发不送气音（speak 因为 s 后面摩擦掉了，发 [b]）和送气音 [p]，但发错了也没关系，最多被认为是不地道的发音，不会影响词语的意义。也就是说，英语的送气音与不送气音不区别意义，而汉语则区别意义。与汉语一样，凉山彝语声母也分清浊，彝语辅音声母清浊、不送气与送气等对立的主要功能是区别意义，如：ji（不送气）——禁止，qi（送气）——愿意；zhe（不送气）——割，che——大米（送气）。

三、语音的基本概念

（一）音素

音素是对音节进行分析得到的最小的语音单位。普通话的一个音节，最少由一个音素构成，如"a"（啊）；最多由四个音素构成，如"zhuang"就包括 zh、u、a、ng 四个音素。

一个字母代表一个音素：a、o、e、u、b、p、m、f、d、t、n、l、g、k、h、j、q、x、r、z、c、s。

一个字母代表几个音素：i（z、c、s 后的 i，zh、ch、sh 后的 i，其他情况的 i。国际音标分别记作 [ɿ]、[ʅ]、[i]，这种情况称为音位变体）。

两个字母代表一个音素：er、ng、zh、ch、sh。

一个字母加一个符号代表一个音素：ê（e 的变体，用在 ie 和 üe 中，国际音标读作 [ɛ]）、ü。

（二）音节

音节是语音最小的自然单位，是听觉上能够分辨的最小的语音片段。发音时，发音器官的一次紧张，就构成一个音节；听音时，听起来较自然的一个语音小片断就是一个音节。一般来说，一个汉字就是一个音节。儿化除外，汉语的儿化是两个汉字代表一个音节，如"花儿"，音节写作 huar。"小孩儿"音节为 xiaohair，三字两音节。如果一个音节只有一个音素，那么这个音素是元音。

（三）元音与辅音

元音：指气流振动声带，在口腔、咽头部位不受阻碍而形成的音。普通话中有 10 个元音：a、o、e、ê、i、u、ü、er、-i（前）、-i（后）。

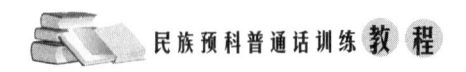

辅音：指气流在口腔或咽头受到一定阻碍而形成的音。普通话中有22个辅音：b、p、m、f、d、t、n、l、g、k、h、j、q、x、zh、ch、sh、r、z、c、s、ng。

（四）声母、韵母、声调

传统的音韵学将汉语音节分为声母、韵母、声调三部分。

声母：音节开头的辅音，共有21个。如"pǔtōnghuà"（普通话）的声母分别是p、t、h。

韵母：音节中声母后面的部分，共有39个。如"shēng"中的eng就是韵母。

元音、辅音是现代语音学的概念，声母、韵母是中国传统音韵学的概念。我们需要特别注意元音/声母、辅音/韵母之间的关系：元音只能充当韵母，不能充当声母。辅音既可以充当声母，也可以充当韵母的一部分（n/ng）。声母只能由辅音充当，不能由元音充当。韵母既可以单独由元音充当，如a、o、ao、ou、iao、uai；也可以由元音加辅音的组合充当，如an、en、ang、eng等。

声调：音节的高低升降。如："好"（hǎo），先降后升，是降升调。普通话有阴平、阳平、上声、去声四个调类。

四、语音学习的基本原则

（一）语言学习的区域性、民族性

学习普通话，要将音素学习与语流学习结合起来，声、韵、调结合训练，循序渐进，在生活中时刻要有纠音意识。不管是哪个地区的方言，大部分与普通话还是相同的。汉语、彝语均属汉藏语系，在声母、韵母、声调等层面既相互联系又相互区别。西昌人学习普通话过程中的母语负迁移现象是我们学习时应注意的重点。

（二）模仿和练习为主，语音知识为辅

汉语有400多音节，1300多个读音，还有轻声、儿化、变调等音，整体非常复杂。想要练就一口标准的普通话，必须投入大量的时间和精力才行。普通话是练会的，学习过程中要敢说和多说。读音不仅需准确还需夸张，每个字发音清晰，速度放慢。"字正腔圆"是普通话发音学习的金科玉律。

第二节 声 母

一、声母的分类

普通话的音节由声母、韵母、声调三部分构成，在音节开头的一个部分即为声母。

普通话有 21 个辅音声母（虽然有 22 个辅音音素，但鼻辅音 ng 不能充当声母），分别是 b、p、m、f、d、t、n、l、g、k、h、j、q、x、zh、ch、sh、r、z、c、s。没有辅音声母的音节，称为零声母音节（y、w 不是声母，是以 i 和 ü 打头的零声母音节变形而成的。如音节 yan 是零声母音节 ian 的改写，即 yan 作为一个整体，y、w 不算声母）。不同的发音部位和发音方法决定了声母的不同。

二、发音部位

发音部位是指口腔内阻碍气流的两个部位。21 个声母按发音部位可分为七组。

（一）双唇音　上唇和下唇构成阻碍

b、p、m

波　坡　摸　宝贝　偏旁　美妙　爆破

（二）唇齿音　下唇和上齿构成阻碍

f

夫　扶　副　方法　发奋　芬芳　翻飞

（三）舌尖前音　舌尖和上齿背构成阻碍

z、c、s

资　此　四　自尊　猜测　思索　地图

（四）舌尖中音　舌尖和上齿龈（上牙床）构成阻碍

d、t、n、l

得　特　呢　了　道德　体贴　能耐　料理

（五）舌尖后音　舌尖和硬腭前部构成阻碍

zh、ch、sh、r

之　吃　失　日　珍珠　唇齿　首饰　柔软

（六）舌根音　舌根（舌面后部）和软腭构成阻碍

g、k、h

歌　课　和　广告　刻苦　呼唤　开阔

（七）舌面音　舌面前部和硬腭构成阻碍

j、q、x

级　其　系　机警　情趣　相信　积极

三、发音方法

发音方法指得是发音时喉头、口腔和鼻腔节制气流的方式和状况，具体包括三个方面。

(一) 构成和消除阻碍的方式

1. 塞音：也叫爆发音或破裂音，发音时发音器官完全闭塞，挡住气流，然后突然打开，气流冲过阻碍，爆发成音。共6个：b、p、d、t、g、k。

2. 擦音：也叫摩擦音，发音时发音器官靠近，中间形成窄缝，使气流从中间摩擦成音。共6个：f、h、s、sh、r、x。

3. 塞擦音：发音时，发音器官先完全闭塞挡住气流，然后打开形成一条窄缝，使气流从中间摩擦成音。共6个：z、c、zh、ch、j、q。

4. 鼻音：发音时，口腔通路完全闭塞，软腭下垂，气流振动声带后由鼻腔流出。共2个：m、n。

5. 边音：气流通过舌头两边构成的声母，发音时声带振动。共1个：l。

(二) 声带是否颤动

发音时声带颤动的音是浊音，又叫带音；声带不颤动的音叫清音，又叫不带音。

1. 清音（不颤动，共17个）：b、p、f、d、t、g、k、h、j、q、x、zh、ch、sh、z、c、s。

2. 浊音（颤动，共4个）：m、n、l、r。

(三) 气流的强弱

塞音、塞擦音发音时，口腔呼出的气流较强的叫送气音，气流较弱的叫不送气音。可以用一张较薄的纸来进行送气音和不送气音的对比练习，纸张被吹动的即为送气音，反之为不送气音。

1. 送气音（6个）：p、t、k、c、ch、q。

2. 不送气音（6个）：b、d、g、z、zh、j。

21个辅音声母都可以根据发音部位和发音方法来进行描述。其公式可归纳为：名称＝部位＋气流＋声带＋阻碍方式。如：b，双唇不送气清塞音；p，双唇送气清塞音；m，双唇浊鼻音；f，唇齿清擦音。

四、凉山地区学生声母学习难点辨正

彝族学生是凉山地区民族预科生的主体，他们在学习普通话时，除了受西昌地区方言的影响，还会受到自己的母语彝语负迁移的影响，学习普通话将更为困难。

彝语的声母均由辅音构成，共计43个。其声母按发音部位可以分为双唇音、唇齿音、舌尖前音、舌尖中音、舌尖后音、舌根音和喉音，按发音方法可分为塞音、塞擦音、擦音、边音和鼻音。彝语声母也分清浊，但与汉语声母不同的是，彝语的浊辅音声母并不局限于m、n、l、r四个，其种类更多、数量更大。除有一部分浊辅音，如b [p]、p [p]、d [t]、t [t] 相同外，另有部分清化鼻音如hm [母]、hn [耳]，以及鼻浊辅音如 bb［b］、nd［nd］等。（彝语声母浊音通常用两个清辅音声母重叠标示，如 bb、dd、zz，有时也用浊音声母重叠标示，如 rr；鼻浊音主要用鼻音字母和清辅音字母结合标示，如 nb、nd、mg 等。彝语辅音声母双唇音有 b、p、bb、nb、hm、m 等 6 个。其中 bb、nb、m 是浊音，nb 为鼻浊音。hm 为清化鼻音，发音原理与 m 相同，但发音时气流要从鼻腔中摩擦而出。）目前凉山彝族学生大都来自边远的彝区，在日常生活中主要的交际语言是彝语。在学习认读汉语普通话声母时，在教师的指导下，这些学生多能单独认读声母，一般都能准确发音，但在进行音节的拼读和说话时，由于受母语的影响，容易出现错误，如给汉语普通话的零声母音节"我"（wǒ）添加上声母，误读为"ngwǒ"；把汉语零声母元音如"吴"（wú）添加上声母，误读为"wwú"等。

（一）zh、ch、sh、r 与 z、c、s 辨证

在我国，zh、ch、sh、r 等翘舌音在清代以前的官话中是没有的，在清代因满语的影响产生了翘舌音。满族人在北京生活了三百多年，其发音习惯已经融入了官话中。这是一个民族文化融合的明证，灿烂的中华文化是由许多民族共同创造而成的。凉山地道的本地方言本来有翘舌音，但并不完全，并且翘舌音的发音部位比普通话略靠后（主要集中在黄联、川兴、河西一带）。凉山地区的彝族和汉族，虽然说的是方言，但是又受到成都方言的影响，分不清平舌和翘舌，甚至有的基本不会发翘舌，比如"老师"，会发成"lǎosī"，"少数"会发成"shǎosù"。或者有翘舌音，但是翘舌音的发音部位比普通话靠前。在普通话中，翘舌音占全部字的 80% 以上，而彝语辅音声母里舌尖前音主要有 z、c、zz、nz、s、ss 等 6 个。其中，z、c、s 与汉语辅音一致，分别为清塞擦不送气音、清塞擦送气音和清擦音，如 zz 为浊塞擦音，nz 为鼻浊塞擦音，ss 则为浊擦音。彝语辅音舌尖后音有 zh、ch、rr、nr、sh、r 等 6 个。与汉语声母不同的是，rr 是一个浊塞音，nr 是鼻浊擦音。可见，民族学生在学习普通话的过程中，平翘舌的辨正是重点，也是难点。其他与此相类处，不再赘述。

翘舌音 zh、ch、sh、r 的发音要点：舌尖翘起来，对准（抵住或接近）硬腭前部。发这组音最关键的地方是要展唇，很多人不在意圆唇还是展唇，觉得只要能发出来就可以了，对汉语人群来说可能是这样，但如果学习对象是受英语母语影响的人，发"人"的读音时习惯性圆唇的人，学习时最好一步到位，翘舌音都展唇为好。

平舌音 z、c、s 发音要点：舌尖平放，对准（抵住或接近）上齿背。记字音时，可采用记少不记多的方法。z、c、s 组声母的字比 zh、ch、sh、r 组声母的字少得多，因此只要记住 z 组声母的代表字，用代表字类推，就可以掌握 z 组声母的常用字。

辨别平翘舌字的几种方法：

1. 声韵拼合法。

韵母 ua、uai、uang 只能跟 zh、ch、sh 相拼，不能跟 z、c、s 相拼。

　　zhua　　抓 挝 爪

　　zhuai　　拽

　　zhuang　庄 桩 妆 装 壮 状 幢

chuai	揣 踹
chuang	创 疮 窗 床 幢 闯 创 怆
shua	刷 耍
shuai	衰 摔 甩 帅 率
shuang	双 霜 孀 爽

韵母 ong 只能跟 s 相拼，不能跟 sh 相拼。

song　松 松 怂 耸 悚 竦 讼 颂 宋 送 诵

2. 歌诀法。

歌诀中的字为平舌音字的代表字。

　　曹操次子在侧坐，催促早餐送村左。曾赞蔡森速似梭，罪责邹随怎走错？三苏宋词遂咱诵，残散参差存四册。嘴才诉辞再思索，此兹祖宗全平舌。

　　松塞寺，最杂脏，姊嫂洒扫栽蚕桑。粟穗葱蒜虽簇凑，脆笋刺丛秸色苍。灶造素菜惭琐碎，砸宿尊自总辎藏。斯私死寺遭贼宰，岁择俗塑舌平放。

3. 绕口令法。

　　四和十，四是四，十是十，十四是十四，四十是四十，谁把四十说十四，谁的舌头伸不直。谁把十四说四十，照着屁股打十四。

4. 声旁类推法。

以下列声旁为代表字的形声字，一般为平舌字。

　　则、次、子、曹、曾、宗、卒、叟、兹、且、桑（"铡""瘦"除外）。

以下列声旁为代表字的形声字，一般为翘舌字。

　　朱、主、者、召、占、贞、正、中、叉、昌、式、册、申（"钻""册"除外）。

z、c、s 与 zh、ch、sh 练习

z—zh

赠品	正品	造就	照旧	增幅	征服	早稻	找到
栽花	摘花	阻力	主力	宗旨	终止	祖父	嘱咐

c—ch

辞去	迟去	摧动	吹动	鱼刺	鱼翅	粗糙	出操
淙淙	重重	擦手	插手	村庄	春装	藏书	常输

s—sh

散光	闪光	三角	山脚	肃立	树立	俗语	熟语
私事	失事	司法	施法	森林	深林	申诉	申述

| 自治 | 尊重 | 增长 | 作主 | 杂志 | 再植 | 资助 |
| 自重 | 罪状 | 宗旨 | 遵照 | 坐镇 | 作战 | 总之 |

| 制造 | 转载 | 追踪 | 振作 | 正宗 | 准则 | 种子 |
| 知足 | 职责 | 沼泽 | 种族 | 装载 | 正在 | 主宰 |

| 蚕虫 | 操场 | 财产 | 擦车 | 促成 | 采茶 | 残喘 |
| 草创 | 磁场 | 仓储 | 辞呈 | 操持 | 错处 | 彩绸 |

| 炒菜 | 冲刺 | 尺寸 | 陈词 | 差错 | 纯粹 | 初次 |
| 船舱 | 场次 | 春蚕 | 除草 | 揣测 | 陈醋 | 储藏 |

| 松树 | 宿舍 | 算术 | 损失 | 三山 | 似是 | 丧失 |
| 诉说 | 琐事 | 素食 | 随时 | 所属 | 私塾 | 散失 |

| 收缩 | 申诉 | 哨所 | 神速 | 疏松 | 山色 | 苏轼 |
| 深思 | 上司 | 生死 | 疏松 | 世俗 | 绳索 | 师生 |

拾柿子

小石拾柿子，拾到四十四，拿到称上试，
需要称两次。头称称三十，斤数整四十，
二次称十四，四斤四两四，两次称柿子，
共是四十四斤四两四。

登　山

三月三，小三去登山。
上山又下山，下山又上山。
登了三次山，跑了三里三。
出了一身汗，湿了三件衫。
小三山上大声喊，离天只有三尺三。

山楂山长满山楂树，酸山楂树长满酸山楂。

时事不是事实，事实是真实，时事要真实，实际是事实，字字要实际，事事要实事求是。

"早到"不念"找到"，也不念"遭到"，"制造"不念"自造"，也不念"自找"，"主力"不念"阻力"，也不是"助力"，"乱草"不念"乱吵"，"收"不念"搜"，"流"不念"牛"，"无耐"别念"无赖"，"恼羞"别说成"老朽"。

1. 每天在学校的操场上一圈儿又一圈儿地跑着……（c ch）
2. 等他走后，我惊慌失措地发现，再也找不到要回家的那条小道了。（sh c）

3. 小男孩儿跟随妈妈祈祷完毕，向妈妈要了一把铲子便跑了出去。（ch　z）
4. 她从来不吃肉，一再说自己是素食者。（s　sh）
5. 论吃的，苹果、梨、柿子、枣儿、葡萄，每样都有若干种。（sh　z）

《施氏食狮史》和《季姬击鸡记》是我国著名语言学家、"现代语言学之父"赵元任先生于 20 世纪 30 年代在美国用同音异形字写的两篇奇文。1931 年国内出现了汉字拉丁化的趋势，拉丁化新文字开始流行，赵元任特意写了这两篇奇文反驳，全文读音完全相同，用这个例子来证明汉字拼音化的荒谬和不可行。

石室诗士施氏，嗜狮，誓食十狮。氏时时适市视狮。十时，适十狮适市。是时，适施氏适市。氏视是十狮，恃矢势，使是十狮逝世。氏拾是十狮尸，适石室。石室湿，氏使侍拭石室。石室拭，氏始试食是十狮尸。食时，始识是十狮尸，实十石狮尸。试释是事。

——《施氏食狮史》

季姬寂，集鸡，鸡即棘鸡。棘鸡饥叽，季姬及箕稷济鸡。鸡既济，跻姬笈，季姬忌，急咭鸡，鸡急，继圾几，季姬急，即籍箕击鸡，箕疾击几伎，伎即齑。鸡叽集几基，季姬急极屐击鸡，鸡既殛，季姬激，即记《季姬击鸡记》。

——《季姬击鸡记》

（二）n 与 l 辨正

凉山地区有些人说汉语有边音，有些人没有，比较混乱。一方面，这一地区的人发音存在不喜欢张开嘴的习惯，把"老人"说成"恼人"，把"泸山"说成"奴山"。一方面，老凉山地区（昭觉、美姑、布拖、金阳、普格、雷波、喜德、甘洛、越西九县）的汉语方言里，基本上没有边音声母 l。重庆方言里没有边音声母 l，n、l 是自由变体，但实际发音中更接近于 n。成都方言里当 n 与齐齿呼、撮口呼韵母相拼时，受介音 i 和 ü 影响，舌位抬高，颚化产生语流音变，实际读音为 l。第一习得语为彝语的彝族人带有很重的彝话音，学习 n 和 l 很轻松。但从现状来看，大部分凉山人（很多彝族人汉化后，第一习得语为汉语）在说普通话时受成都方言影响多一些。比如"奶牛"一词，会发成"nǎiliú"，"虐待"说成"lüèdài"，"料到"（liàodào）和"尿道"（niàodào）不分。这需要系统练习才能纠正。

n 与 l 的不同点：

1. 舌头的感觉不同。

发 n 音时，舌头放松，不紧张，舌头有麻木的感觉；发 l 音时，舌头紧张，拉长，舌头没有麻木的感觉。

2. 口腔的形状不同。

发 n 音时，口腔开口很小，嘴几乎是闭合的；发 l 音时，在发音之前口腔就要打开，开口要大。

3. 舌头的运动特点不同。

发 n 音时，舌头先顶住上齿龈，让气流不能从嘴里出来，然后，舌头随着下颚的打开而退开；发 l 音时，舌头快速顶住上齿龈，然后再快速弹开。独自练习时，可以用手轻轻地捏住鼻子不让气流出来，以此来检验自己发的是不是边音。如果是边音，那么在发音时就不会感觉到堵塞；如果发的是鼻音就会感觉稍稍有点堵塞或完全堵塞，发音不是很流畅。

在掌握了发音的方法和部位之后，还要分清在普通话中哪些字的声母是 n，哪些字的声母是 l。汉语中 n 声母的字比 l 声母的字少得多，可以利用声韵配合规律来类推记忆。

n 与 l 练习

辨音对比

南京	蓝鲸	浓重	隆重	水牛	水流	眼内	眼泪
年代	连带	油腻	游历	呢子	梨子	留念	留恋
闹灾	涝灾	抓挠	抓牢	囊中	郎中	泥巴	篱笆
纳米	拉米	无奈	无赖	旅客	女客	脑子	老子
连夜	年夜	大娘	大梁	牛年	流年	南宁	蓝领
男女	褴褛	黏液	连夜	蓝天	南天		

l—n

两年	履诺	烂泥	老年	累年	冷暖
理念	连年	恋念	粮农	两难	辽宁
鲁南	来年	落难	羚牛		

n—l

内敛	纳凉	奶酪	脑力	嫩绿	能量
尼龙	年轮	农历	暖壶	努力	南岭
逆旅	浓烈	奴隶	女郎	女篮	凝练

n 练习

| 农奴 | 恼怒 | 男女 | 袅娜 | 能耐 | 难弄 | 南宁 |
| 娘娘 | 泥泞 | 呢喃 | 袅袅 | 牛奶 | 扭捏 | 嬢嬢 |

l 练习

零乱	立论	拉力	笼络	烂泥	陆路	连累	领略	琉璃
玲珑	浏览	绿林	联络	劳累	牢笼	嘹亮	留恋	论理
老练	料理	流浪	罗列	姥姥	林立	流利	裸露	淋漓
流量	履历	勒令	伶俐	流落	冷落	理论	凌乱	流露

交错练习

哪里　年轮　鸟类　能量　浓烈　纳凉　年龄　奶酪　女郎
暖流　尼龙　脑力　内涝　奴隶　来年　努力　冷凝　内力
内陆　冷暖　内乱　历年　连年　嫩绿　能力　岭南　逆流

牛郎与刘娘

南村有个牛郎，
兰村有个刘娘。
牛郎年年恋刘娘，
刘娘连连念牛郎。

练一练　念一念

练一练　念一念　n、l要分辨。
l是舌边音，n是鼻音要靠前。
你来练，我来念，不怕累，不怕难，
齐努力，攻难关。

牛顶柳

河边有棵柳，柳下有头牛，
牛要去顶柳，柳枝缠住了牛的头。

1. 在里约热内卢的一个贫民窟里，有一个男孩子非常喜欢足球。
2. 大家喜欢涉及的话题之一，就是古长安和古奈良。
3. 可是一段时间后，叫阿诺德的那个小伙子青云直上，而那个叫布鲁诺的小伙子却仍在原地踏步。
4. 二十年前，旧历的二月初，在西湖我看见了嫩柳与菜花，碧浪与翠竹。

（三）f与h辨正

f一定要突出其唇齿音特点。韩语语音系统里无此音，所以韩国人学汉语会把"飞机"念成"呸机"。f和h声母的大多数字都容易分辨，但f、h与u相拼时，就不容易分清了。如把"湖"读"fú"，"虎"读成"fǔ"，把舌面后清擦音h发成了唇齿音。因此，要特别注意区分hu与fu音节容易读错的字。汉语唇齿音只有f一个，而彝语声母中唇齿音有f和v两个。其中f是一个清擦音，与汉语辅音里的f一样；而v则是一个浊擦音，发音原理与f一致，但它要摩擦成声。

唇齿音f发音要点：上齿接近下唇，形成窄缝，气流摩擦成音。

舌根音h发音要点：舌根接近软腭，形成窄缝，气流摩擦成音。

f 与 h 练习

花费	花卉	幅度	弧度	翻阅	欢悦	乏力	华丽
犯病	患病	分钱	婚前	废话	绘画	船夫	传呼
发生	花生	公费	工会	三伏	三壶

画凤凰

粉红墙上画凤凰，凤凰画在粉红墙。
红凤凰，花凤凰，粉红凤凰黄凤凰。

飞机和灰鸡

抱着灰鸡上飞机，飞机起飞，灰鸡要飞。

风吹灰飞

风吹灰飞，灰飞花上花堆灰。
风吹花灰灰飞去，灰在风里飞又飞。

（四）送气音与不送气音辨正

普通话中不送气音的一部分字音在以西昌话为代表的凉山方言里要读成送气音。比如，干燥（gānzào）读成"gāncào"，歼灭（jiānmiè）读成"qiānmiè"。相反，普通话中为送气声母的部分字音，在西昌话中很多又读成了不送气的声母，比如，接触（jiēchù）读成"jiēzhù"，枸杞（gǒuqǐ）读成"gǒujǐ"。所以，我们一定要分清送气音和不送气音。

词语练习

选拔（xuǎnbá）	跌交（diējiāo）	傍晚（bàngwǎn）	盥洗（guànxǐ）
匾额（biǎn'é）	紧箍咒（jǐnguzhòu）	濒临（bīnlín）	捕捉（bǔzhuō）
漂泊（piāobó）	绥靖（suíjìng）	蓬勃（péngbó）	截止（jiézhǐ）
指导（zhǐdǎo）	跋涉（báshè）	堤坝（dībà）	战斗（zhàndòu）
烦躁（fánzào）	鞭挞（biāntà）	灌溉（guàngài）	干燥（gānzào）
犒劳（kàoláo）	遍地（biàndì）	选择（xuǎnzé）	企鹅（qǐ'é）
脱臼（tuōjiù）	住宅（zhùzhái）	债券（zhàiquàn）	腈纶（jīnglún）
湖畔（húpàn）	翅膀（chìbǎng）	捷报（jiébào）	便宜（piányi）
舂米（chōngmǐ）	绊脚（bànjiǎo）	瞥见（piējiàn）	改造（gǎizào）
琵琶（pípa）	叱咤（chìzhà）	刽子手（guìzishǒu）	沼泽（zhǎozé）
渤海（bóhǎi）	宝藏（bǎozàng）	衷心（zhōngxīn）	占卜（zhānbǔ）
炽热（chìrè）	澎湃（péngpài）	木铎（mùduó）	提防（dīfang）
信笺（xìnjiān）	绰号（chuòhào）	毗邻（pílín）	媲美（pìměi）
步骤（bùzhòu）	噪音（zàoyīn）	坍塌（tāntā）	搁置（gēzhì）

大概（dàgài）　　浸透（jìntòu）　　彝族（yízú）　　秩序（zhìxù）
确凿（quèzáo）　　肚脐（dùqí）　　引擎（yǐnqíng）　　惆怅（chóuchàng）

（五）j、q、x 与 g、k、h 辨正

j、q、x 为舌面前音。发音时，舌尖抵在下门齿背，舌面前部也就是舌的中间偏前位置，要抬高隆起，与硬颚前部接触。g、k、h 是舌面后音，发音时，舌面后部隆起，与硬腭后部即硬腭和软腭交界处接触。g、k、h 位置比较靠后，因此容易产生喉音过重和声音不够明显的缺陷。为了使声音清晰悦耳，根据普通话的"取中"的原则，也就是宽音窄发，窄音宽发，前音后发，后音前发的基本原则〔如：安（ān），宽音，也就是开口大的音，那么我们在发音的时候，口形要"收"，开口就不应大；衣（yī），窄音，发音开口小，那么开口就不应过小而要稍稍放大点〕。g、k、h 是舌面后音，也就是发音部位靠后的音，发音时发音部位要向前移到舌面后部而不能在舌根位置上；j、q、x 是舌面前音，发音部位在前，发音时发音部位就要稍稍靠后。在西昌话中，总是把普通话念 j、q 声母的一部分字音分读成了 g、k、h。

发音对比举例

房间（fángjiān）　　（西昌音：fánggān）
街道（jiēdào）　　（西昌音：gāidào）
地窖（dìjiào）　　（西昌音：dìgào）
世界（shìjiè）　　（西昌音：shìgài）
首届（shǒujiè）　　（西昌音：shǒuggài）
墙角（qiángjiǎo）　　（西昌音：qiángguó）
粳米（jīngmǐ）　　（西昌音：gěndàomǐ）
敲打（qiāodǎ）　　（西昌音：kāoda）
惊吓（jīngxià）　　（西昌音：jinhà）
恐吓（kǒnghè）　　（西昌音：kǒngxià）
咸水（xiánshǔ）　　（西昌音：hánshǔ）
衔接（xiánjiē）　　（西昌音：hánjiē）
项链（xiàngliàn）　　（西昌音：hàngliàn）
小巷（xiǎoxiàng）　　（西昌音：xiǎohàng）
鞋油（xiéyóu）　　（西昌音：háiyóu）
银杏（yínxìng）　　（西昌音：yinhèn）
敲门（qiāomén）　　（西昌音：kāomén）

（六）零声母与 n、v

目前，以成都话为代表的四川话（包括西昌话）、普通话中以韵母（元音）开头的音节，大多都冠以鼻音 ŋ，如"安"（ŋan）、"恩"（ŋen）。音节 wu 固定变化为 vu，如"五"（vǔ）、"雾"（vù）。v 声母大致在 1980 年后出生的一代人中丢失严重，ŋ 声母也有一定的

丢失现象。

（七）其他声母辨正

b 与 p

八百标兵

八百标兵奔北坡，炮兵并排北边跑。
炮兵怕把标兵碰，标兵怕碰炮兵炮。

冰棒碰瓶

半盆冰棒半盆瓶，冰棒碰盆，盆碰瓶，盆碰冰棒盆不怕，冰棒碰瓶瓶必崩。

f 与 h

老方扛着个黄幌子，老黄扛着个方幌子。老方要拿老黄的方幌子。老黄要拿老方的方幌子。老黄老方不相让，方幌子碰破了黄幌子，黄幌子碰破了方幌子。

h 与 b

鼓上画只虎，破了拿布补。不知布补鼓，还是布补虎。

q 与 x

七巷漆匠偷了西巷锡匠的锡，西巷锡匠拿了七巷漆匠的漆。

第三节　韵　母

一、韵母及结构

（一）定义

韵母就是音节中声母后面的部分（零声母音节的全部），普通话共有 39 个韵母：a、o、e、ê、i、u、ü、-i（前）、-i（后）、er、ai、ei、ao、ou、ia、ie、ua、uo、üe、iao、iou、uai、uei、an、en、in、ün、ang、eng、ing、ong、ian、uan、üan、uen、iang、uang、ueng、iong。

（二）结构

韵母在结构上可以分成韵头、韵腹、韵尾三个部分。

韵头：在主要元音前，发音轻短，只有 i、u、ü 可以充当。
韵腹：主要是元音，发音清晰响亮，由 a、o、e、ê 和 i、u、ü、-i、er 充当。
韵尾：指韵腹后面的 i、u 或鼻辅音 n、ng。
注意：
一个韵母可以没有韵头、韵尾，但不可以没有韵腹。
没有韵头的韵母：an、en、ang、eng、ong 等。
没有韵尾的韵母：ia、ua、uo、ie、uai、uei 等。
既没有韵头又没有韵尾的韵母：a、o、e、i、u、ü 等。
一个音节可以没有声母，但不可以没有韵母和声调，如"阿""俄"等字。一个音节最多有四个音素，例如 jiong，声母 j，韵头 i，韵腹 o，韵尾 ng。

二、分类

按照内部成分和结构特点，可以把韵母分为单韵母、复韵母和鼻韵母。
单韵母：单纯由元音构成的韵母。有 10 个：a、o、e、ê、i、u、ü、-i（前）、-i（后）、er。
复韵母：由复合元音充当韵母。有 13 个：ai、ei、ao、ou、ia、ie、ua、uo、üe、iao、iou、uai、uei。
鼻韵母：以鼻辅音 n 或 ng 作为韵尾的韵母。有 16 个：an、en、in、ün、ang、eng、ing、ong、ian、uan、üan、uen、iang、uang、ueng、iong。
根据韵头的有无和韵头的不同，可以把韵母分成四类：开口呼韵母、齐齿呼韵母、合口呼韵母和撮口呼韵母。

韵母表

口形/结构	开口呼	齐齿呼	合口呼	撮口呼
单韵母	-i（前）、-i（后） a、o、e、ê、er	i	u	ü
复韵母	ai、ei、ao、ou	ia、ie、iao、iou	ua、uo、uai、uei	üe
鼻韵母	an、en、ang、eng、ong	ian、in、iang、ing	uan、uen、ueng、uang	üan、ün、iong

（一）单韵母

发音时舌位、唇形和开口度始终不变的元音叫单元音。发音时，舌头较高的部位叫舌位。舌位可抬高降低，可伸前缩后。开口度，即口腔开合的程度。开口度可大可小。舌位的高低与开口度成反比，舌位越高，开口度就越小；舌位越低，开口度就越大。唇形的圆或展（即不圆唇）可区别不同的音。

1. 10个单韵母的发音

普通话共有10个单韵母：a、o、e、ê、i、u、ü、-i（前）、-i（后）、er。

舌面单元音：a、o、e、ê、i、u、ü。

舌尖单元音：-i（前）、-i（后）。

卷舌元音：er。

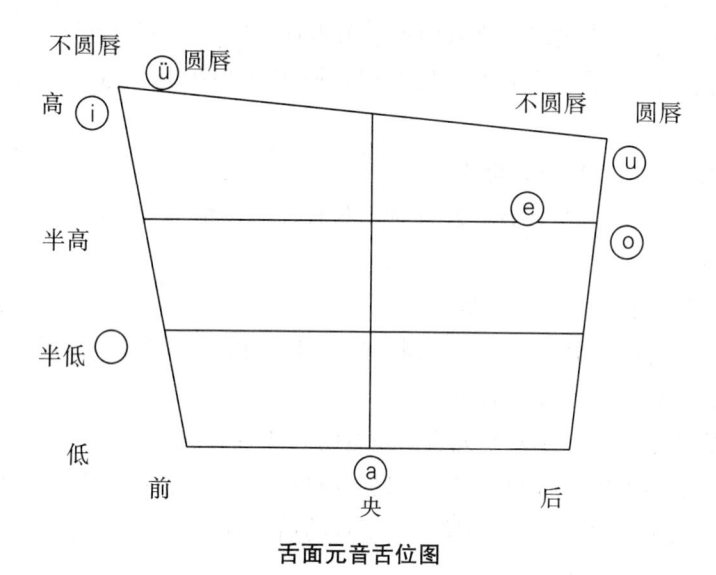

舌面元音舌位图

舌位的前后：

前：i、ü、ê。

央：a。

后：e、o、u。

舌位的高低：

高：i、u、ü。

半高：e、o。

半低：ê。

低：a。

唇形的圆展：

不圆唇：i、e、ê、a。

圆唇：ü、u、o。

2. 单韵母的发音方法训练。

（1）单韵母的发音方法。

a：舌面、央、低、不圆唇元音（依次为舌面元音、央元音、低元音、不圆唇元音。下文同此）。发音时，口大开，舌位低，舌头居中央，自然放平，唇型不圆。

例词：大把、打发、爸爸、打靶。

o：舌面、后、半高、圆唇元音。发音时，口半闭，舌位半高，舌身后缩，唇拢圆。

例词：薄膜、泼墨、默默、婆婆。

e：舌面、后、半高、不圆唇元音。发音状况与 o 基本相同，但双唇要自然展开。

例词：哥哥、合格、隔阂、苛刻。

ê：舌面、前、半低、不圆唇元音。发音时，口半开，舌位半低，舌头前伸使舌尖抵住下齿背，唇型不圆。

例词：多在 ie、üe 中出现，普通话中单用的时候只有"欸"字。

i：舌面、前、高、不圆唇元音。发音时，唇形呈扁平状，舌头前伸使舌尖抵住下齿背。

例词：积极、记忆、集体、奇迹。

u：舌面、后、高、圆唇元音。发音时，双唇拢圆，留一个小孔，舌头后缩，使舌根接近软腭。

例词：姑姑、叔叔、朴素、出处。

ü：舌面、前、高、圆唇元音。发音状况与 i 基本相同，但唇形拢圆。

例词：寓于、聚居、区域、语序。

-i（前）：舌尖前、高、不圆唇元音。发音时舌尖前伸接近上齿背，气流通路虽狭窄，但气流经过时不发生摩擦，唇型不变。它只与声母 z、c、s 相拼，不自成音节。单发这个音时可采用"拉长法"：念"兹"并拉长，字音的后部分便是-i（前）。

例词：自私、字词、四次、次子。

-i（后）：舌尖后、高、不圆唇元音。发音时，舌尖上翘接近硬腭前部，气流通路虽狭窄，但气流经过时不发生摩擦，唇型不圆。它只与声母 zh、ch、sh 相拼，不自成音节。单发这个音时可采用"拉长法"：念"只"并拉长，字音的后部分便是-i（后）。

例词：制止、支持、失职、吃食。

er：卷舌、央、中、不圆唇元音。是个带卷舌色彩的央元音 e，发音时，口形略开（开口度比 ê 略小），舌位居中，舌头稍后缩，唇形不圆，即在发 e 的同时，舌尖向硬腭卷起。

例词：二、儿、而、尔、耳、洱、饵、贰、珥、迩。

（2）单韵母发音难点练习。

①e、o、uo。

绕口令

　　罗锅山，落果坡，落果坡下有条河，河边走过人两个，小朋友罗乐和贺合。罗乐坡上放骆驼，贺合河边来牧鹅。鹅下河，驼上坡，罗乐和贺合笑呵呵。

　　坡上立着一只鹅，坡下就是一条河。宽宽的河，肥肥的鹅，鹅要过河，河要渡鹅。不知是鹅过河，还是河渡鹅。

　　一位爷爷他姓顾，上街打醋又买布。买了布，打了醋，回头看见鹰抓兔。放下布，搁下醋，上前去追鹰和兔，飞了鹰，跑了兔。打翻醋，醋湿布。

小猪扛锄头，吭哧吭哧走。小鸟唱枝头，小猪扭头瞅。锄头撞石头，石头砸猪头。小猪怨锄头，锄头怨猪头。

②i、u、ü。

练习韵母的发音，注意它们的异同。

书籍	气味	戏曲	比翼	挤人
书局	趣味	序曲	比喻	举人
技术	手术	递出	数目	舒心
继续	手续	地区	序幕	虚心

一二三，三二一，一二三四五六七，七六五四三二一。七个姑娘来聚齐，七只花篮手中提，摘的是橙子、桔子、柿子、李子、梨子和栗子。

老李去卖鱼，老吕去牵驴。老李要用老吕的驴去驮鱼，老吕说老李要用我的驴去驮鱼，就得给鱼，要不给我鱼，就别想用我老吕的驴去驮鱼。二人争来又争去，都误了去赶集。

清早起来雨兮兮，王七上街去买席，骑着毛驴跑得急，捎带卖蛋又贩梨。一跑跑到小桥西，毛驴一下失了蹄，打了蛋，撒了梨，跑了驴，急得王七眼泪滴，又哭鸡蛋又骂驴。

（二）复韵母

复韵母，又叫复元音韵母。从字面上（如 ai、uei）看，复韵母是由两个或三个元音复合而成的韵母，但这种认识是不科学的。正确的理解是：复韵母是由两个或三个代表元音和一群过渡音复合而成的韵母。

普通话共有 13 个复韵母：ai、ei、ao、ou、ia、ie、ua、uo、üe、iao、iou、uai、uei。

1. 发音特点。

（1）复韵母的发音是由前一个元音向后一个元音滑动的过程（简称"动程"）。在这个过程中，舌位的高低前后、口腔的开闭、唇形的圆展都是逐渐变动的，不是突变的、跳动的，中间应该有一连串的过渡音；同时气流不中断，过程中没有明显的界限。

（2）发音时复韵母各个成分的响度、强度、长短不同。其中只有一个主要元音，即韵腹，韵腹要念得重、长、响；韵头发音轻短，做出唇形即可；韵尾发音含混、模糊。

2. 分类和练习。

根据复韵母的发音特点可分为：

前响复韵母：ai、ei、ao、ou。

中响复韵母：iao、iou、uai、uei。

后响复韵母：ia、ie、ua、uo、üe。

(1) 前响复韵母。

韵腹在前，韵母前部发音响亮。共4个。

ai：a—i

  海外 开采 白菜 灾害 买卖
  再来 改派 卖菜 派差 百态

ei：e—i

  妹妹 配备 黑被 飞泪 给费
  美味 碑内 北美 废雷 黑煤

ao：a—o

  报道 操刀 搞好 号召 劳保
  包抄 报到 宝岛 造炮 早操

ou：o—u

  口头 后楼 漏斗 优厚 邮购
  抽头 守候 手头 梳头 后手

前响复韵母总的特点是前响后轻。在整个发音过程中，要注意口形由开到合的变化。

练习

ai—ei

  排场 赔偿 分派 分配 小麦 小妹
  摆布 北部 奈何 内河 卖力 魅力
  来生 雷声 安排 安培 埋头 眉头
  稗子 被子 买光 镁光 再来 贼来

ao—ou

  稻子 豆子 考试 口试 病号 病后
  高洁 勾结 号叫 猴叫 小赵 小周
  烧了 收了 毛利 牟利 牢房 楼房
  老人 搂人 桃子 头子 线袄 鲜藕

ou—u

  遗漏 一路 寿木 树木 偷笔 秃笔
  豆子 肚子 收拾 舒适 投递 徒弟
  丑汉 楚汉 剖开 铺开

(2) 中响复韵母。

由头、腹、尾三部分构成。前面的元音轻短，中间的元音清晰响亮，后面的元音含混，只表示舌位滑动的方向。共4个。

iao：i—a—o（韵尾o实际读音是u，因为手写体容易和ian混淆，所以变为o）

  秒表 交际 寥寥 标校 校表
  萧条 交缴 料峭 娇巧 渺小

iou：i—o—u（省写为iu）

  久久 丢牛 修旧 救球 琉球
  绣球 牛油 旧球 悠久 求救

uai：u—a—i

  外快 拐卖 欢快 外来 鬼怪
  怀揣 乖乖 财会 碗筷 将帅

uei：u—e—i（省写为ui）

  回归 最会 对嘴 吹灰 会徽
  会飞 兑水 收税 悔罪 回嘴

中响复韵母的特点是中间响前后轻。口形共变化两次，由合到开，再到合。

练习

iao—iou

  求教 求救 摇动 游动 药片 诱骗
  耀眼 右眼 生效 生锈 角楼 酒楼
  消息 休息 铁桥 铁球

uai—uei

  怪人 贵人 外来 未来 拐子 鬼子
  怀乡 回乡 坏了 会了 甩手 水手

绕口令

ao—iao—iou

  铜勺舀热油，铁勺舀凉油；铜勺舀了热油舀凉油，铁勺舀了凉油舀热油。

ao—iao—ou—iou

  咱村有六十六条沟，沟沟都是大丰收。东山果园像彩楼，西山棉田似锦绣，北山有条红旗渠，滚滚清泉绕山走。过去瞅见这六十六条沟，心里就难受；今天瞅见这六十六条彩楼、锦绣、万宝沟，瞅也瞅不够！

uei

  山前有个崔腿粗，山后有个雷粗腿，两人山前来比腿，不知是崔腿粗比雷粗腿

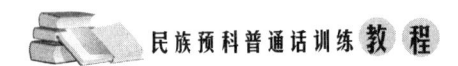

的腿粗,还是雷粗腿比崔腿粗的腿肥。

（3）后响复韵母。

韵腹在后,韵母后部发音响亮。共5个。

ia：i—a

  家家 下家 恰恰 家鸭 假牙
  下嫁 请假 庄稼 加价 加压

ie：i—e

  姐姐 窃窃 谢谢 贴切 切切
  乜斜 斜街 泄泻 接界 节节

ua：u—a

  画画 挂花 耍滑 花瓜 花褂

uo：u—o

  国货 过错 脱落 过火 堕落

üe：ü—e

  约略 绝学 缺血 挖掘 雀跃

后响复韵母的特点是前轻后响,发音时注意口形由小到大的变化。

练习

e—ie

  折断 截断 黑蛇 黑鞋 侧面 切面

a—ua

  扎紧 抓紧

ua—uo

  挂着 过着 滑动 活动 抓住 捉住

üe—ie

  夜读 阅读 竭力 角力 猎取 掠取

  北边来了一个瘸子背着一捆橛子。南边来了一个瘸子背着一筐茄子。背橛子的瘸子打了背茄子的瘸子一橛子。背茄子的瘸子打了背橛子的瘸子一茄子。

（三）鼻韵母

  鼻韵母是由元音加鼻辅音作韵尾构成的韵母。普通话共有16个鼻韵母,可分为前鼻韵母、后鼻韵母。

前鼻韵母 8 个：an、en、in、ün、ian、uan、üan、uen。

后鼻韵母 8 个：ang、eng、ing、ong、iong、iang、uang、ueng。

1. 前鼻韵母。

定义：元音与舌尖鼻辅音 n 构成的韵母。

发音特点：由元音开始，舌尖抵住上齿龈，使气流从鼻腔出来。

(1) 一个元音+n。

an：a—n

  汗衫 橄榄 灿烂 谈判 感染 散漫

en：e—n

  深圳 人参 本分 深沉 认真 根本

in：i—n

  金银 禁品 信心 辛勤 引进 贫民

ün：ü—n

  均匀 军训 逡巡 纭纭 音韵 遵循

(2) 两个元音+n。

ian：i—a—n

  电线 天边 偏见 艰险 片面 显眼

uan：u—a—n

  专款 宛转 宦官 贯穿 转弯 软缎

üan：ü—a—n

  源泉 全院 圆圈 渊源 涓涓 席卷

uen：u—e—n

  温顺 温存 昆仑 论文 分寸 春笋

2. 后鼻韵母。

定义：由元音与鼻辅音 ng 构成的韵母。

发音特点：由元音开始，舌根抬起抵住软腭，使气流从鼻腔出来。

(1) 一个元音+ng。

ang：a—ng

  厂长 商场 党章 帮忙 上当 沧桑

eng：e—ng

　　风筝　　丰盛　　更正　　生成　　征程　　整风

ing：i—ng

　　姓名　　命令　　行星　　清明　　宁静　　评定

ong：o—ng

　　工农　　总统　　公众　　从容　　冲动　　隆重

（2）两个元音+ng。

iang：i—a—ng

　　湘江　　响亮　　两样　　想象　　向阳　　踉跄

uang：u—a—ng

　　装潢　　慌忙　　狂妄　　矿床　　双簧　　状况

ueng：u—e—ng

　　翁翁　　渔翁　　水瓮　　蒙蒙亮　　丰登　　亨通

iong：i—o—ng

　　汹涌　　炯炯　　茕茕　　歌咏　　弟兄　　运用

鼻韵母辨正方法

1. 有-n无-ng。

方法：在后鼻韵母字的后面，加一个用g、k、h做声母的音节，两字连读，因发音部位相同（舌根音），后字可引衬前字的后鼻韵母归音准确。

　　唱 chàng——歌 gē　　疯 fēng——狂 kuáng　　灯 dēng——火 huǒ
　　评 píng——个 ge 理　　捧 pěng——个 ge 场

2. 有-ng无-n。

方法：在前鼻韵母字的后面，加一个用d、t、n、l做声母的音节，两字连读，因发音部位相同（舌尖中音），后字可引衬前字的前鼻韵母归音准确。

　　拼 pīn——读 dú　　　　心 xīn——得 dé　　　　村 cūn——头 tóu
　　温 wūn——暖 nuǎn　　看 kàn——哪 na　　　　分 fēn——流 liú

词语对比练习

an—ang

　　开饭　开放　　担心　当心　　一半　一磅　　烂漫　浪漫
　　赞歌　葬歌　　三叶　桑叶　　反问　访问　　天坛　天堂

en—eng

| 身世 | 声势 | 陈旧 | 成就 | 三根 | 三更 | 诊治 | 整治 |
| 木盆 | 木棚 | 申明 | 声明 | 瓜分 | 刮风 | 清真 | 清蒸 |

an—en

| 战士 | 阵势 | 翻身 | 分身 | 遗憾 | 遗恨 | 盘子 | 盆子 |
| 板子 | 本子 | 寒冷 | 很冷 | | | | |

ang—eng

| 长度 | 程度 | 商人 | 生人 | 东方 | 东风 | 长工 | 成功 |

in—ing

| 人民 | 人名 | 不信 | 不幸 | 辛勤 | 心情 | 亲近 | 清净 |

ian—iang

| 险象 | 想象 | 简历 | 奖励 | 坚硬 | 僵硬 | 鲜花 | 香花 |

uan—uang

| 机关 | 激光 | 专车 | 装车 | 大碗 | 大网 | 环球 | 黄球 |

ün—iong

| 运费 | 用费 | 晕车 | 用车 | 因循 | 英雄 | 勋章 | 胸章 |

uen—ueng—ong

| 轮子 | 笼子 | 吞并 | 通病 | 炖肉 | 冻肉 | 春风 | 冲锋 |

绕口令练习

an—ang—uan

城隍庙里俩判官,左边是潘判官,右边是庞判官。不是潘判官管庞判官,而是庞判官管潘判官。

ang—iang

辛厂长,申厂长,同乡不同行。辛厂长声声讲生产,申厂长常常闹思想。辛厂长一心只想革新厂,申厂长满口只讲加薪饷。

en—eng—ing—ong

东洞庭,西洞庭,洞庭山上一根藤,青青藤条挂金铃。风起藤动金铃响,风定藤定铃不鸣。

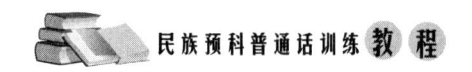

en—eng

老彭拿着一个盆，跨过老陈住的棚；盆碰棚，棚碰盆，棚倒盆碎棚压盆。

en—eng

陈是陈，程是程，姓陈不能说成姓程，姓程也不能说成姓陈。禾旁是程，耳朵是陈。程陈不分，就会认错人。

in—ing

小青和小琴，小琴手很勤，小青人很精，手勤人精，琴勤青精，你学小琴还是小青？

in—ing

同姓不能念成通信，通信也不能念成同姓。同姓可以互相通信，通信可不一定同姓。

n—ian—ang

扁担长，板凳宽，扁担没有板凳宽，板凳没有扁担长。扁担绑在板凳上，板凳不让扁担绑在板凳上，扁担偏要绑在板凳上。

对比练习

in—ing	en—eng
天津和北京	真冷
津京两个音	真冷、真冷、真的冷
一个前鼻音	人人都说冷
一个后鼻音	猛的一阵风，更冷
你要分不清	说冷也不冷
请你注意听	人能战胜风，更能战胜冷

对话练习

小陈：哟！小程，你的头怎么了？

小程：昨天打球不小心碰伤了，缝了三针。

小陈：真想不到！一定要小心哪，千万别感染了！

小程：是啊，现在天气很热，最容易感染。我现在去打消炎针。

小陈：要不要我陪你？

小程：我自己可以，谢谢你。

语段练习

1. 著名教育家班杰明曾经接到一个青年人的求救电话，并与那个向往成功、渴望指点的青年人约好了见面的时间和地点。

2. 生命在海洋里诞生绝不是偶然的，海洋的物理和化学性质，使它成为孕育原始生命的摇篮。

3. 我常想读书人是世间幸福人，因为他除了拥有现实的世界之外，还拥有另一个更为浩瀚也更为丰富的世界。现实的世界是人人都有的，而后一个世界却为读书人所独有。由此我又想，那些失去或不能阅读的人是多么的不幸，他们丧失的是不可补偿的。世间有诸多的不平等，如财富的不平等，权力的不平等，而阅读能力的拥有或丧失却体现为精神的不平等。

三、凉山地区学生韵母学习难点辨正

凉山地区彝语的韵母就结构而言非常简单，只有 10 个，均为单韵母，且松紧对立；而汉语普通话的韵母结构较为复杂，除了单韵母，还有复韵母和鼻韵母，彝族学生在学习普通话时，容易出现以下现象：随意增、减韵母，后鼻韵尾脱落。同时，由于彝语里有清、化鼻音之分，而且发音比较强烈，因此导致大部分凉山彝族人在学习普通话的时候前后鼻尾区分不太清楚（如 a、an、ang 不分）或者掉韵腹或者增减鼻化韵尾。例如把"蟑螂"读为"zhānán"，"有网"读为"yǒuwǎn"，"苹果"念成"pígǔ"，"洋芋"念成"yǎyù"。另有将甲韵母误读为乙韵母，如将音节"温"误读为"wāi"，"洪"误读为"huó"等；把普通话的清声母音节误读为彝语的浊声母音节，如把"歌"读成"gū"。这些都是造成彝族人学习普通话困难的主要原因之一。教师在教学中要充分重视语言学习的区域性、民族性造成的影响。

（一）分清韵母 an 与韵母 ang 的字音

西昌是凉山彝族自治区的首府，除了汉族外，最多的就是彝族人，这里的方言被称为西昌话，而西昌话也是凉山地区方言的代表。汉语是彝族的第二语言，彝族凉山地区的人在说普通话的时候，常带上很重的彝语口音，如前所说，常常 a、an、ang 不分。要分清 a、an、ang 这三个音，首先必须学会发 a 和 [a] 音：

a（央 a），嘴自然张开，舌头自然平放在口腔的最低处。发音时，气流均匀地流出，声带颤动，发出不圆唇元音 a。发音时舌头一定不能在口腔中乱动，要自然平放在口腔中。

[a]（前），舌尖向前轻抵在下齿背后，舌位比发 a 音时的舌位稍高，嘴自然张开，舌面平放。

an [an]，舌尖抵在下齿背后，嘴张开，舌位从央低 a 位抬起，舌面前部与硬腭前部接触阻塞气流，使声音和气息从鼻腔通过。在发 a 和 [a] 音时舌头不能紧张，不能向后缩，嘴巴自然张开。

ang，嘴自然张开，舌位先处于最低元音位，发音时，舌根向后上方抬起，尽量去和软腭接触，阻塞气流使其从鼻腔通过，发出后鼻韵尾复合音。

an 和 ang 发音的相同点是嘴都要自然打开。不同点是 an 的舌尖要轻抵下齿背后，也就是舌尖是向前运动的。

ang 的舌头在发音时，边发［ɑ］边向后缩，并且向后上方抬起，去够软腭。

an 的舌位要比 ang 的舌位高。

（二）分清 e 与 o、uo 的字音

e 与 o、uo 这一组韵母对于凉山地区的人来说基本能分清，但是当 e 和 g、k 相拼的时候容易弄错。普通话有一条拼音规则：g、k、h 不能和 o 相拼。对应西昌话，g、k、h 和 o 相拼的字音都要把 o 换成 e 或者 uo。如："火锅"（huǒguō）西昌话读为"hǒgō"，"可"（kě）西昌话读为 kǒ。在西昌话中也没有复韵母 uo。普通话中是韵母 uo 的字音一般都念为 o，在普通话中是 uo 韵母的古入声字的，在西昌话中念 uê，如"国""郭"。在普通话里，辅音声母 b、p、m、f 能同 o 构成音节，但是不同 uo 相拼；其余辅音声母能和 uo 相拼，但不能和 o 相拼。还有 e 自成音节的字音，在西昌话中则把它读成了圆唇音 o，比如饿、鹅、蛾、俄、讹、峨、娥、莪、锇等，在西昌话中读成了 o。我们在学习普通话时也要注意这些字音。

（三）分清齐齿呼与撮口呼的字音

凉山地区人最难区分的音是齐齿呼和撮口呼。西昌话中没有 ü 或 ü 开头的韵母，在普通话中以 ü 或 ü 行韵母开头的字音被凉山地区人读成了 i 或 i 行开头的齐齿呼韵母。比如把"鱼船"读成"遗传"，把"军队"读成"jīndèi"，把"盐源"读成"岩盐"。凉山人在语音上要能区分这些词义，首先应学会 ü 与 ü 开头的撮口呼韵母的发音。

同样，在凉山地区，有一部分人在发 i 音时，习惯性地要带圆唇的动作，使发出来的 i 音不干净、不清晰，有严重的缺陷。

所以，凉山地区人在学会圆唇的同时还要学会发口形扁的 i 音。

i—ü 发音的区别：

相同点：两者的舌位一样。

不同点：发 i 音时，上下嘴唇要尽量向两边裂开；发 ü 音时，嘴唇要圆，用力向嘴唇中间撮，形成圆形，同时嘴唇要稍稍内收，不能撮出去。

发 i 行韵母（齐齿呼），ü 行韵母（撮口呼）时，如果是齐齿呼韵母，那么一定在声母之后有一个咧嘴的动作；如果是撮口呼韵母，那么在声母之后一定有个圆唇的动作。

（四）分清鼻韵母 in、en 与 ing、eng 的字音

凉山人发音完全没有后鼻音韵母 ing、eng，在其学习普通话时，不但要掌握韵母 ing、eng 的正确发音，还要能分清那些字的韵母是 ing 还是 eng。

in－ing 发音的区别：

in：先发 i 音，紧接着舌尖向上齿龈移动并轻轻抵住。注意只是舌尖移动。

ing：发 i 音后，紧接着舌根向软腭移动并抵住它。注意舌根向上抬，开口不能过大，但是比发 in 时稍大。

想要判断一个鼻韵汉字该读前鼻韵还是后鼻韵，有三种办法：

1. 利用声韵配合规律。

普通话中，d、t 两个声母不与前鼻韵 in 相拼，只与后鼻韵 ing 相拼。因此，凡以 d、t 起头的齐齿呼鼻韵音节就读 ing 韵。

2. 记少不记多。

普通话中 n 声母的齐齿呼鼻韵音节 nin 与 ning 中，nin 音节的汉字只有一个"您"（nín），只要记住这个字，就可断定 n 声母的其他鼻韵字都是后鼻韵。

3. 利用偏旁类推 en—eng。

eng 韵在凉山方言里全被 en 韵取代。

发 en 音时，口微张，舌尖抵在下齿背后，舌位由央 e 开始。发音时，舌面前部随着下颌的闭合，抬起与硬腭前端贴住，阻塞气流使之从鼻腔通过。

发 eng 音时，口自然张开，舌面自然放在央元音 e 位。然后，舌根抬起，向后运动与软腭接触，阻塞气流使之从鼻腔通过。

注意：发 en 音时舌头向前走，发 eng 音时舌头向后缩并同时抬起。

（五）关于 uan、uei、uen

在凉山方言中，uan、uei、uen 与声母 d、t、n、l、z、c、s 相拼时丢掉了介音 u，韵母就变成了 an、ei、en。不过 n、l 不和"uei"相拼，同时 n 还不和 uen 相拼。而在西昌话中 n、l 都和 uei 相拼，比如"累"读为"nuei"，"内""类""泪""雷""垒"都读为"luei"。

（六）区分 e、ê

zh、ch、sh、r、z、c、s 与 e 相拼时，其中的很多古入声字，西昌话把韵母舌面后半高不圆唇元音 e 读成了舌面前中不圆唇元音 ê，如把"哲"（zhé）读为 zhê，"车"（chē）读为 chê 或 chai，"社"（shè）读为 shê 或 shai，"热"（rè）读为 rê，"则"（zé）读为 zê。

第四节　声调和音节描写

一、声调

（一）声调的性质和作用

声调是音节中具有区别意义作用的音高变化。声调的变化取决于音高，而音高的变化由声带的长短、厚薄、松紧决定。

声调在现代汉语普通话中的重要作用主要体现在以下三个方面：

1. 纯正字音，区别词义。

在非声调语言中，声调的变化不起区别词义的作用。如英语词汇，既可读平声调，也可读上声调，表示陈述、疑问、祈使等不同的语气，但词的意义没有变化。而汉语是声调语言，一个音节中即使声母、韵母相同，如果声调不同也可以表示不同的词义。

例如：

  抢手 枪手 强手 抢收

  教师同志 教室通知

  从山西运来一火车松树 从陕西运来一货车松鼠

这些词声韵部分相同，但由于声调不同，意思就完全不一样了。

2. 减少了音节的数量。

一般来说，一种语言中声调的数量越多，音节数量往往越少。例如，英语没有声调，就有两三千个音节；而汉语普通话有声调，就只有约 410 个音节。在汉语的这 410 个音节中，四个声调都有意义的音节实际只有 160 多个，其他音节往往只能和部分声调结合。

3. 声调的平仄抑扬，使语言富有音乐性和节奏感。

汉语普通话是典型的旋律型声调语言，即根据语音的升降变化来区分字词意义，声调的音高和发音时间呈函数关系，阴平是高平调，阳平是升调，上声是降升曲折调，去声是下降调。音高随着发音时间的推移或升或降，或平或曲，或呈波形，声调叠加在语调上，形成了语言的旋律美。

（二）调值和调类

调值是声调的实际读法。普通话声调的调值为：55（第一声）、35（第二声）、214（第三声）、51（第四声）。

调类：是声调的种类。普通话声调调类为：阴平、阳平、上声、去声。

（三）五度标记法

普通话声调知识可归纳如下：

例字	调名	调类	调值	调型	调号	发音特点
山	第一声	阴平	55	高平	-	起音高高一路平
明	第二声	阳平	35	中升	ˊ	由中到高往上升
水	第三声	上声	214	降升	ˇ	先降延长再扬起
秀	第四声	去声	51	高降	ˋ	高起猛降到底层

（四）凉山方言与普通话声调辨正方法

古代汉语有平、上、去、入四个声调，到了元代，平声分化为阴平和阳平，就是现在的一声和二声，上声有一部分字归并到去声里，剩下的是现在的三声，去声和由上归并而来的一些字成为现在的四声，入声则分化到了阴平、阳平、上声、去声四个声调中。所以现在的现代汉语北方方言中没有入声。普通话，也即标准现代汉语以北方话为基础方言，所以也没有入声这个声调。但汉语其他六大方言对入声均有保留。西南官话（凉山方言属于西南官话）、江淮官话也保留了部分入声字。从普通话调类与凉山方言调类的比较可以看出，除去古入声字除外，凉山方言调类与普通话调类基本对应。

基于凉山方言与普通话在声调上的这种对应关系，我们可以从方言的调类类推普通话的调类。类推时可采用这样的方法：

先选几组按四个声调排列的字音，如"妈""麻""马""骂"，用方言依次念这四个字，在此基础上，可以多选一些字音，学习用方言依次念出阴平、阳平、上声、去声四个声调的不同读音，例如，"扬"可依次念出"央、扬、养、样"四个不同的读音。当需要推断一个字音是哪一个声调时，就可照上述的办法念一遍看看它在方言里的读音。如果第一位就念到，说明它在方言里是阴平，那么在普通话里也就念阴平；在第二位才念到，说明它在方言里是阳平，普通话也念阳平；其余类推。例如"庆"一定是在第四位上念到，在方言里是去声，在普通话里也就是去声。"会"用凉山方言念一定是在第四位，那么"会"就是第四声，在普通话里肯定也是第四声了。这个方法简单易学，只要掌握了，可以准确推断出大多数字音的调类。

需要注意的是，古入声字不能用凉山方言的调类去类推它在普通话中的调类，因为古入声字在普通话四声中的分派情况与凉山方言大不相同。古入声字分派到普通话阴、阳、上、去四个调类中去的基本情况是：念去声的最多，约占 40%（如零声母的古入声字，如毅力、噩梦、对弈、疟子；浊音声母 m、n、l、r 的古入声字，如陌生、腊月、绿化、霹雳；s、c、ch 等擦音、塞擦音，如颜色、名册、矗立）；念阳平的次之，约占 30%；分派到阴平的约占 20%；念上声的最少，约占 10%。此处不再赘述。

二、音节

音节是语音的基本单位，也是听觉上能自然感受到的最小语音片断。

（一）音节的组成

普通话音节由声母、韵母和声调三个部分构成，韵母内部又分为韵头（介音）、韵腹（主要元音）、韵尾（尾音）三部分。

（二）音节结构的特点

1. 每个音节最少由韵腹和声调两个成分组成，最多由五部分组成。
2. 每个音节中至少有一个，最多可有三个，分别充当韵母的韵头、韵腹和韵尾。
3. 音节中可以没有辅音的元音音素。如果有辅音，辅音音素只出现在音节的开头（作声母）或末尾（作韵尾），没有两个辅音连续排列的情况。
4. 韵头由高元音 i、u、ü 充当，韵尾由元音 i、o、u 或鼻辅音 n、ng 充当。各元音都能充当韵腹。

（三）音节声韵的配合关系

普通话声韵配合的主要规律如下：

1. 开口呼韵母除了不与舌面音 j、q、x 相拼外，能与其他各类声母相拼。
2. 齐齿呼韵母不与唇齿音、舌根音、舌尖前音、舌尖后音相拼。
3. 合口呼韵母不与舌面音 j、q、x 相拼，可以与其他各类声母相拼，但与双唇音和唇齿音相拼时，只限于单韵母 u。
4. 撮口呼韵母只与舌尖中音 n、l 和舌面音 j、q、x 相拼，不与其他各类声母相拼。
5. 一些小规律：

第一，o 韵只拼唇音声母，而 uo 却不能同唇音声母相拼。

第二，ong 没有零声母音节，只能前拼声母，ueng 反之。

第三，-i（前）韵只拼 z、c、s 三个声母，-i（后）韵只拼 zh、ch、sh、r 四个声母，并且都没有零声母音节。

第四，er 韵不与任何声母相拼，只有零声母音节。

（四）音节的拼合

1. 拼音要领。

（1）声母要读本音。

拼音时，发音器官先做好发某个声母本音的姿势，然后在发这个声母本音的同时把要相拼的韵母一起念出来。

如：拼 shan 时，先做发 sh 本音的姿势，在发 sh 本音的同时，气流冲破阻碍连 an 一起念出来。

（2）声韵之间不要停顿。

如：gǔ（古）—— g（e）— ǔ（歌舞）　　gài（盖）—— g（e）— ài（割爱）

（3）要念准韵头。

念不准韵头，就可能出现丢失韵头或者改变韵头的现象。

如：luàn — làn　　　　　　　　　　xué — xíe

2. 拼音方法。

（1）两拼法。音节分成声母和韵母，直接相拼的方法。

如：guāng（光）：g — uāng → guāng　　míng（明）：m — íng → míng
　　lěi（磊）：l — ěi → lěi　　　　　　　luò（落）：l — uò → luò

（2）三拼法。音节分成声母、韵头和韵腹（韵尾）三部分连续拼读的方法（只适用于有韵头的音节）。

如：jiā（加）：j — i — ā → jiā　　　　　qiáng（强）：q — i — áng → qiáng
　　duàn（锻）：d — u — àn → duàn　　liàn（炼）：l — i — àn → liàn

（3）声介合母法。声母和韵头（介音）i、u、ü 先拼合，然后与韵母后面的部分相拼（只适用于有韵头的音节）。

如：xiōng（胸）：xi — ōng → xiōng　　huái（怀）：hu — ái → huái

kuān（宽）：ku — ān → kuān　　　guǎng（广）：gu — ǎng → guǎng

（4）直呼法。声韵调直接读出音节的整体认读方法。

如：huā（花）：huā　　　　　　hóng（红）：hóng

liǔ（柳）：liǔ　　　　　　　　lǜ（绿）：lǜ

（五）音节拼写规则

1. 同一个词的音节要连写，词与词要分写。

如：构建和谐社会

gòujiàn héxié shèhuì

知识改变命运

zhīshi gǎibiàn mìngyùn

2. 句子开头的字母和诗歌每行开头的字母要大写。

如：团结奋斗建设祖国！

Tuánjié fèndòu jiànshè zǔguó!

普通话是我们的职业语言。

Pǔtōnghuà shì wǒmen de zhíyè yǔyán.

远远的街灯明了，

好像是闪着无数的明星。

天上的明星现了，

好像是点着无数的街灯。

Yuǎnyuǎn de jiēdēng míng le,

Hǎoxiàng shì shǎnzhe wúshù de míngxīng.

Tiānshàng de míngxīng xiàn le,

Hǎoxiàng shì diǎnzhe wúshù de jiēdēng.

3. 专有名词或专有短语（国名、地名、书刊名、文章标题或机关、团体、商店等专有名称）中每个词语的第一个字母要大写或全部大写。全部大写时可不标调号。

如：北京　Běijīng

人民日报　Rénmín Rìbào

宁德师范高等专科学校

Níngdé Shīfàn Gāoděng Zhuānkē Xuéxiào

NINGDE SHIFAN GAODENG ZHUANKE XUEXIAO

4. 汉语人名按姓氏和名字分写，每一部分的第一个字母都大写。

如：李白　　Li Bai　　　Lǐ Bái

刘胡兰　　Liu Hulan　　Liú Húlán

李清照　　Li Qingzhao　Lǐ Qīngzhào

5. 标题中的字母可以全部大写，也可以每个词开头的字母大写，有时为了简明美观，可以省略声调符号。

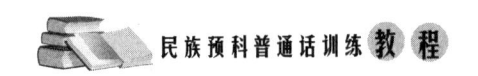

如：解放思想建设中华

Jiefang Sixiang Jianshe Zhonghua

JIEFANG SIXIANG JIANSHE ZHONGHUA

6. 移行。移行是指一个多音节词在一行末尾写不完时，需要移到下一行写。移行时要移整个音节，并且在上行没有写完的词后面加上连接号（短横"－"）。

Gòujiàn héxié shèhuì, jiànshè měihǎo jiā-
yuán.

构建和谐社会，建设美好家园。

第五节　语流音变

音变指语音的变化，一般分为历史音变与语流音变。本节主要分析语流音变。语流音变是在特定的语音环境中产生的。人们说话发音，不是孤立地发出一个个音素，而是以音节为单位连续发出一连串的音节。由于音节与音节相互影响，就可能产生种种语音上的变化。普通话的音变现象比较复杂，常见的是变调（上声的变调、"一"和"不"的变调）、轻声、儿化、语气词"啊"的变读等。

一、变调

（一）上声的变调

普通话的上声音节在连续念读时会受后一音节声调的影响而产生明显的变调。只有当上声音节单念或处在句子的末尾以及句中语音停顿处、没有后续音节的影响时，才有可能读原调。

上声音节的变调规律可以概括如下：

1. 上声在其他声调前。

上声＋阴平	例：好吃	半上＋阴平
上声＋阳平	例：好玩	半上＋阳平
上声＋上声	例：好写	阳平＋上声（慢读）/半上（快读）
上声＋去声	例：好看	半上＋去声

2. 上声在其他声调后。

阴平＋上声	例：吃好	半上＋上声（慢读）/半上（快读）
阳平＋上声	例：玩好	阳平＋上声（慢读）/半上（快读）
上声＋上声	例：写好	阳平＋上声（慢读）/半上（快读）
去声＋上声	例：看好	去声＋上声（慢读）/半上（快读）

3. 上声在轻声前。

阳平＋轻声（本调为上声）　　例：老虎　想想

半上＋轻声（本调为非上声）　　例：喜欢　早上（例外：奶奶、姐姐、姥姥，椅子、板子、斧子按第二个方案读）

4. 三个上声相连怎么读？语法停顿影响三声变调。

单双格（半上＋阳平＋上声）

例：小/老虎　老/两口　女/导演　党/小组　纸/老虎　很/理想

双单格（阳平＋阳平＋上声）

例：展览/馆　洗脸/水　总统/府　选举/法　蒙古/语

另外：阳平＋阳平＋上声

例：甲乙丙　好好好　稳准狠

半上＋阳平＋上声

例：李可染　马厂长　李小姐（如果读成阳平＋阳平＋上声，会与黎、麻混淆）

练习

上声＋阴平

北京 Běijīng	百般 bǎibān	摆脱 bǎituō	首都 shǒudū	保温 bǎowēn
省心 shěngxīn	警钟 jǐngzhōng	捕捞 bǔlāo	导师 dǎoshī	北方 běifāng
捕捉 bǔzhuō	饼干 bǐnggān	把关 bǎguān	敞开 chǎngkāi	短期 duǎnqī
法官 fǎguān	法规 fǎguī	反击 fǎnjī	纺织 fǎngzhī	改编 gǎibiān
感激 gǎnjī	广播 guǎngbō	海滨 hǎibīn	海关 hǎiguān	好听 hǎotīng
好些 hǎoxiē	火车 huǒchē	简单 jiǎndān	紧张 jǐnzhāng	领先 lǐngxiān
减轻 jiǎnqīng	抹杀 mǒshā	解剖 jiěpōu	启发 qǐfā	取消 qǔxiāo

上声＋阳平

保存 bǎocún	党员 dǎngyuán	否则 fǒuzé	表达 biǎodá	等于 děngyú
表扬 biǎoyáng	海洋 hǎiyáng	草原 cǎoyuán	解决 jiějué	改革 gǎigé
举行 jǔxíng	感觉 gǎnjué	可怜 kělián	火柴 huǒchái	解答 jiědá
可能 kěnéng	朗读 lǎngdú	理由 lǐyóu	旅途 lǚtú	旅行 lǚxíng
饱和 bǎohé	搞活 gǎohuó	海峡 hǎixiá	导航 dǎoháng	典型 diǎnxíng
赌博 dǔbó	厂房 chǎngfáng	场合 chǎnghé	歹徒 dǎitú	

上声＋上声

厂长 chǎngzhǎng	场所 chǎngsuǒ	党委 dǎngwěi	导演 dǎoyǎn	法语 fǎyǔ
稿纸 gǎozhǐ	好感 hǎogǎn	好转 hǎozhuǎn	尽管 jǐnguǎn	老板 lǎobǎn
美满 měimǎn	美好 měihǎo	谱曲 pǔqǔ	永远 yǒngyuǎn	感染 gǎnrǎn
引导 yǐndǎo	语法 yǔfǎ	骨髓 gǔsuǐ	本领 běnlǐng	旅馆 lǚguǎn
领导 lǐngdǎo	敏感 mǐngǎn	蚂蚁 mǎyǐ	老虎 lǎohǔ	感慨 gǎnkǎi

老鼠 lǎoshǔ　　悔改 huǐgǎi　　可口 kěkǒu　　岛屿 dǎoyǔ　　保管 bǎoguǎn
保姆 bǎomǔ　　保险 bǎoxiǎn　粉笔 fěnbǐ　　保养 bǎoyǎng　辅导 fǔdǎo
抚养 fǔyǎng　　饱满 bǎomǎn　反感 fǎngǎn　　腐朽 fǔxiǔ　　勇敢 yǒnggǎn
海港 hǎigǎng　　理想 lǐxiǎng

上声+去声

把握 bǎwò　　百货 bǎihuò　　柏树 bǎishù　　保护 bǎohù　　保证 bǎozhèng
宝贵 bǎoguì　　北部 běibù　　本质 běnzhì　　比较 bǐjiào　　比赛 bǐsài
采购 cǎigòu　　彩色 cǎisè　　产量 chǎnliàng　处分 chǔfèn　　处境 chǔjìng
法院 fǎyuàn　　法律 fǎlǜ　　诽谤 fěibàng　　礼貌 lǐmào　　旅客 lǚkè
满意 mǎnyì　　女士 nǚshì　　暖气 nuǎnqì　　呕吐 ǒutù　　跑步 pǎobù
可爱 kě'ài　　改变 gǎibiàn　　感冒 gǎnmào　　感谢 gǎnxiè　　好看 hǎokàn
谨慎 jǐnshèn　　尽量 jǐnliàng　　请假 qǐngjià

(二)"一"和"不"的变调

1."一"和"不"在去声前变阳平。

一个　一次　一再　一旦　一带　一道　一并
一样　一色　一切　一味　一瞬
不对　不错　不去　不累　不必　不便　不错
不但　不断　不愿　不顾　不过　不愧　不利
不料　不论　不肖　不用　不屑

2."一"在非去声前读去声。

一天　一年　一口　一般　一瞥　一生　一些
一心　一齐　一时　一同　一直　一连　一晃
一举　一览　一起　一早

3."不"在其他音节后念轻声。

吃不　来不　写不　去不

4."一"和"不"夹在词语中间读轻声。

看一看　听一听　试一试　数一数　说一说　想一想
差不多　来不及　靠不住　了不起　买不买　走不走　好不好

练习
"一"+去声

一切　一半　一共　一件　一类

"一"+阴平

　　一边　　一生　　一心　　一杯　　一批

"一"+阳平

　　一条　　一行　　一时　　一头　　一齐　　一群

"一"+上声

　　一本　　一朵　　一眼　　一手　　一碗　　一桶

"不"+上声

　　不在　　不幸　　不会　　不过　　不利　　不用

（三）叠音形容词的变调

形容词重叠在语流中有时要发生变调，变调时遵循以下规律。

1. 单音节形容词重叠为 AA 式，重叠部分如果儿化，不管原来是什么声调，都变成阴平。

　　早早儿（的）　　慢慢儿（的）　　好好儿（的）
　　满满儿（的）　　远远儿（的）　　长长儿（的）

重叠部分如果不儿化，则不用变调。

　　好好先生 / 慢慢走 / 早早来

2. 单音节形容词的叠音后缀，即 ABB 式，不论原来是什么声调的字，也都要读成阴平。

　　红彤彤　　羞答答　　沉甸甸　　骨碌碌　　黑黝黝
　　闹嚷嚷　　乱蓬蓬　　文绉绉　　懒洋洋　　湿漉漉
　　白茫茫　　黄澄澄　　黑乎乎

需要说明的是，并不是所有的重叠式形容词都需要变调，在发音时应该具体情况具体分析，如书面性很强的词语就可以不变调。可以说 ABB 式形容词有不变调的趋势。两读的词有：

原词读音	口语读音
绿油油 lǜyóuyóu	lǜyōuyōu
慢腾腾 mànténgténg	màntēngtēng
亮堂堂 liàngtángtáng	liàngtāngtang
血淋淋 xiělínlín	xiělīnlīn
直瞪瞪 zhídèngdèng	zhídengdeng
乱腾腾 luànténgténg	luàntēngtēng

热腾腾 rèténgténg　　　　rètēngtēng

下列 ABB 式形容词的后缀一般不变调，用汉语拼音拼写要标原调。

　　白晃晃　　白蒙蒙　　白皑皑　　赤裸裸　　赤条条
　　红艳艳　　绿茸茸　　毛茸茸　　明晃晃　　热辣辣
　　金煌煌　　蓝盈盈　　清凌凌　　雾茫茫　　笑吟吟
　　灰沉沉　　金灿灿　　空洞洞　　金闪闪　　空荡荡
　　泪涟涟

3. 双音节形容词重叠后，即 AABB 式，第二个音节变成轻声，后面的第三、四个音节都读阴平。

　　老老实实　　舒舒服服　　清清楚楚　　漂漂亮亮　　干干净净

二、轻声

现代汉语拼音里只有阴平、阳平、上声和去声四个声调，每一个音节都有它的声调，但在语音序列中有许多音节常常失去原有的声调，读成一个又轻又短的调子，这就是轻声。轻声不是四声之外的第五种声调，而是四声的一种特殊音变，在物理上表现为音长变短，音强变弱。

轻声是汉语所具有的一种特殊变调现象，在全国各地的方言和普通话均有出现。轻声一般不被当作声调看待，因为它没有固定的调值。

（一）念轻声音节的规律

1. 助词"的、地、得、着、过""好了"。如：我的、轻轻地、唱得好、去过。
2. 语气词"吧、嘛、呢、啊"等。如：走吧、是吗、说啊。
3. 叠音词和动词重叠形式后头的字。如：爸爸、猩猩、歇歇、走走。
4. 构词用的虚语素"子、头"和表示多数的"们"。如：笼子、木头、我们、甜头、桌子。

注意区分："子""头"作实语素时，读原调。如：学子、瓜子、埋头、针头、莲子。

5. 单音节动词后表示趋向的词。如：回来、出去、走出来、跑进去。
6. 名词后面的方位词"上、下、里"读轻声。如：天上、乡下、屋里。
7. 量词，如"那个、那次、那盘"等读轻声。
8. 代词"我、你、他"放在动词后面做宾语。如：找你、请他、叫我。
9. 常用双音节词，第二个音节习惯上读轻声。如：亲家、能耐、机灵、告诉、规矩、姑娘。

（二）轻声的作用

1. 区分词性。

生气：shēngqì 动词。指不高兴，发怒。
　　　shēngqi 名词。指活力，朝气。
对头：duìtóu 形容词。表示正确、合适、正常。
　　　duìtou 名词。指仇敌，对手。
地道：dìdào 名词。指地下通道。
　　　dìdao 形容词。指真正的、纯粹的。

2. 区别词义。

地方：dìfāng 名词。与中央相对的各级行政区划的统称。
　　　dìfang 名词。指某一区域。
生意：shēngyì 名词。富有生命力的气象。
　　　shēngyi 名词。商业经营、买卖。
兄弟：xiōngdì 名词。哥哥和弟弟。
　　　xiōngdi 名词。弟弟。

地下："下"字用轻声，表示地面上；"下"字不用轻声，表示地面底下。
合计："计"字用轻声，表示商量、盘算；"计"字不用轻声，表示总共计算在一起。
东西："西"字用轻声，指物件；"西"字不用轻声，指方向。
大意："意"字用轻声，指疏忽、粗心大意；"意"字不用轻声，指主要内容。

常见轻声词练习

A：爱人

B：巴掌、白净、帮手、棒槌、包袱、本事、比方、扁担、别扭、拨弄、簸箕、补丁、不在乎、部分

C：裁缝、财主、苍蝇、差事、柴火、称呼、畜生、窗户、刺猬、凑合

D：耷拉、答应、打扮、打点、打发、打量、打算、打听、大方、大爷、大夫、耽搁、耽误、道士、灯笼、提防、地道、地方、弟兄、点心、东家、东西、动静、动弹、豆腐、嘟囔、对付、对头、队伍、多么

E：耳朵

F：风筝、福气

G：甘蔗、干事、高粱、膏药、告诉、疙瘩、胳膊、跟头、工夫、功夫、姑娘、骨头、故事、寡妇、怪物、关系、官司、罐头、规矩、闺女

H：蛤蟆、含糊、行当、合同、和尚、核桃、红火、后头、厚道、狐狸、胡琴、糊涂、皇上、胡萝卜、火候、伙计、护士

J：机灵、脊梁、记号、记性、家伙、架势、嫁妆、见识、将就、交情、叫唤、结实、街坊、姐夫、戒指、精神

K：咳嗽、客气、口袋、窟窿、快活、困难、阔气

L：喇叭、喇嘛、懒得、浪头、老婆、老实、老太太、老爷、累赘、篱笆、里头、力气、厉害、利落、利索、痢疾、连累、凉快、粮食、溜达、萝卜、骆驼

M：麻烦、麻利、马虎、买卖、馒头、忙活、冒失、眉毛、媒人、门道、眯缝、迷糊、苗条、苗头、名堂、名字、明白、蘑菇、模糊、木头

N：那么、难为、脑袋、脑子、能耐、念叨、念头、娘家、奴才、女婿、暖和、疟疾

P：牌楼、盘算、朋友、脾气、屁股、便宜、漂亮、婆家、铺盖

Q：欺负、前头、亲戚、勤快、清楚、亲家、拳头、裙子

R：热闹、人家、认识

S：扫帚、商量、上司、上头、烧饼、少爷、哨子、舌头、什么、生意、牲口、师父、师傅、石匠、石榴、石头、时候、实在、拾掇、使唤、世故、似的、事情、收成、收拾、首饰、舒服、舒坦、疏忽、爽快、思量、算计、岁数

T：特务、挑剔、跳蚤、铁匠、头发、妥当、唾沫

W：挖苦、晚上、尾巴、委屈、为了、位置、稳当

X：稀罕、媳妇、喜欢、下巴、吓唬、先生、乡下、相声、消息、小气、笑话、心思、行李、休息、秀才、秀气、学生、学问

Y：丫头、衙门、哑巴、胭脂、烟筒、眼睛、燕子、秧歌、养活、吆喝、妖精、钥匙、衣服、衣裳、意思、应酬、冤枉、月饼、月亮、云彩、运气

Z：在乎、早上、扎实、眨巴、栅栏、张罗、丈夫、帐篷、丈人、招呼、招牌、折腾、这个、枕头、芝麻、知识、指甲、指头、主意、转悠、庄稼、壮实、状元、字号、自在、祖宗、嘴巴、作坊、琢磨

三、儿化

（一）性质

普通话中，卷舌元音 er 不与声母相拼，但可以自成音节，还可以与其他韵母合成一个音节，使这个韵母因卷舌而发生音变，这种语音现象叫作"儿化"。儿化的基本性质从语音角度分析是卷舌作用，从词汇角度说是后缀。如"花儿"拼写为 huār，r 在音节中不代表音素，只表示卷舌动作。

（二）作用

1. 区别词义：头——头儿　白面——白面儿（白色粉末、毒品）　肝——肝儿
2. 区别词性：画（名词、动词）——画儿（名词）　活（形容词）——活儿（名词）
3. 感情色彩：针眼儿（细小）　小孩儿（亲切）　宝贝儿（喜爱）

注意区分：好男儿（hǎo nán'ér）　风儿（fēng'ér）

（三）儿化音的变化规律

1. 韵母尾音是 a、o、e、ê、u 的，原来的韵母不变，加一个卷舌动作（r）就行了。如：手套儿、刀把儿、小孩儿。

2. 韵母尾音是 ng 的，儿化后去掉韵尾，韵腹鼻化，后鼻尾音，卷舌。如：黑影儿、药方儿、心肝儿。

3. 韵母是 i、ü 的，儿化后加 er。如：小鸡儿、玩意儿、金鱼儿。

4. 韵母末尾为 i、n 的，去掉韵尾，然后加上卷舌动作（r）。如：小孩儿、一块儿、人家儿。

5. -i 儿化后韵母变 er。如：字儿、词儿、没事儿、树枝儿。

练习

号码儿	板擦儿	找茬儿	小孩儿	老伴儿	揭盖儿
脸蛋儿	门槛儿	一下儿	掉价儿	露馅儿	麻花儿
牙刷儿	一块儿	饭馆儿	好玩儿	大腕儿	烟卷儿
手绢儿	人缘儿	绕远儿	老本儿	纳闷儿	走神儿
杏仁儿	半截儿	小鞋儿	旦角儿	跑腿儿	墨水儿
走味儿	打盹儿	胖墩儿	冰棍儿	没准儿	开春儿
瓜子儿	没门儿	挑刺儿	墨汁儿	记事儿	鞋垫儿
针鼻儿	玩意儿	脚印儿	毛驴儿	小曲儿	合群儿

挨个儿（āigèr）　　八哥儿（bāger）　　拔尖儿（bájiānr）
白班儿（báibānr）　　白干儿（báigānr）　　摆摊儿（bǎitānr）
败家子儿（bàijiāzǐr）　　板擦儿（bǎncār）　　饱嗝儿（bǎogér）
爆肚儿（bàodǔr）　　被窝儿（bèiwōr）　　奔头儿（bèntour）
鼻梁儿（bíliángr）　　病号儿（bìnghàor）　　不得劲儿（bùdéjìnr）
岔道儿（chàdàor）　　唱片儿（chàngpiānr）　　串门儿（chuànménr）
春卷儿（chūnjuǎnr）　　答茬儿（dāchár）　　打盹儿（dǎdǔnr）
打嗝儿（dǎgér）　　打鸣儿（dǎmíngr）　　打杂儿（dǎzár）
单弦儿（dānxiánr）　　旦角儿（dànjuér）　　刀把儿（dāobàr）
刀片儿（dāopiànr）　　调门儿（diàoménr）　　顶牛儿（dǐngniúr）
顶事儿（dǐngshìr）　　豆角儿（dòujiǎor）　　豆芽儿（dòuyár）
个头儿（gètóur）　　够本儿（gòuběnr）　　够劲儿（gòujìnr）
蝈蝈儿（guōguor）　　开刃儿（kāirènr）　　坎肩儿（kǎnjiānr）
哪儿（nǎr）　　裤衩儿（kùchǎr）　　裤兜儿（kùdōur）
快板儿（kuàibǎnr）　　老伴儿（lǎobànr）　　老本儿（lǎoběnr）
愣神儿（lèngshénr）　　脸蛋儿（liǎndànr）　　哪会儿（nǎhuìr）
那点儿（nàdiǎnr）　　纳闷儿（nàmènr）　　那儿（nàr）

豆干儿（dòugānr）	奶嘴儿（nǎizuǐr）	泥人儿（nírénr）
拈阄儿（niānjiūr）	藕节儿（ǒujiér）	胖墩儿（pàngdūnr）
刨根儿（páogēnr）	跑腿儿（pǎotuǐr）	起名儿（qǐmíngr）
枪子儿（qiāngzǐr）	巧劲儿（qiǎojìnr）	窍门儿（jiāoménr）
绕远儿（ràoyuǎnr）	人儿（rénr）	人影儿（rényǐngr）
人缘儿（rényuánr）	嗓门儿（sǎngménr）	傻劲儿（shǎjìnr）
扇面儿（shànmiànr）	收摊儿（shōutānr）	说头儿（shuōtour）
死扣儿（sǐkòur）	送信儿（sòngxìnr）	蒜瓣儿（suànbànr）
铜子儿（tóngzǐr）	头头儿（tóutour）	透亮儿（tòuliàngr）
围脖儿（wéibór）	围嘴儿（wéizuǐr）	线轴儿（xiànzhóur）
相片儿（xiàngpiānr）	小辫儿（xiǎobiànr）	小曲儿（xiǎoqǔr）
烟嘴儿（yānzuǐr）	沿边儿（yánbiānr）	腰板儿（yāobǎnr）
咬字儿（yǎozìr）	爷们儿（yémenr）	丁点儿（dīngdiǎnr）
一溜儿（yīliùr）	一顺儿（yīshùnr）	鹰儿（yīngr）
应名儿（yìngmíngr）	影片儿（yǐngpiānr）	有门儿（yǒuménr）
杂拌儿（zábànr）	找茬儿（zhǎochár）	照面儿（zhàomiànr）
针鼻儿（zhēnbír）	中间儿（zhōngjiànr）	抓阄儿（zhuājiūr）
爪儿（zhuǎr）	准儿（zhǔnr）	走道儿（zǒudàor）
走调儿（zǒudiàor）	掌勺儿（zhǎngsháor）	走味儿（zǒuwèir）
走神儿（zǒushénr）	做活儿（zuòhuór）	

技能训练

1. 不考虑规则，自然熟练地念说。

干活儿、聊天儿、这儿、那儿、拐弯儿、闹着玩儿、有点儿酷、冒牌儿、吃枪子儿、串门儿

2. 具体语境中的儿化训练。

（1）花园儿里种着茶花儿，花盆儿里养着菊花儿，花瓶儿里还插着梅花儿。

（2）下了班儿，上对门儿小饭馆儿，买一斤锅贴儿，带上点儿爆肚儿、蒜瓣儿，再弄二两白干儿，到你家慢慢儿喝。

3. 绕口令练习。

进了门儿，倒杯水儿，喝了两口运运气儿。
顺手拿起小唱本儿，唱一曲儿，又一曲儿，
练完了嗓子我练嘴皮儿。
绕口令儿，练字音儿，还有单弦儿牌子曲儿。
小快板儿，大鼓词儿，又说又唱我真带劲儿！

4. 故事练习。

猴吃西瓜

猴儿王找到个大西瓜。可是怎么吃呢？这个猴儿啊是从来也没吃过西瓜。忽然，他想出一条妙计。猴儿王把所有的猴儿都召集来了，对大家说："今天我找到一个大西瓜，这个西瓜的吃法嘛，我是全知道的。不过我要考验一下你们的智慧，看你们谁能说出西瓜的吃法，要是说对了，我可以多赏他一份儿；要是说错了，我可要惩罚他！"

小毛猴一听，搔了搔腮说："我知道，吃西瓜是吃瓤儿！"猴儿王刚想同意，"不对，我不同意小毛猴的意见！"一个短尾巴猴儿说，"我清清楚楚地记得我和我爸爸到我姑妈家去的时候，吃过甜瓜，吃甜瓜是吃皮儿，我想西瓜是瓜，甜瓜也是瓜，当然该吃皮儿啦！"

大家一听，有道理，可到底谁对呢，于是都不由地把眼光集中到一只老猴儿身上。老猴儿一看，觉得出头露面的机会来了，清了清嗓子说道："吃西瓜嘛，当然……是吃皮儿啦，我从小就吃西瓜，而且一直是吃皮儿。我想我之所以老而不死，也正是由于吃西瓜皮儿的缘故！"

有些猴儿早等急了，一听老猴儿也这么说，就跟着嚷起来，"对，吃西瓜吃皮儿！""吃西瓜吃皮儿！"猴儿王一看，认为已经找到了正确的答案，就向前跨了一步，开口道："对！大家说的都对，吃西瓜是吃皮儿！哼，就小毛猴儿崽子说吃西瓜是吃瓤儿，那就叫他一个人吃，咱们大家都吃西瓜皮儿！"于是西瓜被一刀两断，小毛猴吃瓤儿，大家伙儿是共分西瓜皮儿。

有个猴儿吃了两口就捅了捅旁边的猴儿说："哎，我说这可不是滋味啊！"

"咳——老弟，我常吃西瓜，西瓜嘛，就这味儿……"

四、"啊"的变读

1. 前面音节末尾音素是 a、o（不包括 ao、iao）、e、ê、i、ü 时，读 ya，写作"呀"。如：红花啊、唱歌啊、爬坡啊。

2. 前面音节末尾音素是 u（包括 ao、iao）时，读作 wa，写作"哇"。如：小桥啊、糟糕啊、加油啊。

3. 前面音节末尾音素是 n 时，读作 na，写作"哪"。如：当心啊、好人啊、真近啊。

4. 前面音节末尾音素是 ng 时，读作 nga，写作"啊"。如：唱啊、一样啊。

5. 前面音节末尾音素是 er, -i（后）时，读作 ra，写作"啊"。如：女儿啊、好玩儿啊、是啊。

6. 前面音节末尾音素是 -i（前）时，读作 za，写作"啊"。如：孩子啊、几次啊、自私啊、写字啊。

练习

1. (1) 这又怪又丑的石头，原来是天上的啊!
   (2) 嗬! 好大的雪啊!
   (3) 从小放到大，再从家乡放到祖国最需要的地方去啊!
   (4) 家乡的桥啊，我梦中的桥!
   (5) 它便敞开美丽的歌喉，唱啊唱，嘤嘤有韵，宛如春水淙淙。
   (6) 是啊，我们有自己的祖国……
   (7) 那醉人的绿啊!

2. (1) 我想张开两臂抱住她，但这是怎样一个妄想啊!
   (2) 仿佛蔚蓝的天融了一块在里面似的，这才这般的鲜润啊。
   (3) 在它看来，狗该是多么大的怪物啊!
   (4) 我砸的不是坏人，而是自己的同学啊……
   (5) 应该奖励你啊!
   (6) 这都是千金难买的幸福啊!

五、难点音

(一) 容易读错的多音多义字词

多音多义字，是指写法相同、意义或用法不同，因而有不同读音的字。这些字大多是因词性不同或表示的意义不同而形成多音，也有的是在不同的词里（多数是口语词与书面语词的不同）读不同的音。常用的多音多义字有400多个，下面是容易读错的多音多义字词举例。

差不多 chàbùduō	差使 chāishǐ	
草率 cǎoshuài	统率 tǒngshuài	率领 shuàilǐng
效率 xiàolǜ	测量 cèliáng	丈量 zhàngliáng
度量 dùliàng	估量 gūliáng	尽量 jìnliàng
查处 cháchǔ	处事 chǔshì	处置 chǔzhì
处所 chùsuǒ	颤抖 chàndǒu	打颤 dǎzhàn
一场雨 yīchǎngyǔ	场景 chǎngjǐng	场次 chǎngcì
着急 zháojí	沉着 chénzhuó	着落 zhuóluò
着手 zhuóshǒu	着重 zhuózhòng	

(二) 容易认读错误的词

现行汉字绝大部分是形声字。形声字的声旁具有表音作用，但由于语音的演变和字形的演变，相当一部分形声字的声旁已不能准确表音，有的还容易造成误导。要特别注意，这一类字不能"读半边"。此外，有一些字受形近字的影响而容易读错，还有一些不大常用的字词容易认错读错，这都是要下功夫记认的。

轮廓 lúnkuò	萌芽 méngyá	陌生 mòshēng	闪烁 shǎnshuò
推荐 tuījiàn	狭隘 xiá'ài	酝酿 yùnniàng	支撑 zhīchēng
黯然 ànrán	翱翔 áo xiáng	白桦 báihuà	迸发 bèngfā
庇护 bìhù	婢女 bìnǚ	冰窖 bīngjiào	编撰 biānzhuàn
编纂 biānzuǎn	不啻 bùchì	摈弃 bìnqì	摒弃 bìngqì
哺育 bǔyù	苍穹 cāngqióng	忏悔 chànhuǐ	憧憬 chōngjǐng
充溢 chōngyì	宠爱 chǒng'ài	抽搐 chōuchù	抽穗 chōusuì
怅惘 chàngwǎng	窘迫 jiǒngpò	恪守 kèshǒu	铿锵 kēngqiāng
船舷 chuánxián	啜泣 chuòqì	绰号 chuòhào	璀璨 cuǐcàn
萃取 cuìqǔ	搭讪 dāshàn	呼啸 hūxiào	反刍 fǎnchú
鸟喙 niǎohuì	孤僻 gūpì	褒贬 bāobiǎn	瀑布 pùbù
簇拥 cùyōng	对峙 duìzhì	愕然 èrán	风靡 fēngmǐ
俯瞰 fǔkàn	高亢 gāokàng	陌生 mòshēng	酝酿 yùnniàng
支撑 zhīchēng	花蕾 huālěi	哗然 huárán	豢养 huànyǎng
昏聩 hūnkuì	缄默 jiānmò	惊骇 jīnghài	

第二章

普通话词汇训练

第一节 概述

一、什么是词？

词，从词汇的角度说，是有意义的能独立运用的最小的语言单位。例如，"祖国的明天更美好"是一个句子，它就是由"祖国""的""明天""更""美好"五个词组成的。这五个词各自都表示一定的意义，都能分别和其他的词组成另外的句子。五个词中，"的"和"更"无法再拆开，"祖国""明天""美好"似乎可以拆开，但是它们的意义不是两个构成成分的简单相加，而是已经紧紧地凝结在一起了。在这个句子里，它们都分别是有意义的能独立运用的最小的表意单位，是作为一个整体来充当句子的成分的。

二、什么是语素？

语素是最小的声音和意义的结合体，是最小的有意义的语言单位。语素和词的主要区别在于它不能独立运用。以"祖国"为例，如果拆分为"祖"和"国"，两个词各自也都有一定的意义，但是不能自由运用，在一般情况下不能单说，不能独立地用来组成句子。这就是说，词和语素虽然都是有意义的语言单位，但词是造句的单位，而语素是构词的单位。

词和语素也有交叉的情况，即一个语素可能也是一个词。例如，在"西湖的景色很美"这个句子中，"美"有声音有意义，是独立运用的语言单位，是一个词。在"你真好"这个句子中，"好"有声音有意义，是独立运用的语言单位，也是一个词。但是在

"祖国的明天更美好"这个句子中,"美好"已经结合为一个不容随意拆开的整体,是句子中一个独立运用的语言单位,所以只是一个词。在"美好"这个词里,"美"和"好"各自都是一个语素。我们在鉴别一个最小的语音、语义结合体是词还是语素的时候,不用考虑别的,只需考虑它是否能独立运用。能独立运用的是词,不能独立运用的是语素。

语素可以分为两类。一类只能同其他语素结合成词,如"吝""崛""胚""懑"等。比如"吝"可以和"惜"结合成"吝惜",可以和"悭"结合成"悭吝"。另一类语素本身就能成为一个词,前文所分析的"美""好"就是如此,再如"海""说""暖""块"等也是如此。它们也可以同其他语素结合成另外一个词,以"海"为例,可以和"洋"结合成"海洋",可以和"沧"结合成"沧海"。

三、字和词、语素

字是记录语言的符号。就汉字来说,一个个方块形体就是一个字,它是书写和印刷的单位。一般一个汉字就是一个音节。

有的字有意义且能独立运用,这样的字既是语素又是词。有的字有意义,但不能独立运用,只能作为构词的成分,这样的字只是语素不是词。要指出的是,有的字既不是词,也不是语素,只表示一个音节,例如"玻""橄""琵""葡"等。但是这些有音无义的字可以和其他字分别结合成"玻璃""橄榄""琵琶""葡萄",这都是有意义的最小语言单位。这些字可以是词,也可以是语素。在"他喜欢橄榄,我喜欢葡萄"这个句子中,"橄榄""葡萄"都是能独立运用的单位,是组成句子的成分,所以是词;在"橄榄枝""葡萄酒"中,"橄榄""葡萄"只是组成词的成分,所以是语素。

四、什么是词汇?

词汇,顾名思义是词的总汇,是一种语言里所使用的词的总称。现代汉语词汇的基本成分是词,也包括其他性质作用大致相当于词的熟语,如成语、谚语、歇后语、惯用语等。

汉语是高度发达的语言,词汇极其丰富。《汉语大词典》所收词汇达 37 万条。《现代汉语词典》是以记录普通话词汇为主的中型词典,所收词汇也有 5 万余条。我们应该努力掌握更多的词汇,不断提高自己的语言表达能力。

第二节 "团结话"和普通话的词汇比较

本书所说的"团结话",指的是凉山境内使用少数民族语言的学生由于接触了普通话和西南官话,在说当地汉语方言和普通话时改变不了原来的言语腔调,而说出来的一种与当地汉语方言显著不同的语言变体。本节将从词汇偏误的角度来分析"团结话",将"团结话"中的名词、动词、量词、代词、形容词与普通话进行对比,并分析其异同。

凉山地区的"团结话"在语音、词汇、语法三方面都受到了普通话、当地汉语方言以及少数民族语言的影响,其中,"团结话"语音中的声调受四川方言影响较大,声母受普通话影响较大,而韵母则受到三者的影响;词汇受四川方言影响较大;语法受普通话影响较大。

一、词汇调查说明

(一)材料来源

本节所使用的"团结话"词汇调查材料是凉山彝族"团结话"调查团队研究、设计的《"团结话"调查450词表》,该词汇表是在中国社会科学院语言研究所方言组编制的《汉语方言词语调查条目》的基础上进行调整的词汇表。这450条词汇中,包含了汉语中常见的词汇,以及凉山当地的特殊词汇,按词义分成19类。

(二)词汇小类说明

天文、地理类(34个),时间、时令类(24个),农作物、植物类(28个),动物、家禽类(34个),房屋、建筑类(10个),器具用品类(20个),一般称谓类(20个),亲属称谓类(34个),婚丧类(2个),身体部位(49个),疾病、医疗类(21个),饮食起居类(27个),服饰类(3个),一般动词类(39个),一般名词类(11个),方位、指代类(26个),形容词类(35个),数量词类(14个),其他类(19个),共计450条词。

二、"团结话"和普通话名词词汇对比

(一)"团结话"词汇和普通话词汇词形一致的名词

《"团结话"调查450词表》中的450条词汇中,名词共有309条。其中,"团结话"和普通话词形一致的有126条,约占名词词汇的41%。下文将从各词汇的小类分析这些

"团结话"中与普通话词形一致的名词。

天文、地理类相同的词汇有 15 条。如：太阳、月亮、冰雹、雾、河、湖、鹅卵石、石灰、热水、温水、煤、煤油、木炭、锡、磁石。

时间、时令类相同的词汇有 5 条。如：大年初一、下午、中午、白天、晚上。

房屋、建筑类相同的词汇有 4 条。如：门坎、厨房、烟囱、堂屋。

一般称谓类相同的词汇有 4 条。如：医生、和尚、尼姑、道士。

亲属称谓类相同的词汇有 3 条。如：亲家、娘家、婆家。

身体部位类相关的相同词汇有 16 条。如：鼻子、鼻涕、眼睛、耳朵、耳屎、牙齿、舌头、口水、下巴、手背、左手、右手、大拇指、屁股、大腿。

疾病、医疗类相关的相同词汇有 4 条。如：瞎子、聋子、结巴、左撇子。

服饰类相同的词汇有 2 条。如：衣服、裤子。

饮食起居类相同的词汇有 15 条。如：毛巾、洗脸水、早饭、晚饭、馒头、包子、饺子、粉条、菜、醋、酱油、香油、猪油、白酒、米饭。

器具、日用品类相同的词汇有 6 条。如：凳子、桌子、糨糊、抹布、筷子、自行车。

动物类相同的词汇有 22 条。如：公猪、公牛、母牛、公马、母马、公羊、母羊、公狗、母狗、公鸡、大雁、燕子、乌鸦、老虎、狼、猴子、蛇、蝙蝠、苍蝇、蚊子、蟑螂、蜘蛛。

植物类相同的词汇有 12 条。如：麦子、小麦、大麦、燕麦、高粱、豌豆、菠菜、白菜、柿子、南瓜、黄瓜、西瓜。

一般名词类相同的词汇有 10 条。如：事情、东西、地方、时候、原因、味道、气味、颜色、相貌、年龄。

方位词类相同的词汇有 7 条。如：上头、下头、左边、右边、中间、旁边、附近。

(二)"团结话"词汇和普通话词汇词形不一致的名词

《"团结话"调查 450 词表》中名词共有 309 条。其中，词形和普通话有差异的有 183 条，约占名词词汇的 59%。两者的差异主要体现在音节数量以及构词语素上。

1. 音节数量的差异。

(1) 普通话中为单音节词汇的名词，在"团结话"中对应的为双音节词汇。如：腰（腰杆）、盐（盐巴）、头（脑壳）。（括号内为团结话。）

(2) 普通话中为双音节词汇的名词，在"团结话"中为单音节词汇。如：房子（屋）、胸脯（胸）、虱子（虱）、柴火（柴）、面条（面）。

普通话中的双音节词汇在"团结话"中虽为单音节词汇，但是词义没有不同。如柴火、柴都是表示"柴"的意思。

(3) 普通话中为双音节词汇的名词，在"团结话"中为多音节词汇。

根据"团结话"多音节词汇的特点，可以将其分为以下五类：

第一类：时间名词加上后缀"子"。如：今年（今年子）、明年（明年子）。这是"团结话"中常见的一类表达时间的词汇，在使用时和对应的普通话词汇词义相同。

第二类：重叠儿化词汇。如：篮子（篮篮儿）、锤子（锤锤儿）。重叠儿化词汇也是"团结话"中特有的一种表达方式，和普通话中对应词汇的词义没有区别，只是语体色彩不同，重叠儿化后的词汇偏向口语化。

第三类：重叠词汇。如：山坡（山坡坡）、眼珠（眼珠珠）。

第四类：儿化词汇。如：麻雀（麻雀儿）、蚯蚓（蛐蟮儿）。

第五类：表职业的名词，用该职业所做的工作加"的"来表示。如：屠夫（杀猪的）、厨子（做饭的）。

2. 构词语素的差异。

"团结话"词汇和其对应的普通话词汇，在构词语素方面的区别可分为三种：构词语素完全不同、构词语素部分相同、构词语素顺序不同。

（1）构词语素完全不同。

第一类："团结话"中用四川方言词汇替代相应的普通话词汇，且词义不发生变化。如：叔父（幺爸）、马铃薯（洋芋）。

第二类：在"团结话"中，用构词语素完全不同且意义也完全不同的词汇来替代相应的普通话词汇。如用"厢房"代替"卧室"。"厢房"在《现代汉语词典》中的释义为"在正房前面两旁的房屋"，而"卧室"的释义为"睡觉的房间"。这是由于对相应的普通话词汇的意义不理解，出现了词汇的混用。

第三类：构词语素虽然完全不同，但是语义相同，只是语体色彩不同。如：除夕（大年三十）。

（2）构词语素部分不同。"团结话"中多使用重叠词汇、儿化词汇，也偶有使用四川方言、彝语词汇的情况。如：灰尘（灰灰）、沙子（沙沙）等。

（3）构词语素顺序不同。

在调查的词汇中，"团结话"和普通话构词语素不同的词汇只有一个，即"兄弟"（弟兄）这个词汇的两种说法在普通话中也有使用。

三、"团结话"和普通话动词词汇对比

（一）"团结话"和普通话词汇词形一致的动词

《"团结话"调查450词表》中动词词汇总计64条，其中"团结话"和普通话动词词形完全相同的有30条，占比47%。具体情况如下：

1. 天文、地理类动词词形相同的词汇有4条。如：打雷、打闪、结冰了、发大水。
2. 疾病、医疗类动词词形相同的词汇有3条。如：病轻了、死了、发烧。
3. 一般动词类词形相同的词汇有19条。如：说话、吃饭、走路、喝茶、洗脸、洗澡、选择、欠（欠别人钱）、（用秤）称、收拾（东西）、举手、松手、休息、凸、凹、推、

踢、养（养猪、牛、羊）、种（种粮食）。

4. 其他动词词形相同的词汇有 2 条。如：做事情、顺着。

（二）"团结话"和普通话词汇词形不一致的动词

"团结话"和普通话词汇词形有差异的动词有 34 条，占动词词汇的 53%。"团结话"和普通话动词词汇差异可分为以下两种情况：

1. 语体色彩差异。一部分"团结话"动词和普通话虽有差异，但差异只体现在语体色彩方面。如：遇见（遇到）、擦掉（擦干）等。"团结话"中的动词更加口语化。

2. "团结话"中具有四川方言特色的词汇。如：骂（叨）、蹲（跍倒）、赶猪（吮猪）。

四、"团结话"和普通话其他词类对比

（一）"团结话"和普通话量词词汇对比

《"团结话"调查 450 词表》中的量词词汇总计 14 条，"团结话"和普通话量词词形相同的有 5 条，占此类词汇的 36%。

"团结话"和普通话词汇词形不一致的量词共计 9 条，占此类词汇的 64%。

（二）"团结话"和普通话形容词词汇对比

1. 在《"团结话"调查 450 词表》中，形容词总计 35 条，其中词形和普通话完全一致的有 21 条，占此类词汇的 60%。"团结话"中的形容词词形和普通话一致的多为单音节词汇，如：多、少、长、短；只有个别双音节词汇词形与普通话一致，如：要紧、热闹、大方、聪明。

2. "团结话"和普通话形容词的词形差异可分为以下两类。

第一类：音节数量不同。在普通话中为单音节词汇的形容词，在"团结话"中为双音节词汇。在普通话中为双音节词汇的形容词，在"团结话"中为单音节词汇。

第二类："团结话"中用四川方言表示的形容词，如：顽皮（匪）、晚（暗）。

五、"团结话"的词法

（一）重叠式词汇

重叠式词汇在四川方言中很常见，受四川方言影响，"团结话"中的重叠词汇也很多，但是重叠式儿化词汇却偏少。"团结话"中 AA 式的词汇使用频率最高。

例如：锤锤、孃孃、沟沟、灰灰、巷巷、葱葱、瓢瓢、粑粑、绳绳、篮篮、箩箩、抽抽、边边、沙沙、瓜瓜、糯糯、索索、滚滚、帕帕、框框、蚊蚊、蚯蚯、坡坡、塌塌、娃娃、家家。

AAB 式词汇的使用频率相对来说要低一些。

例如：丁丁猫、温温水、妈妈家、婆婆家、婆婆娘。

另有 ABB 式的词汇，使用频率也不高。

例如：毛牛牛、山沟沟、小幺幺、山沟沟、山坡坡、脏兮兮、铁坨坨、身小筋筋的、铁块块儿、小巷巷儿、乡坝坝、小娃娃、男娃娃、女娃娃、老婆婆、老妈妈、大叔叔、门坎坎、大爷爷、老爷爷、饭瓢瓢、心欠欠的、眼珠珠、瘦筋筋的、水瓢瓢、铁棒棒、酒窝窝、脚心心。

重叠式儿化词的使用率较低。

例如：篮篮儿、簸簸儿、锤锤儿、绳绳儿、边边儿、丁丁猫儿、滚滚儿、筅筅儿、葱葱儿、铁块块儿。

（二）附加结构词

附加式构词为在普通话后附加别的词。例如普通话说"铁"，"团结话"说"铁巴"，其结构为"名词＋巴"，这是一种受四川方言影响的词，但在调查的过程中还暂未发现其他能这样组织结构的词语。再比如受四川方言特有的构词法"名词＋子"影响，普通话说"蚂蚁"，"团结话"说"蚂蚁子"；普通话说"今年"，"团结话"说"今年子"。这样的构词法大部分体现在年份类和部分动物类词汇上。

"团结话"中的双语混搭词是受彝语影响的词。如普通话说"老头子"，"团结话"称"老木苏"。"老木苏"由汉语前缀"老"＋彝语"木苏"组成。

通过分析可以发现，"团结话"的词汇受四川方言影响较大。从语言接触的角度来分析，"团结话"的语法受普通话的影响大于四川方言。当然，"团结话"的部分词汇也受彝语的影响，如一些亲属称谓词在"团结话"中是用彝语表达的。一些在日常生活中比较少见的事物，如果彝语中有词汇可以表达则会用彝语表达；如果彝语中也没有表达这一事物的词汇，就会选用普通话表达。在"团结话"中，只有一小部分词汇可以直接用彝语表达，大部分词汇还是可以用四川方言表达。

第三节　普通话水平测试字词训练

普通话水平测试单音节词语表（1）

zhé	qià	xǔ	téng	huǎn	áng	fān	róng	xuǎn	wén
哲	洽	许	滕	缓	昂	翻	容	选	闻
yuè	wéi	bō	xìn	míng	ōu	cè	fū	rùn	cháo
悦	围	波	信	铭	欧	测	敷	闰	巢
zì	pī	wēng	liàng	shēn	àn	juān	qí	hēi	yǎo
字	披	翁	辆	申	按	捐	旗	黑	咬

piē 瞥	hè 贺	shī 失	guǎng 广	shài 晒	bīng 兵	guà 卦	bá 拔	jūn 君	réng 仍
xiōng 胸	zhuàng 撞	fēi 非	móu 眸	zàng 葬	zhāo 昭	lǎn 览	tuō 脱	nèn 嫩	suǒ 所
dé 德	liǔ 柳	yàn 砚	shuǎi 甩	bào 豹	rǎng 壤	còu 凑	kēng 坑	jiǎo 绞	cuī 崔
wǒ 我	chū 初	bì 蔽	yún 匀	lǚ 铝	qiāng 枪	chái 柴	dā 搭	qióng 穷	dǒng 董
chí 池	kuǎn 款	zá 杂	cǐ 此	sōu 艘	fěn 粉	kuò 阔	nín 您	měi 镁	lián 帘
xiè 械	gǎo 搞	dī 堤	jiǎn 捡	hún 魂	tǎng 躺	qué 瘸	zhù 蛀	yóu 游	chǔn 蠢
gù 固	nóng 浓	jiǎ 钾	suān 酸	mò 莫	pěng 捧	duì 队	shuǎ 耍	chuài 踹	ér 儿

普通话水平测试单音节词语表（2）

bēng 崩	xiǎng 饷	gōng 攻	láo 劳	chēn 抻	pǐ 匹	guǒ 裹	kǎn 坎	dūn 蹲	nǚ 女
hèn 恨	cuān 蹿	qiào 窍	fēi 飞	piàn 骗	fēng 封	zuàn 攥	zhú 竹	cāng 苍	háo 嚎
shā 纱	yòng 用	wěn 吻	qú 渠	gǒu 狗	kuí 奎	shǔ 署	qì 砌	lěi 垒	yán 阎
jiǎng 蒋	é 额	dàn 淡	fáng 房	lǒng 拢	jué 爵	měng 猛	ér 而	jūn 军	wāi 歪
làn 滥	wáng 亡	ruǎn 软	xià 下	sú 俗	màn 曼	bǐng 禀	shì 氏	jiǒng 窘	diū 丢
tǒng 捅	xún 寻	bèi 贝	tái 台	zì 自	qīn 侵	rù 入	píng 凭	duǒ 朵	tiáo 条
zhà 诈	huái 淮	zōng 棕	huá 滑	zhuàng 状	chā 插	yǒu 有	líng 龄	zhàng 账	kuǎ 垮
mō 摸	náng 囊	zhāo 招	méi 酶	yè 曳	ēn 恩	qiā 掐	sài 赛	biē 鳖	yuè 阅

| chuī 吹 | rěn 忍 | chī 吃 | shuàn 涮 | sī 丝 | pò 破 | guǐ 轨 | xì 戏 | huǎng 谎 | cái 财 |

普通话水平测试单音节词语表（3）

yuè 岳	zhuā 抓	táo 桃	shuǐ 水	yān 淹	hàn 憾	liáo 辽	nà 纳	èr 二	pǐn 品
fàn 饭	měi 美	cè 侧	běi 北	jiē 揭	guǎi 拐	fèi 费	nuǎn 暖	wài 外	pén 盆
xià 夏	yāng 秧	páo 袍	sāi 鳃	cí 磁	tǒng 统	lüè 掠	zhǔ 嘱	kuò 廓	fēng 峰
jí 急	tuì 蜕	qī 漆	chuí 垂	fèn 份	lǔ 卤	dòu 痘	huān 欢	kěn 垦	qín 秦
zhǔn 准	qún 群	lǒng 陇	zhuī 椎	shuǎng 爽	dēng 蹬	zéi 贼	gàn 赣	tiǎn 舔	jú 局
zěn 怎	wā 挖	héng 衡	sǐ 死	niáng 娘	shòu 兽	yǒu 友	tū 凸	níng 凝	shā 杀
xián 衔	guāng 光	qù 去	sūn 孙	dǎo 蹈	zhài 寨	kě 渴	ōu 鸥	miào 庙	zé 责
rì 日	mó 膜	cài 蔡	chāo 抄	ràng 让	bī 逼	xiù 袖	cāng 仓	chǐ 尺	diē 跌
chóu 绸	rǔ 汝	xióng 雄	mài 迈	hé 领	biǎn 贬	nóng 农	zèng 赠	yuán 原	jūn 均
píng 平	wěn 稳	zhè 浙	pǔ 浦	shùn 舜	wà 袜	qiè 窃	xīn 心	àn 黯	cáo 曹

普通话水平测试单音节词语表（4）

guǒ 果	fàn 泛	kuān 宽	tǎng 淌	xiǎn 险	zǐ 子	piān 篇	chá 察	gēn 跟	qiú 囚
bāo 胞	zé 则	sù 诉	zhēng 睁	liǎn 敛	kěn 啃	dié 蝶	dǎo 导	lí 厘	cān 餐
ěr 耳	yùn 运	shuān 拴	liè 裂	shuō 说	nóng 脓	hǒu 吼	jī 姬	fù 附	cháng 肠
zhī 脂	là 辣	gōng 弓	sǎ 洒	hé 盒	bái 白	jiǎng 讲	tuì 退	xué 穴	miè 篾

nèi 内	zài 再	yuán 元	bīn 滨	rǔ 乳	hào 耗	xūn 熏	pá 爬	yuē 曰	niǎo 鸟
tóu 投	jǐng 景	suí 随	fèng 奉	cún 存	dǒng 懂	shēng 笙	jù 惧	zhěn 诊	cí 词
zhàng 胀	yá 牙	bǐng 丙	róu 柔	chí 持	tǐng 艇	rè 热	chuǎng 闯	péng 彭	jiàn 箭

普通话水平测试单音节词语表（5）

zòu 揍	qīng 卿	wēn 瘟	píng 评	jì 忌	héng 恒	pài 派	quán 全	léi 镭	cì 次
yún 云	tiě 铁	huāng 荒	duǒ 躲	bèn 笨	jiǔ 灸	zhé 辙	gōu 钩	ái 癌	shā 砂
lí 梨	kǎo 烤	táng 糖	kuài 快	háng 航	gēn 根	róng 融	shuì 税	jiǎng 奖	lǚ 旅
zhuō 桌	bǎo 饱	ān 庵	cèng 蹭	míng 明	fù 妇	cǎn 惨	xùn 训	zú 族	ná 拿
bǎ 靶	hōng 烘	miè 灭	zhēn 臻	tián 田	yā 鸭	shǐ 始	fǎng 访	wèi 位	qiāo 跷
mǐ 米	chuān 穿	miǎo 秒	liáng 梁	kōu 抠	bǎi 摆	dào 稻	sì 四	cuō 搓	zhàng 帐
kuáng 狂	wèng 瓮	pǔ 圃	qì 泣	yǔ 语	nǎo 恼	féng 冯	gǔ 谷	pín 贫	tān 摊
qǔ 取	juē 撅	chí 迟	rùn 润	yān 焉	fěi 匪	sāi 腮	huái 怀	xiè 蟹	tí 啼

普通话水平测试单音节词语表（6）

cháo 潮	táng 唐	zhèng 郑	lóng 龙	ǎo 袄	kuā 夸	yǒng 永	jiū 揪	xǐng 醒	chén 尘
xuě 雪	dān 丹	niǔ 扭	zá 砸	gòu 构	diǎn 点	kǎn 砍	zhù 驻	biān 鞭	piáo 瓢
fèn 粪	biē 憋	pí 脾	fǔ 腐	lí 离	sōu 搜	zhuó 灼	lāo 捞	hú 胡	jiǎo 缴
xiǎng 想	yè 夜	jué 蕨	mǎi 买	máo 矛	tǒng 桶	qiè 怯	wēn 温	bǔ 捕	zōng 鬃

ruò 若	lài 癞	chè 澈	kàng 炕	mí 迷	niān 蔫	chuáng 床	zhān 毡	mìng 命	tún 屯
cā 擦	qī 欺	bìn 鬓	hún 浑	yuàn 愿	xú 徐	dùn 炖	dǎng 挡	dīng 盯	yán 岩
mò 末	fēng 丰	é 鹅	tǎ 塔	gēng 羹	sǎn 伞	ruì 锐	guān 关	kuò 括	cū 粗

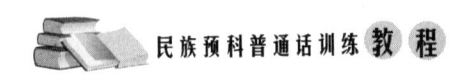

普通话水平测试单音节词语表（7）

láng 廊	cǎi 踩	liú 流	chún 唇	jiǎ 甲	zhuì 坠	dòng 栋	qǔ 娶	bí 鼻	yuàn 院
qiǎo 巧	wáng 王	xiāng 厢	zhě 褶	qià 恰	tāi 胎	chén 臣	shuāng 霜	yuè 粤	zuǐ 嘴
dàng 荡	huāng 慌	suàn 算	shēn 砷	jiū 纠	rú 如	nà 捺	wǔ 伍	jīn 襟	xù 绪
dié 碟	huǒ 伙	léng 棱	bà 坝	tè 特	zāi 栽	dǐ 抵	lí 犁	quē 缺	fáng 防
luò 洛	yǔ 雨	shèng 圣	tōu 偷	mù 暮	wǎn 晚	cǎo 草	zhēng 争	chóu 筹	guā 刮
fàn 范	xī 夕	jǐng 井	shè 涉	diào 掉	pā 趴	xíng 型	tián 填	róng 绒	ān 氨

普通话水平测试单音节词语表（8）

qū 趋	guō 郭	bǐ 彼	fū 孵	chuō 戳	tí 蹄	zhěng 整	xiù 锈	ào 澳	yàng 漾
sǒng 耸	zhòu 皱	tuán 团	jiàn 键	shū 书	tǒng 筒	fēn 酚	yǒu 酉	lù 录	jué 厥
là 腊	cǎi 彩	dūn 吨	qiǎn 遣	sháo 勺	zhǎng 掌	bèng 迸	dǔ 堵	huī 挥	yuǎn 远
gě 葛	méi 霉	cè 册	piān 偏	yá 芽	niē 捏	dài 代	suǒ 锁	gōu 沟	cháng 尝
rǎo 扰	liú 硫	zhuī 追	péng 棚	wā 蛙	kòu 扣	zhuāng 桩	dàn 蛋	fǎng 纺	zūn 遵
jí 极	guài 怪	xiǎng 响	jiǎo 矫	ruì 瑞	lóu 楼	ān 安	shì 示	céng 层	liè 劣

| hóng 虹 | dìng 锭 | kuāng 筐 | chāo 超 | mín 民 | wěi 委 | bā 巴 | mì 蜜 | hài 害 | xīn 薪 |

普通话水平测试单音节词语表（9）

diē 爹	wéi 维	yè 液	qīng 倾	zhuō 拙	píng 萍	lú 驴	dèng 凳	jīn 津	kūn 坤
miàn 面	tī 梯	yǔ 羽	é 俄	gěng 耿	duān 端	liě 咧	pī 批	huáng 簧	gǎn 赶
wén 文	jiāng 江	péi 赔	zūn 尊	liàng 亮	qí 鳍	chén 陈	fāng 方	chì 赤	fǎ 法
fù 复	téng 藤	zhān 沾	cáo 槽	jiē 皆	qín 琴	cōng 葱	rú 儒	shù 束	duó 夺
chǒu 丑	ruò 弱	lín 临	gǔ 股	zhái 宅	shǎng 赏	tài 太	háng 杭	xiā 虾	shào 哨
biāo 膘	xiǔ 朽	nài 耐	wǎ 瓦	mán 蛮	yōng 拥	sè 涩	néng 能	yǎn 衍	zuì 醉
zhěn 枕	cái 材	guǐ 鬼	zhì 制	xùn 逊	tiān 添	nào 闹	bìng 并	shǎ 傻	fēng 锋

普通话水平测试单音节词语表（10）

dǒu 抖	tuī 推	péi 陪	zǎi 宰	lù 鹿	niú 牛	jiè 戒	chú 雏	bàng 棒	zāo 糟
suō 梭	hài 氦	běn 苯	xiào 效	wǎn 皖	pàn 畔	zhǒng 肿	tiān 天	zhě 者	niǎn 捻
chéng 诚	diāo 貂	fǎng 仿	huó 活	quǎn 犬	píng 坪	yuán 源	pì 僻	jiàn 剑	nǐ 拟
dūn 墩	chàng 唱	qū 驱	lüè 略	zhōu 州	táo 逃	zǔ 组	bì 闭	lù 滤	tái 抬
jiāo 礁	shì 世	chuān 川	cù 簇	líng 铃	zhēng 征	fén 坟	miǎn 免	qiāng 腔	hěn 很
sǔn 损	guǎ 寡	dēng 登	kuài 块	xiǎng 享	chá 茬	gān 柑	fá 伐	sōng 松	chóu 愁

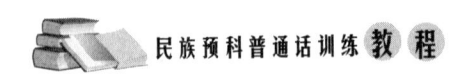

普通话水平测试单音节词语表（11）

xié 鞋	dùn 盾	shī 师	gǒng 拱	diàn 电	guó 国	guàn 惯	huī 徽	luán 峦	pà 帕
suì 岁	bēi 杯	zǎo 藻	chéng 惩	yǎn 演	jié 竭	fěi 翡	shǒu 手	jǐ 脊	zhuāng 妆
tián 甜	jù 聚	dòu 豆	hú 糊	zhān 瞻	yuán 圆	shāo 梢	biāo 标	miù 谬	lǜ 氯
fá 罚	shēn 伸	xí 习	zhè 这	tā 他	miǎo 渺	lái 来	jiǎn 拣	yuè 跃	liǎng 两
mí 谜	huà 画	ráo 饶	píng 瓶	mài 卖	fǎn 返	tū 突	sǎng 嗓	wú 吴	kào 靠

普通话水平测试单音节词语表（12）

jū 驹	dòng 动	wō 涡	chōng 春	mǐn 闽	zhuàn 篆	kěn 肯	shēng 升	ěr 尔	liàn 恋
cāng 舱	gài 概	sēng 僧	wèn 问	máng 忙	pō 坡	tóng 铜	zhù 柱	hǎn 罕	mì 密
shuāi 衰	qiàn 歉	shǔn 吮	ài 爱	róu 揉	xiàng 象	diāo 叼	qiú 球	kù 库	xuán 悬
dùn 顿	sāo 缫	shèn 慎	zhǒu 肘	mǎn 满	qí 齐	lǒng 垄	yuán 缘	lǔ 鲁	yòu 幼
wū 屋	huǒ 火	zhuō 捉	yǎo 舀	zhēng 蒸	hé 合	rào 绕	tā 她	zǎo 早	xī 溪

普通话水平测试单音节词语表（13）

chén 沉	shāo 烧	yán 延	chǐ 齿	cái 才	dèng 邓	piǎo 瞟	wā 洼	qí 棋	suì 穗
bàng 傍	gù 雇	guǎn 馆	wù 雾	jiāo 浇	bǐng 饼	shī 诗	cè 策	pō 颇	kòu 叩
niàn 念	móu 谋	tiē 贴	qiáng 墙	ruǐ 蕊	fá 乏	shòu 瘦	lóng 聋	ǒu 偶	jī 饥
mǐn 抿	fèi 吠	lǐ 礼	chéng 橙	zhù 祝	lán 栏	zhǎ 眨	zú 足	bǎo 宝	yú 渔

| gē 歌 | huī 辉 | wàn 万 | kē 柯 | tàng 烫 | zhǎi 窄 | duó 踱 | fān 帆 | dāi 呆 | róng 荣 |
| xū 虚 | jiǎn 简 | tī 踢 | diàn 垫 | yuè 月 | jū 居 | qiào 俏 | hán 含 | tòng 痛 | mèng 孟 |

普通话水平测试单音节词语表（14）

mù 募	kān 堪	jì 髻	liǎn 脸	mī 眯	niǎn 碾	yuán 袁	zhèn 阵	pēi 胚	zhù 住
yán 炎	kū 窟	bó 博	gāi 该	kǒng 恐	gǔ 古	líng 伶	gé 隔	zhāi 摘	shè 设
qí 其	zhì 至	téng 疼	shēng 生	pèng 碰	qún 裙	xiàng 项	zuǒ 佐	hòu 后	fēng 蜂
tàn 叹	wàng 忘	zhōng 忠	dōu 兜	xīng 腥	liáo 疗	chǎng 厂	wèi 喂	cóng 从	yū 迂

普通话水平测试单音节词语表（15）

jī 基	suǒ 索	bì 避	yà 亚	lín 林	diāo 雕	què 确	zhá 铡	piāo 飘	juàn 倦
bǐng 柄	dài 戴	chuāng 窗	láo 牢	yáo 窑	suī 虽	gū 孤	zhèn 镇	liú 留	niǎn 撵
jīng 睛	duǎn 短	zhuāng 装	mào 冒	līn 拎	wèi 魏	zǒu 走	wán 丸	gān 肝	zhì 志
yuán 猿	dì 帝	péng 蓬	àn 岸	yǔ 禹	hóng 洪	cù 促	rě 惹	chōng 充	gùn 棍
zhuì 赘	lài 赖	wō 窝	shé 舌	tuō 拖	jiè 届	qǐng 请	tiào 跳	ǒu 藕	hé 河

普通话水平测试单音节词语表（16）

chě 扯	wǎn 碗	gēng 耕	hù 户	qī 期	fàn 犯	jiāng 缰	cán 蚕	juàn 绢	huī 灰
jì 既	bì 碧	zhū 猪	huáng 皇	liàn 练	wò 卧	shèn 肾	yīng 膺	xū 嘘	lìng 另
bó 帛	tuō 托	lín 鳞	fù 负	tān 滩	chóng 虫	tǔ 土	gǎo 稿	duī 堆	zhè 蔗

jié 捷	diāo 刁	chè 撤	niān 拈	pǐ 癖	kuī 亏	mǒu 某	fàng 放	gǔn 滚	zhào 赵
liǔ 绺	jiā 家	shè 射	mǐn 皿	kòng 控	xiāng 香	zhǐ 指	shéng 绳	kǔn 捆	xùn 驯
sè 瑟	pàn 判	méi 眉	shàng 尚	mǎ 码	hén 痕	kuàng 框	diān 巅	wèi 畏	jǐn 谨

普通话水平测试单音节词语表（17）

dù 杜	jīng 荆	chuàn 串	zhǐ 纸	cuī 催	yǐng 影	qiāo 锹	bǎn 版	yuè 越	fǎn 反
shǔ 暑	cāi 猜	nuó 挪	xū 须	shuā 刷	mí 弥	wù 勿	lín 霖	mài 麦	jī 肌
hūn 婚	zhèn 震	lǜ 律	qiè 妾	tán 潭	qì 弃	huán 环	chéng 程	chè 彻	gǒng 汞
jué 决	shāo 稍	zhǎn 斩	tā 塌	bǐ 笔	niè 啮	cūn 村	bèi 倍	lián 怜	nù 怒

普通话水平测试单音节词语表（18）

zhē 遮	zǒng 总	fú 浮	chún 醇	qián 钱	dòng 洞	měi 每	xiǎo 小	niè 聂	jué 绝
táo 陶	yì 溢	zhá 闸	bīng 冰	qiú 求	mǎo 卯	lán 拦	zhuī 锥	là 蜡	lì 历
suǐ 髓	jù 巨	wǔ 五	bān 斑	gù 顾	kǒng 孔	shì 市	féng 逢	wǎn 挽	yóu 铀
àn 暗	gōng 功	nì 溺	bèi 辈	méi 煤	bó 箔	sǔn 笋	tú 涂	chēng 撑	zhuàn 撰

普通话水平测试单音节词语表（19）

jǐn 锦	liáng 良	zuì 最	yǎ 哑	wù 物	hěn 狠	tàn 探	dǐng 顶	zè 仄	wān 弯
kuò 扩	fán 烦	xū 需	lòu 漏	zhí 值	qiàn 欠	bèi 钡	jiē 秸	guà 挂	sāo 骚
ní 倪	pāo 抛	cù 醋	xiè 屑	jǐng 警	dié 迭	dǒu 陡	yóu 油	tì 剃	yáng 阳

普通话水平测试单音节词语表（20）

xiàng 向	qiū 秋	shān 衫	fǔ 府	duàn 断	liáo 聊	quàn 劝	fěng 讽	yù 愈	jiā 加
bìng 病	suō 缩	hòu 候	qiān 迁	xiǎn 显	tíng 廷	guī 归	fán 凡	chǔ 储	sāo 搔
mǎ 马	zhí 直	huàn 唤	huài 坏	qǐn 寝	yáng 羊	gē 割	shùn 顺	tán 谭	dié 叠
yù 誉	niè 孽	dǐ 底	shū 疏	fēng 风	yōu 优	dòu 逗	zhòng 众	lín 磷	kuàng 况
shī 施	záo 凿	wěi 苇	pí 皮	ào 奥	yāo 邀	jù 拒	bó 膊	gǎi 改	bān 般

普通话水平测试单音节词语表（21）

dí 嫡	jǐn 紧	duì 兑	hé 禾	róng 熔	cùn 寸	guān 官	huā 花	niè 镍	xiè 卸
méng 萌	yì 翼	shǔ 蜀	bèi 备	shěn 沈	tíng 停	xùn 迅	bīn 宾	zǔ 阻	yòu 右
zhuāng 庄	chù 触	qí 骑	qiān 牵	jú 菊	biān 边	jiǔ 酒	hǎn 喊	qiáo 乔	zhī 知
táo 淘	pōu 剖	suí 隋	cán 残	diào 钓	pān 潘	lèng 愣	sāng 桑	fú 氟	zōng 踪

普通话水平测试单音节词语表（22）

dìng 订	gài 钙	fèi 肺	miào 妙	yōu 忧	lú 颅	wǎng 网	mèi 昧	ní 尼	shuì 睡
míng 鸣	jià 架	duò 跺	zhù 铸	pái 牌	lì 利	tòu 透	biǎo 表	liè 列	hōng 轰
jiàn 谏	qǐ 起	xiù 秀	dàn 氮	jié 洁	jiāng 僵	zǎi 崽	bó 搏	shěn 婶	hú 弧
shǎn 闪	guā 瓜	yǐn 瘾	bāo 苞	kǎo 考	sù 速	tóng 童	shuān 栓	xīn 辛	jīn 筋

普通话水平测试单音节词语表（23）

| mèng 梦 | nì 腻 | zhī 枝 | mù 墓 | gòu 购 | chāng 昌 | fēng 疯 | zé 泽 | jiān 煎 | méi 梅 |

| wěi 纬 | qí 畦 | děng 等 | lián 联 | yóu 犹 | dàn 旦 | jià 价 | gù 故 | yì 义 | zhōu 周 |
| yán 沿 | cóng 丛 | duì 对 | tún 臀 | shú 赎 | fǔ 甫 | pàn 盼 | gěng 埂 | wāng 汪 | zòu 奏 |

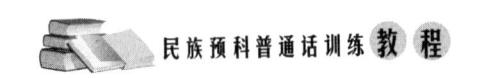

普通话水平测试单音节词语表（24）

jù 距	shā 沙	xǐ 洗	yàng 样	chuāng 疮	jué 掘	chāo 钞	hài 骇	yā 押	wàng 旺
róng 溶	zā 咂	luò 摞	jié 劫	yíng 萤	pái 排	chūn 春	huì 绘	wén 纹	tīng 厅
jiān 坚	tǐ 体	qiū 邱	guì 桂	zhī 支	xùn 汛	suí 绥	liào 料	shū 输	zhèng 证

普通话水平测试单音节词语表（25）

shé 蛇	xiāo 销	gěng 梗	bó 脖	hòu 厚	pū 扑	bàn 伴	zhī 之	xùn 讯	zhōng 钟
qí 祈	yáng 扬	bèi 被	cuàn 窜	fú 幅	qián 潜	shì 室	xiàn 腺	mǎng 蟒	mì 觅
yín 吟	kòu 寇	jiǎng 桨	biān 编	suì 碎	láng 狼	jué 诀	lǚ 履	liè 猎	dǎo 岛

普通话水平测试单音节词语表（26）

xì 细	qī 七	huáng 黄	shì 是	bǐ 比	lán 兰	yíng 盈	dài 袋	bèng 蹦	tóu 头
mó 摹	gāng 刚	chéng 承	nǎi 乃	pán 盘	jū 拘	mào 帽	shāng 伤	rǔ 辱	guāi 乖
gǔ 鼓	zòng 纵	xiáng 详	yòu 佑	guǎn 管	fá 筏	xiàn 线	dú 独	yào 耀	fén 焚

普通话水平测试单音节词语表（27）

| háo 壕 | lǐng 领 | sù 素 | shí 时 | yíng 营 | xiōng 凶 | qǐ 启 | chì 翅 | jià 嫁 | qiān 签 |
| wǎng 枉 | guī 规 | tí 题 | jǔ 举 | mò 墨 | běn 本 | cì 赐 | gāo 高 | bù 部 | yè 业 |

| gāng 纲 | hè 鹤 | yāo 妖 | jué 攫 | zhèn 振 | bó 铂 | luǎn 卵 | zhà 乍 | sòng 宋 | sì 寺 |
| ròu 肉 | shāng 商 | màn 漫 | shǒu 首 | kū 枯 | qíng 情 | kě 可 | dí 敌 | cháng 常 | qióng 琼 |

普通话水平测试单音节词语表（28）

dào 盗	zhì 致	máo 锚	rēng 扔	chuí 锤	hàn 旱	pǔ 普	luó 锣	shè 摄	shān 山
xiū 休	yǎng 养	zhōng 终	gé 阁	míng 名	zhài 债	diǎn 碘	dì 递	shǐ 使	áo 鳌
gǎng 港	qìn 沁	kāi 开	tà 榻	jiǎn 茧	zhuì 缀	rán 然	kuì 溃	jiǎo 脚	hóu 侯

普通话水平测试单音节词语表（29）

| hūn 昏 | kāng 糠 | jǐn 仅 | shū 梳 | wù 晤 | bǎn 板 | ǒu 呕 | dōng 东 | huà 桦 | gǎn 秆 |
| xù 叙 | yí 仪 | jù 剧 | zhì 治 | jiāo 跤 | liè 烈 | bó 驳 | huǐ 毁 | jiàn 舰 | xiāng 箱 |

普通话水平测试单音节词语表（30）

zhōng 盅	wán 玩	léi 雷	xiě 写	chuí 捶	nǎi 奶	guì 跪	yǐn 尹	bèng 泵	jiǎn 减
xiān 先	dēng 灯	fú 伏	zhì 质	dù 渡	qū 屈	guī 硅	jì 季	yíng 赢	yù 郁
kè 客	nián 年	kāi 揩	lǐng 岭	xī 息	wú 吾	bàn 扮	xún 循	shí 石	qì 汽

普通话水平测试单音节词语表（31）

bō 播	tuǐ 腿	huí 回	chèn 趁	biàn 辨	liàng 晾	lèi 泪	tā 它	liàn 炼	xī 锡
wǔ 午	tú 徒	māo 猫	āi 哀	jí 瘠	dài 带	shù 述	zhuān 砖	páng 庞	hóu 喉
shèng 剩	zhǎn 展	bà 霸	miáo 瞄	wǔ 舞	rǎn 染	liú 刘	jīn 巾	guàn 灌	shī 湿

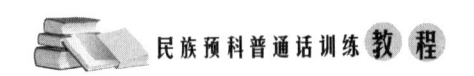

普通话水平测试单音节词语表（32）

| shù 竖 | chǒng 宠 | zhǔ 拄 | shí 食 | miáo 苗 | yán 严 | qiào 撬 | liáng 粮 | jīng 精 | gòng 贡 |
| bǎng 榜 | xiū 修 | què 却 | zǔ 祖 | féi 肥 | jiāo 焦 | ào 傲 | sū 酥 | guō 锅 | zōng 宗 |

普通话水平测试单音节词语表（33）

| yǐ 乙 | hūn 荤 | hǔ 唬 | tǎo 讨 | biǎn 匾 | suàn 蒜 | pí 疲 | liú 瘤 | dǎn 掸 | fù 赋 |
| xiàn 陷 | bào 爆 | mà 骂 | qín 勤 | kāng 康 | jù 具 | làn 烂 | jiū 究 | yù 浴 | cuī 摧 |

普通话水平测试单音节词语表（34）

fēng 枫	qín 噙	xiāo 消	lǚ 缕	qiáo 瞧	cuò 错	dú 犊	zhāng 张	shòu 授	dǎo 捣
jiǎn 束	hè 褐	wǎng 往	yǎng 仰	tīng 听	tuó 驼	shuāng 双	nǎo 脑	mù 牧	fàn 贩
nì 逆	táng 塘	xiáng 祥	pín 频	xìng 姓	wù 务	wěi 伟	cái 裁	kǔ 苦	gǎn 敢

普通话水平测试单音节词语表（35）

xuē 薛	gàng 杠	gōng 公	yě 野	tíng 亭	shuāi 摔	yǐn 隐	sòng 送	xiù 嗅	duàn 缎
lì 立	fù 赴	mù 穆	shù 术	wū 乌	pān 攀	zhǎo 找	guàng 逛	yóu 由	biàn 遍
kān 刊	làng 浪	chún 纯	zōng 综	jǔ 矩	xīng 星	lán 篮	xún 巡	lì 吏	shàn 善

普通话水平测试单音节词语表（36）

| chū 出 | chuán 船 | bō 菠 | zhuàng 壮 | lòu 陋 | shāi 筛 | yì 意 | yòu 又 | yǎn 眼 | jù 句 |
| yóu 尤 | jiù 就 | bà 爸 | wò 握 | tóng 佟 | gān 竿 | kē 棵 | tāo 掏 | huái 槐 | yào 药 |

普通话水平测试单音节词语表（37）

| qíng 擎 | hǎi 海 | xián 贤 | lì 隶 | péi 培 | táng 堂 | zēng 增 | fèng 凤 | diǎn 典 | àn 案 |

kuàng	zhuàn	yǎng	mán	kù	xié	kē	lǚ	máo	chá
旷	赚	痒	瞒	裤	斜	科	屡	毛	茶

普通话水平测试单音节词语表（38）

qī	è	máng	zhà	zū	yāng	fū	yǎn	bēi	jiē
戚	饿	盲	榨	租	央	夫	掩	碑	接

普通话水平测试单音节词语表（39）

jiù	wù	zhù	gōng	jì	yǎng	xīn	fù	nǎi	zāo
救	误	注	宫	剂	氧	芯	腹	氖	遭

普通话水平测试单音节词语表（40）

zài	wàng	mǐn	xìng	kuàng	nǐ	diào	jiān	tàn	yìng
在	望	敏	性	矿	你	吊	歼	炭	映
zhū	yū	pēn	chǎng	mián	chán	shǐ	xiē	jiǎn	dǎn
朱	淤	喷	敞	绵	缠	史	歇	检	胆

普通话水平测试单音节词语表（41）

chǎo	yì	zhuó	jiào	xiè	jìn	wéi	zhù	wá	dǔ
炒	逸	酌	较	泄	晋	唯	助	娃	睹

普通话水平测试单音节词语表（42）

guì	hè	huò	báo	xián	sān	bà	lú	fèi	dàng
柜	赫	货	雹	弦	三	罢	卢	废	档
qū	shēng	yuán	bì	shì	miáo	wèi	qīng	kuì	yùn
躯	声	园	币	势	描	卫	清	愧	韵

普通话水平测试单音节词语表（43）

chú	yē	lèi	zhēn	bì	zuì	bài	gāng	dù	hù
除	噎	肋	珍	毙	罪	败	缸	镀	互
qì	gōng	zhōu	diān	lǎn	mén	huì	tài	pèi	hàn
气	工	舟	颠	缆	门	惠	泰	配	汉

普通话水平测试单音节词语表（44）

shěn	luǒ	shuò	jī	chǔ	kù	mù	bài	jìng	mián
审	裸	硕	机	楚	酷	幕	拜	境	眠

bēi	xiè	yīn	xíng	diān	gǎn	páng	jiǔ	zhǎn	péng
悲	谢	阴	刑	滇	感	旁	久	盏	硼

普通话水平测试单音节词语表（45）

zhēn	jí	liàn	wéi	lú	fǔ	pāi	xiā	kē	yǐ
真	即	链	违	炉	辅	拍	瞎	磕	倚
kuàng	pìn	yàn	yāo	zhǔ	qiú	zhàn	yè	méi	lǐ
眶	聘	焰	腰	煮	裘	站	页	媒	鲤

普通话水平测试单音节词语表（46）

biàn	chén	xiàn	miǎn	xún	tāo	bǔ	mán	lì	xué
辩	辰	献	勉	旬	涛	补	鳗	例	学
dōng	hán	wěi	hé	bǐ	gòu	yù	zhū	xiù	guì
冬	函	伪	何	鄙	够	狱	诸	绣	贵

普通话水平测试单音节词语表（47）

sù	dòu	yuē	dì	zhù	gāo	nà	yù	zēng	qī
塑	窦	约	缔	贮	篙	钠	育	憎	沏
jiě	xī	jiàn	guàn	zhàng	lún	má	mì	shàn	zhàng
姐	昔	涧	罐	仗	轮	麻	幂	膳	丈

普通话水平测试单音节词语表（48）

tàn	pù	shén	hǔ	chuǎn	huò	dǎng	fú	qián	xìng
碳	瀑	神	虎	喘	获	党	拂	前	幸
qiáo	gōng	dīng	yuān	fù	shēn	péng	xiào	yí	zhū
桥	龚	叮	渊	富	身	篷	啸	疑	诛

普通话水平测试多音节词语表（1）

guówáng	jīnrì	nüèdài	huāpíngr	nánguài	chǎnpǐn	diàotóu
国王	今日	虐待	花瓶儿	难怪	产品	掉头
zāoshòu	lòuxiànr	rénqún	yālì	cáiliào	jiǒngpò	kuīsǔn
遭受	露馅儿	人群	压力	材料	窘迫	亏损
áoxiáng	yǒngyuǎn	yībèizi	fódiǎn	shāchén	cúnzài	qǐngqiú
翱翔	永远	一辈子	佛典	沙尘	存在	请求
léizhui	fālèng	wàimiàn	jiǔzhōngr	sìhū	zěnme	péicháng
累赘	发愣	外面	酒盅儿	似乎	怎么	赔偿

kānchá 勘察	fáng'ài 妨碍	biànbié 辨别	tiáozhěng 调整	shàonǚ 少女	zuòhuór 做活儿	wánquán 完全
níhóngdēng 霓虹灯	fēngkuáng 疯狂	cóng'ér 从而	rùxué 入学	kuājiǎng 夸奖	huíqù 回去	cuànduó 篡夺
yāngge 秧歌	xiàjì 夏季	gāngtiě 钢铁	tōngxùn 通讯	mǐngǎn 敏感	bùsùzhīkè 不速之客	

普通话水平测试多音节词语表（2）

nǎifěn 奶粉	zàizhèr 在这儿	xióngwěi 雄伟	yīng'ér 婴儿	qúnzhòng 群众	diànyā 电压	chǎojià 吵架
liánxù 连续	zhěntou 枕头	xīnniáng 新娘	hángkōng 航空	fùwēng 富翁	jiérì 节日	shàngcéng 上层
bǐjiān 笔尖	dàxuéshēng 大学生	míngcí 名词	kuàngqiě 况且	zhuājiūr 抓阄儿	yīmùliǎorán 一目了然	máfan 麻烦
zhuīqiú 追求	fójiào 佛教	bāozi 包子	yuánzé 原则	rèliàng 热量	nóngcūn 农村	lǚxíng 履行
gǔsuǐ 骨髓	gàikuò 概括	guǎiwānr 拐弯儿	pèitào 配套	bōli 玻璃	tànsuǒ 探索	chuàngzuò 创作
hòugēnr 后跟儿	quántǐ 全体	chūnguāng 春光	yùndòng 运动	shénjīngzhì 神经质	ángshǒu 昂首	shuāibiàn 衰变
dǐhuǐ 诋毁	hēi'àn 黑暗	wāku 挖苦	fāpiào 发票	pínqióng 贫穷	shāngbiāo 商标	wǎsī 瓦斯

普通话水平测试多音节词语表（3）

quánshēn 全身	duàncéng 断层	yǔnxǔ 允许	zhàng'ài 障碍	xiǎowèngr 小瓮儿	huàirén 坏人	yúkuài 愉快
dǎsuàn 打算	láilín 来临	mièwáng 灭亡	réngrán 仍然	zhōu'érfùshǐ 周而复始	fāngfǎlùn 方法论	cuòzhé 挫折
yāpò 压迫	zhìjīn 至今	jiǎnqīng 减轻	zuì'è 罪恶	liǎnpánr 脸盘儿	jiàoxùn 教训	qiāndìng 签定
gàosu 告诉	hēiyè 黑夜	chànggēr 唱歌儿	píjuàn 疲倦	diànhuà 电话	kǒuwěn 口吻	bīnguǎn 宾馆

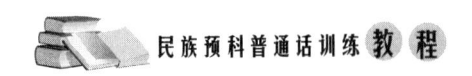

wùjià 物价	gōngnǚ 宫女	huāngmiù 荒谬	sīxiǎng 思想	qióngkǔ 穷苦	tiāoti 挑剔	cóngróng 从容
zhēnchá 侦查	zuòyòng 作用	wánshuǎ 玩耍	chuāngzi 窗子	gěiyǐ 给以	nánbànqiú 南半球	zhòngliàng 重量
mìzǎor 蜜枣儿	cuīhuǐ 摧毁	fóxué 佛学	tèbié 特别	mìnglìng 命令	quēfá 缺乏	ángguì 昂贵

普通话水平测试多音节词语表（4）

shōuhuí 收回	yànjuàn 厌倦	zhànlüè 战略	ángrán 昂然	fēnbié 分别	zǔzong 祖宗	liángshuǎng 凉爽
piēkāi 撇开	huàjiā 画家	zǒufǎng 走访	yīn'ér 因而	shēnbiān 身边	tóngbàn 同伴	xiàyóu 下游
kànfǎ 看法	gēmenr 哥们儿	cuàngǎi 篡改	quāntào 圈套	qúntǐ 群体	xiàolǜ 效率	sīwéi 思维
zhǔrénwēng 主人翁	yīngxióng 英雄	niúdùn 牛顿	chōngshuā 冲刷	dàhuǒr 大伙儿	fóxiàng 佛像	liúchuán 流传
qīngkuài 轻快	duōme 多么	àomì 奥秘	xìqǔ 戏曲	zhuàngkuàng 状况	jūnshì 军事	tàiyángnéng 太阳能
miànqián 面前	miùwù 谬误	dēngpàor 灯泡儿	cóngcǐ 从此	sàozhou 扫帚	guànchè 贯彻	tǔfěi 土匪

普通话水平测试多音节词语表（5）

qiàhǎo 恰好	wǎngfǎn 往返	biāozhì 标志	tíchéngr 提成儿	rìyì 日益	bùyuē'értóng 不约而同	zhuāngbèi 装备
wādì 洼地	kuàibǎnr 快板儿	xǐhuan 喜欢	jūnfá 军阀	xiàoguǒ 效果	shétou 舌头	bàngwǎn 傍晚
shēnhuà 深化	xiànzhóur 线轴儿	xiézuò 协作	dìng'é 定额	suíbiàn 随便	pínlǜ 频率	niúzǎikù 牛仔裤
miǎnqiǎng 勉强	jùzi 句子	guānchá 观察	dàguàr 大褂儿	shǒugǎo 手稿	shuàilǐng 率领	mǔqīn 母亲
ángyáng 昂扬	zhàlan 栅栏	huāniǎo 花鸟	xuánzhuǎn 旋转	yuányīn 原因	jiàgé 价格	chángjǐnglù 长颈鹿

普通话水平测试多音节词语表（6）

fójīng 佛经	ānwèi 安慰	chéngběn 成本	guīnü 闺女	qiángdiào 强调	qīnlüè 侵略	néngliàng 能量
nǐmen 你们	dǎgér 打嗝儿	shōucáng 收藏	xùnsù 迅速	shāobing 烧饼	fēifǎ 非法	liúshēngjī 留声机
háohuá 豪华	ǎixiǎo 矮小	kuàngzi 框子	hòutiān 后天	zuòmèng 做梦	huáibào 怀抱	yíngguāngpíng 荧光屏
jiāzhǎng 家长	hécháng 何尝	kěyǐ 可以	rán'ér 然而	xiōngpú 胸脯	kāiqiàor 开窍儿	dàozéi 盗贼
wúqióng 无穷	yǒujìnr 有劲儿	xíjuǎn 席卷	sìzhōu 四周	yúshì 于是	dǒupō 陡坡	fánróng 繁荣
zhènyā 镇压	mǔzhǐ 拇指	lāliànr 拉链儿	xuānchuán 宣传	hétong 合同	lüèduó 掠夺	dǐngdiǎn 顶点

普通话水平测试多音节词语表（7）

rénmín 人民	bùyǐwéirán 不以为然	hòuniǎo 候鸟	xiéshāng 协商	shǒushì 首饰	róuruǎn 柔软	cìjī 刺激
pǎotuǐr 跑腿儿	kuāzhāng 夸张	ēnqíng 恩情	érqiě 而且	xiàjiàng 下降	nánnǚ 男女	wènjuàn 问卷
kǎnjiānr 坎肩儿	quánmiàn 全面	sùlǜ 速率	gōngzuò 工作	huàwàiyīn 画外音	chābié 差别	xiāofèi 消费
shuāilǎo 衰老	xùnliàn 训练	cōngmíng 聪明	kèběn 课本	hóngbāor 红包儿	zànměi 赞美	huíguī 回归
āigèr 挨个儿	suǒyǒuzhì 所有制	qiángdù 强度	fófǎ 佛法	biǎopí 表皮	gàizi 盖子	chángchéng 长城

普通话水平测试多音节词语表（8）

jūnduì 军队	rónghé 融合	gēnjùdì 根据地	bùyán'éryù 不言而喻	xiōngyǒng 汹涌	chéngmíng 成名	yìsi 意思
shànliáng 善良	qīngshuǎng 清爽	réngjiù 仍旧	miánqiúr 棉球儿	suīshuō 虽说	bìngrén 病人	tiānxià 天下
zǎochūn 早春	bèiwōr 被窝儿	quánlì 权利	zhōngshēn 终身	niǔzhuǎn 扭转	pòhuài 破坏	bīnzhǔ 宾主

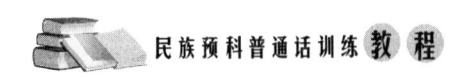

jiàzhí 价值	cūlüè 粗略	shuāxīn 刷新	dàniáng 大娘	àihào 爱好	fànzi 贩子	gǎnkǎi 感慨
línchuáng 临床	māotóuyīng 猫头鹰	gǒngqiáo 拱桥	xúnhuán 循环	nèiwài 内外	késou 咳嗽	wǔdǎo 舞蹈

普通话水平测试多音节词语表（9）

diūdiào 丢掉	ànniǔ 按钮	cíchǎng 磁场	qiángbì 墙壁	fēikuài 飞快	chéngpǐn 成品	shuōhuà 说话
jiāchù 家畜	língmǐn 灵敏	quēdiǎn 缺点	quánbù 全部	liánlei 连累	zhèngzhuàng 症状	qūxiàng 趋向
tàntǎo 探讨	guǎnlǐ 管理	zuòfēng 作风	hékuàng 何况	értóng 儿童	mǎyǐ 蚂蚁	rìjiàn 日见
fěnsuì 粉碎	huǒxīngr 火星儿	dòulèr 逗乐儿	xiānnǚ 仙女	jíshí 及时	géwài 格外	cuīcán 摧残
guówùyuàn 国务院	héngsǎo 横扫	yáshuār 牙刷儿	bānyùn 搬运	bàngchui 棒槌	cúnwáng 存亡	cūnzi 村子

普通话水平测试多音节词语表（10）

qiàdàng 恰当	shālúnr 砂轮儿	hésuàn 核算	fēngmǎn 丰满	nüèji 疟疾	biǎoyǎn 表演	jiāgōng 加工
pīnmìng 拼命	kāiwài 开外	xúnzhǎo 寻找	fěitú 匪徒	zhuīzi 锥子	shēngchǎnlì 生产力	huāliǎn 花脸
guānguāng 观光	ruòdiǎn 弱点	yóuyú 由于	shèntòu 渗透	fùnǚ 妇女	bàndàor 半道儿	hóngrùn 红润
lǎoye 老爷	piāodài 飘带	zhìliàng 质量	xuǎnjǔ 选举	yīsībùgǒu 一丝不苟	méiren 媒人	báisè 白色
cāozòng 操纵	shǒujuànr 手绢儿	qīnzhàn 侵占	xiǎnwēijìng 显微镜	chíjiǔ 持久	bīnkè 宾客	bēngkuì 崩溃

普通话水平测试多音节词语表（11）

cāozuò 操作	mù'ǒu 木偶	zūnzhào 遵照	wéichí 维持	jīnsīhóu 金丝猴	zhōunián 周年	zhuāhuò 抓获
huánghūn 黄昏	bìxū 必须	zhàqǔ 榨取	méitóu 眉头	qiānwǎ 千瓦	yīzhí 一直	lóngzi 笼子

quánlì 权力	qīngchu 清楚	méndòngr 门洞儿	dǎdǎo 打倒	liúsuān 硫酸	shuāngqīn 双亲	bièniu 别扭
táocuàn 逃窜	tiáohé 调和	bāngmáng 帮忙	qiǎoshēng 悄声	kēxuéjiā 科学家	chǎngsuǒ 场所	shàngxià 上下
lìngwài 另外	cóngxiǎo 从小	rényǐngr 人影儿	fēnpèi 分配	yōngyǒu 拥有	jiāngjūn 将军	bǔding 补丁

普通话水平测试多音节词语表（12）

qiáojuàn 侨眷	zàihu 在乎	huáiniàn 怀念	guānqiǎ 关卡	wánbèi 完备	chàngsuǒyùyán 畅所欲言	jiāo'ào 骄傲
dīngzi 钉子	shāhài 杀害	tiàogāor 跳高儿	qióngrén 穷人	yǐwài 以外	chuīniú 吹牛	tuǒdang 妥当
láibùjí 来不及	miánhuā 棉花	gōngchéngshī 工程师	zuòpǐn 作品	fósì 佛寺	sòngxìnr 送信儿	cáichǎn 财产
chěpí 扯皮	shǒuwěi 首尾	zhémó 折磨	gèbié 个别	bēnpǎo 奔跑	ānquán 安全	rúxià 如下

普通话水平测试多音节词语表（13）

chuíwēi 垂危	yìngyòng 应用	kuàilè 快乐	fēngbì 封闭	wánghòu 王后	zhuómùniǎo 啄木鸟	gāo'áng 高昂
shūtan 舒坦	juànliàn 眷恋	ānpái 安排	dìcéng 地层	fēngōng 分工	zhīchí 支持	yuánsù 元素
xiàtiān 夏天	máhuār 麻花儿	sīsuǒ 思索	nánfāng 南方	zǒng'é 总额	jiāxiāng 家乡	jǐnquē 紧缺
hóngjūn 红军	gǒuqiě 苟且	nàcuì 纳粹	wěndang 稳当	qūbié 区别	yìyángdùncuò 抑扬顿挫	pèihé 配合
kāiyè 开业	dìnglǜ 定律	chuàngzào 创造	shàngdiào 上吊	kòngzi 空子	bōxuē 剥削	hāmìguā 哈密瓜

普通话水平测试多音节词语表（14）

huāpíng 花瓶	bàngōngshì 办公室	jūnliáng 军粮	yuèfèn 月份	sǎozi 嫂子	shěnměi 审美	jiàohǎor 叫好儿
gēnjù 根据	bēi'āi 悲哀	zhèngquán 政权	zuàntóu 钻头	shōucheng 收成	chuànlián 串联	kāihuì 开会

miànkǒng 面孔	xuānbù 宣布	guīgé 规格	zuòzhě 作者	sūnnǚ 孙女	shuǐniǎo 水鸟	xiāomiè 消灭
cèlüè 策略	zhōngwài 中外	kèqi 客气	guàshuài 挂帅	chūlèibácuì 出类拔萃	zāinàn 灾难	àngrán 盎然
túdīngr 图钉儿	sīkǎo 思考	xiānsheng 先生	pīncòu 拼凑	yǐndǎo 引导	kèchéng 课程	guīlǜ 规律

普通话水平测试多音节词语表（15）

pǐnwèi 品位	yáqiānr 牙签儿	xuèguǎn 血管	réncái 人才	jiāhuo 家伙	měijiǔ 美酒	shūjuàn 书卷
miáotou 苗头	àiguó 爱国	wēnróu 温柔	qiǎngxiǎn 抢险	ànzhào 按照	gāozhǎng 高涨	suìbùr 碎步儿
cāobàn 操办	mìngyùn 命运	kāikěn 开垦	jìnhuàlùn 进化论	zūnxún 遵循	yǒudìfàngshǐ 有的放矢	nièpán 涅槃
gāngbèngr 钢镚儿	shānchuān 山川	piāodòng 飘动	lùyīnjī 录音机	zhèngquè 正确	zǒngjié 总结	tiān'é 天鹅

普通话水平测试多音节词语表（16）

shòuyǔ 授予	zhuǎzi 爪子	lìliàng 力量	zérèngǎn 责任感	jūnyún 均匀	hòumiàn 后面	biānxiě 编写
jiànquán 健全	xī'ōu 西欧	qiàqiǎo 恰巧	fēnggé 风格	bàndǎotǐ 半导体	bàofèi 报废	hóngniáng 红娘
míngpáir 名牌儿	téngtòng 疼痛	huànsuàn 换算	fākuáng 发狂	zhǎngguǎn 掌管	xiǎoshuōr 小说儿	xuèyè 血液
chéngkěn 诚恳	huǒmiáor 火苗儿	lǔshuǐ 卤水	wèisuì 未遂	niúdú 牛犊	shìde 似的	cāngqióng 苍穹
wēndài 温带	bùfen 部分	zhēnchá 侦察	chǎozuǐ 吵嘴	huāwén 花纹	ǒuránxìng 偶然性	rìshí 日食

普通话水平测试多音节词语表（17）

rùnhuá 润滑	céngcì 层次	chā'é 差额	biànzhèng 辩证	shíliu 石榴	dǎohuǐ 捣毁	zhuānmén 专门
kuàisù 快速	mínjiān 民间	pāishè 拍摄	shàngkōng 上空	āichóu 哀愁	yǔrìjùzēng 与日俱增	míngtang 名堂

guànjūn 冠军	niántóur 年头儿	xiūyǎng 修养	duōguǎ 多寡	xiǎoxiér 小鞋儿	ānpéi 安培	niǔqū 扭曲
láodòngzhě 劳动者	mǔtǐ 母体	chuàngzàoxìng 创造性	fèishuǐ 废水	bōcháng 波长	wàibù 外部	cānjiā 参加
lìyòng 利用	ǒu'ěr 偶尔	liáotiānr 聊天儿	yuànyì 愿意	shēnfèn 身份	dòuzi 豆子	céngchūbùqióng 层出不穷

普通话水平测试多音节词语表（18）

fánzhí 繁殖	bēnyǒng 奔涌	fákuǎn 罚款	mǎpǐ 马匹	shōugòu 收购	zhǔzǎi 主宰	dòuyár 豆芽儿
qīnqiè 亲切	lǎotóur 老头儿	shuāngchóng 双重	sǎngzi 嗓子	qíguài 奇怪	huàtǒng 话筒	chāo'é 超额
tāmen 她们	jiānchí 坚持	shuāiruò 衰弱	xiànquān 线圈	bāguà 八卦	gāncuì 干脆	wàngyuǎnjìng 望远镜
jiāoliú 交流	chéngwéi 成为	sīrén 私人	niàndao 念叨	cáizhèng 财政	biànbó 辩驳	dǎjī 打击

普通话水平测试多音节词语表（19）

bēnzǒu 奔走	shuǎngkuai 爽快	niánlíng 年龄	rè'ài 热爱	mǎchē 马车	gǒngshǒu 拱手	suànbànr 蒜瓣儿
jìshìr 记事儿	dīwā 低洼	nàshuì 纳税	làngfèi 浪费	luóxuánjiǎng 螺旋桨	tòumíng 透明	jiāyǐ 加以
wèicéng 未曾	yǐngxiǎng 影响	dōngtiān 冬天	rìyòng 日用	yuángù 缘故	xǐzǎo 洗澡	shànzi 扇子

普通话水平测试多音节词语表（20）

zìránjiè 自然界	bāzhang 巴掌	tiānzhēn 天真	hángdang 行当	gōngmín 公民	cìrì 次日	zūyòng 租用
shuǐguǒ 水果	kǔnǎo 苦恼	cānyìyuàn 参议院	dàliàng 大量	xuéxí 学习	dùqír 肚脐儿	tiěqīng 铁青
huǒkēng 火坑	xiǎoqǔr 小曲儿	huìhuà 绘画	wángcháo 王朝	kèguān 客观	chìshǒukōngquán 赤手空拳	wénmíng 文明

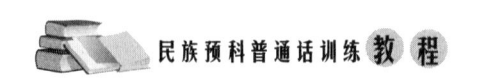

普通话水平测试多音节词语表（21）

guīzé 规则	chuándǎo 传导	tōngyòng 通用	hòutou 后头	juéwù 觉悟	tàiyángxì 太阳系	cíhuì 词汇
kǎohuǒ 烤火	tiānchuāngr 天窗儿	zhàopiàn 照片	pūgai 铺盖	sècǎi 色彩	yǔzhòngxīncháng 语重心长	jiāsù 加速
guómín 国民	wàijiè 外界	qióngkùn 穷困	bǐngzi 饼子	zēngqiáng 增强	lèizhūr 泪珠儿	dǎngwěi 党委
lǎoběnr 老本儿	yāoguài 妖怪	bóruò 薄弱	liūda 溜达	píngjūn 平均	shānqū 山区	zhèxiē 这些

普通话水平测试多音节词语表（22）

fǎnxǐng 反省	tiēqiè 贴切	nàme 那么	gōngsī 公司	dàzhàn 大战	suíhòu 随后	chǔyú 处于
yuánliào 原料	nuóyòng 挪用	niánqīng 年轻	xiàwǔ 下午	zìshǐzhìzhōng 自始至终	cāngbái 苍白	shēngzhǎng 生长
yíngyǎng 营养	juéyì 决议	wàidì 外地	kǒuqiāng 口腔	xiàohuar 笑话儿	pípá 琵琶	xìjūn 细菌
guìbīn 贵宾	ménlíngr 门铃儿	hézuòshè 合作社	wánchéng 完成	yùnxíng 运行	shuǐxiāng 水箱	dōngfāng 东方

普通话水平测试多音节词语表（23）

nǚxu 女婿	bìbō 碧波	chúncuì 纯粹	guīju 规矩	róngqià 融洽	quēkǒu 缺口	chuànglì 创立
dǎdǔ 打赌	qiǎngqiú 强求	bànsuí 伴随	tīnghuà 听话	tāmen 它们	báirì 白日	diànliú 电流
yònghù 用户	ōugē 讴歌	yīncǐ 因此	juézhāor 绝着儿	shuōfǎ 说法	zhèn'ěryùlóng 震耳欲聋	pǐnzhǒng 品种
kùnnan 困难	shōusuō 收缩	shìjièguān 世界观	niēzào 捏造	tānzi 摊子	sāorǎo 骚扰	gùshi 故事

普通话水平测试多音节词语表（24）

shēngcún 生存	fēnbiàn 分辨	xūyào 需要	chéngshòu 承受	héqúnr 合群儿	xiǎotuǐ 小腿	sēngní 僧尼
gǎnshāng 感伤	jīxièhuà 机械化	píngmiàn 平面	zāipéi 栽培	wánměi 完美	zhàomíng 照明	yóuchuōr 邮戳儿

duì'ǒu	qíngkuàng	wǒmen	rúcǐ	chóngdié	yuánlái	jiàrì
对偶	情况	我们	如此	重叠	原来	假日
gēqǔ	liánghǎo	yīdiǎnr	chēzi	xìnyòng	nǎlǐ	qiàtán
歌曲	良好	一点儿	车子	信用	哪里	洽谈

普通话水平测试多音节词语表（25）

zhàokāi	méizhǔnr	gūniang	sòngbié	xìngzi	ránshāo	zhěnglǐ
召开	没准儿	姑娘	送别	性子	燃烧	整理
pīngpāngqiú	jièyòng	shuāijiāo	wàibīn	nánwei	kètáng	dàguà
乒乓球	借用	摔跤	外宾	难为	课堂	大褂
zuǐba	cānkǎo	shǒugōngyè	zuòjiā	chíxù	zhūrúcǐlèi	diūliǎn
嘴巴	参考	手工业	作家	持续	诸如此类	丢脸
xiàqù	tōngcháng	fànhér	bǐfǎ	màojiānr	hóngshuǐ	dùrì
下去	通常	饭盒儿	笔法	冒尖儿	洪水	度日

普通话水平测试多音节词语表（26）

diǎnyǎ	yuèbing	bānyòng	píngyuán	qínghuái	chéngxù	kāipì
典雅	月饼	搬用	平原	情怀	程序	开辟
zhíwù	wàiguó	lièrì	zūnzhòng	gǎixiě	niúpí	shǒutàor
植物	外国	烈日	尊重	改写	牛皮	手套儿
jiǔjīng	piàoliang	jūnrén	zhàizi	èhuà	dǎmíngr	nánběi
酒精	漂亮	军人	寨子	恶化	打鸣儿	南北
chūntiān	qíngcāo	tuǐjiǎo	gēnsuí	shànmiànr	yùnshū	quēshǎo
春天	情操	腿脚	跟随	扇面儿	运输	缺少
jìxù	láodònglì	kuòzhāng	bódòu	fēitóngxiǎokě	xiàlái	zhèngcháng
继续	劳动力	扩张	搏斗	非同小可	下来	正常

普通话水平测试多音节词语表（27）

cāngbái	zuòguài	kǒnglóng	yīxué	lèisì	míngquè	nàmènr
苍白	作怪	恐龙	医学	类似	明确	纳闷儿
dànhuángr	dàizi	lěngshuǐ	luòrì	sōuguā	jìnkǒu	huǎnjiě
蛋黄儿	袋子	冷水	落日	搜刮	进口	缓解
máolúr	kāifàng	chéngguǒ	wùpǐn	xiāoxi	qiángdào	zhǔzhāng
毛驴儿	开放	成果	物品	消息	强盗	主张

| fènyǒng 奋勇 | gōngyǒuzhì 公有制 | gébì 隔壁 | xiàmiàn 下面 | tiánchōng 填充 | tèzhēng 特征 | fābiǎo 发表 |

普通话水平测试多音节词语表（28）

nǎosuǐ 脑髓	bōjí 波及	shuāngqī 霜期	màizi 麦子	zhuājǐn 抓紧	dàwànr 大腕儿	dōng'ōu 东欧
zǒngtǒng 总统	lúnliú 轮流	guānyā 关押	xiāngsì 相似	zuǐchún 嘴唇	xiūgǎi 修改	yǎnghuo 养活
liánrì 连日	zuōfang 作坊	fènbùgùshēn 奋不顾身	yòngtú 用途	zhèngdǎng 政党	miàntiáor 面条儿	yīyuàn 医院

普通话水平测试多音节词语表（29）

méicír 没词儿	chūquānr 出圈儿	kuángxiào 狂笑	jiēqià 接洽	shí hou 时候	zūnshǒu 遵守	sāhuǎng 撒谎
tú'àn 图案	lànyòng 滥用	màijìn 迈进	héliú 河流	fēngshèng 丰盛	yángguāng 阳光	biāoyǔ 标语
cānguān 参观	sìliào 饲料	kuàijì 会计	gēngzuò 耕作	xuézhě 学者	liǎngbiān 两边	yòunián 幼年
gāoshàng 高尚	gòngchǎndǎng 共产党	qūfú 屈服	fāngxīngwèi'ài 方兴未艾	rìchéng 日程	rènao 热闹	hǎozhuǎn 好转

普通话水平测试多音节词语表（30）

qícì 其次	dǐzi 底子	qīngyīnyuè 轻音乐	fēngsuǒ 封锁	zuò'è 作恶	gōngyòng 功用	zhǎnlǎn 展览
bǎocún 保存	suīrán 虽然	tàipíng 太平	zhuànyou 转悠	fàngshè 放射	jiětuō 解脱	bómǔ 伯母
wǎngrì 往日	hòudao 厚道	pángtīng 旁听	zéguài 责怪	tiāntǐ 天体	wòshǒu 握手	xiǎochǒur 小丑儿
yānjuǎnr 烟卷儿	báijing 白净	xiàliè 下列	fēiyuè 飞跃	huàmiàn 画面	wéishēngsù 维生素	chuántǒng 传统

普通话水平测试多音节词语表（31）

| háizi 孩子 | zhédié 折叠 | yánjiūshēng 研究生 | zēngduō 增多 | nóngmín 农民 | yōnghù 拥护 | jiāsāir 加塞儿 |
| yìrì 翌日 | kāishè 开设 | kuǎtái 垮台 | wēiruò 微弱 | wǎnshang 晚上 | kuàiyào 快要 | shǎnguāng 闪光 |

dǎnxiǎoguǐ	zhǔtǐ	xiàncún	zhènghǎo	fēngchídiànchè	qiānguà	ménkǒur
胆小鬼	主体	现存	正好	风驰电掣	牵挂	门口儿

普通话水平测试多音节词语表（32）

chéngjiù	juésè	lìluo	bódé	shǎguā	róngdiǎn	zìzhìqū
成就	角色	利落	博得	傻瓜	熔点	自治区
néngnai	chénzhòng	xuéxiào	bāohán	kuǐlěi	biānzuǎn	wěntuǒ
能耐	沉重	学校	包涵	傀儡	编纂	稳妥
guāngzé	jírì	xìnyǎng	biāozhǔnhuà	yīngyǒng	rénkǒu	dúyīwú'èr
光泽	即日	信仰	标准化	英勇	人口	独一无二

普通话水平测试多音节词语表（33）

wàikē	píngxíng	kàobuzhù	biāozhǔn	mùjuān	zhuānjiā	miànlín
外科	平行	靠不住	标准	募捐	专家	面临
bó'ài	chōukòngr	ménkǎnr	cūnzhuāng	shǒufǎ	kāfēi	lǐjiě
博爱	抽空儿	门槛儿	村庄	手法	咖啡	理解
yǎnqián	juéde	cáinéng	zēngzhǎng	tánhuáng	yuèliang	huàfēn
眼前	觉得	才能	增长	弹簧	月亮	划分
dàduō	suìshu	jīběngōng	dàoguà	shírì	fēngqǐyúnyǒng	luǒtǐ
大多	岁数	基本功	倒挂	时日	风起云涌	裸体

普通话水平测试多音节词语表（34）

wēnnuǎn	tiàozao	pēitāi	méitàn	miáoxiě	nǚgōng	shìjì
温暖	跳蚤	胚胎	煤炭	描写	女工	世纪
cèmiàn	fēnchéng	kuàbāo	xīnsi	zhēnbír	yōuliáng	quèdìng
侧面	分成	挎包	心思	针鼻儿	优良	确定
fùyōng	wāqián	rìlì	suōduǎn	dǒusou	hánhu	juānzèng
附庸	挖潜	日历	缩短	抖擞	含糊	捐赠
yìshùjiā	gǎngkǒu	yǔdiǎnr	zhǔnxǔ	chuāngbā	xuéshuō	zuòzhàn
艺术家	港口	雨点儿	准许	疮疤	学说	作战

普通话水平测试多音节词语表（35）

zhuǎnbō	rìjiàn	línzi	fēnsàn	àomàn	cōngmáng	xiǎodé
转播	日渐	林子	分散	傲慢	匆忙	晓得

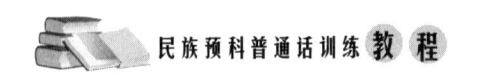

shāngliang 商量	duǒshǎn 躲闪	fēicháng 非常	bǐfang 比方	kuāyào 夸耀	qīngwā 青蛙	shǐyòng 使用
kūnchóng 昆虫	cǎiqǔ 采取	rènéng 热能	gùmíngsīyì 顾名思义	jìngzi 镜子	juānkuǎn 捐款	zhànyòng 占用

普通话水平测试多音节词语表（36）

bǐcǐ 彼此	tāntā 坍塌	yúncai 云彩	lǎoshi 老实	zhuózhòng 着重	jiǎruò 假若	rìhòu 日后
hónglǐngjīn 红领巾	chāoguò 超过	yōngjǐ 拥挤	diànnéng 电能	sāngzàng 丧葬	lüèwēi 略微	gòuchéng 构成
húqin 胡琴	ěrchuír 耳垂儿	zhuǎnliǎn 转脸	qiángdà 强大	kuàngchǎn 矿产	xǔjiǔ 许久	dòngchuāng 冻疮

普通话水平测试多音节词语表（37）

rènshi 认识	gòngcún 共存	yàofāngr 药方儿	zhàoliào 照料	shāngpǐn 商品	lùyòng 录用	cuòbài 挫败
juédìng 决定	jiātíng 家庭	piānjiàn 偏见	tòngkuài 痛快	huǒguōr 火锅儿	zhōngyú 终于	tǎohǎo 讨好
méiyǒu 没有	bódà 博大	rìguāng 日光	qiángliè 强烈	hánliàng 含量	déxīnyìngshǒu 得心应手	bǔcháng 补偿

普通话水平测试多音节词语表（38）

diàojiàr 掉价儿	shāfā 沙发	huǒchē 火车	jiāopiàn 胶片	hǎishìshènlóu 海市蜃楼	sǐbǎn 死板	chuánrǎnbìng 传染病
ànzi 案子	qiàrú 恰如	bōgǔ 波谷	qūyù 区域	guāngzhào 光照	dànjuér 旦角儿	fēnmì 分泌

普通话水平测试多音节词语表（39）

bàomíng 报名	dìxiàshuǐ 地下水	bīnyú 濒于	chéngchóng 成虫	xīhan 稀罕	dǎkāi 打开	guàniàn 挂念
bēicǎn 悲惨	páilou 牌楼	ruǎngǔ 软骨	tiáokuǎn 条款	shùliàng 数量	xiǎoqi 小气	zhǎochár 找茬儿
wèile 为了	wōniú 蜗牛	jiānglái 将来	cùyōng 簇拥	huàjuàn 画卷	yuèqiú 月球	wányìr 玩意儿

普通话水平测试多音节词语表（40）

rényuán 人员	piāorán 飘然	hútòngr 胡同儿	bùliáng 不良	shuǎnglǎng 爽朗	lǚguǎn 旅馆	wéizuǐr 围嘴儿
xiàmǎ 下马	shàonián 少年	shēn'ào 深奥	bìngtà 病榻	tuìhuà 退化	xiǎochǒu 小丑	míngtiān 明天
gēnqián 跟前	páichì 排斥	zhèngcè 政策	jūnyòng 军用	gānzào 干燥	dìqiú 地球	qīngméisù 青霉素

普通话水平测试多音节词语表（41）

tǐyùguǎn 体育馆	bǐzhě 笔者	dāorènr 刀刃儿	tǐngbá 挺拔	jī'áng 激昂	bù'ān 不安	bōduàn 波段
juéxīn 决心	nǎoguār 脑瓜儿	miǎoxiǎo 渺小	huángsè 黄色	guàiwu 怪物	fēixíng 飞行	bǎoxiǎn 保险
shíyòng 食用	pàngzi 胖子	jiārù 加入	sēnlín 森林	hòuhuǐ 后悔	hànliújiābèi 汗流浃背	díquè 的确

普通话水平测试多音节词语表（42）

cuīhuà 催化	tóngxué 同学	shēncéng 深层	wǎnhuí 挽回	hēibǎn 黑板	luòkuǎnr 落款儿	quánjú 全局
tǔrǎng 土壤	yīnxiǎng 音响	nánguā 南瓜	rénmen 人们	guāngmíng 光明	suǒyǐ 所以	yāojing 妖精
zhuānyòng 专用	méipǔr 没谱儿	shuāibài 衰败	zǒngzhī 总之	détiāndúhòu 得天独厚	pǐzi 痞子	bōtāo 波涛
lìhai 厉害	biànzhèngfǎ 辩证法	yòushǒu 右手	fāng'àn 方案	shēnzi 身子	cāngsāng 沧桑	fāyáng 发扬

普通话水平测试多音节词语表（43）

xùshù 叙述	ěrduo 耳朵	lùnwén 论文	xiǎotōur 小偷儿	pēnsǎ 喷洒	xífu 媳妇	gāo'ào 高傲
liàn'ài 恋爱	huāruǐ 花蕊	shōutānr 收摊儿	guàiyì 怪异	dàshěnr 大婶儿	nǚláng 女郎	dàizi 带子
zhèngmiàn 正面	jǐngquǎn 警犬	huǒzhǒng 火种	shìqing 事情	hóngsè 红色	kuānkuò 宽阔	huángguā 黄瓜

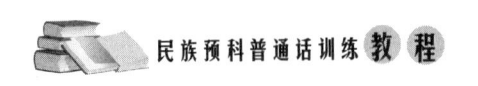

普通话水平测试多音节词语表（44）

méijiè 媒介	chóuhèn 仇恨	tóuzī 投资	zhàngpeng 帐篷	xiǎocōngr 小葱儿	wénxiàn 文献	měnggǔbāo 蒙古包
cuòshāng 挫伤	zhǒngqún 种群	mínzhǔ 民主	tiějiàng 铁匠	chéngnián 成年	yònglì 用力	gémìng 革命
jiǎntǎo 检讨	yòu'éryuán 幼儿园	bìngbiàn 病变	kuādà 夸大	jiārè 加热	huànrányīxīn 焕然一新	zōnghé 综合

普通话水平测试多音节词语表（45）

mázuì 麻醉	bōwén 波纹	xuéshēng 学生	rǎnsètǐ 染色体	biàngēng 变更	liángshi 粮食	zhāngtiē 张贴
dòngyuán 动员	qióngjìn 穷尽	yóuyǒng 游泳	bīnggùnr 冰棍儿	láiwǎng 来往	ànzhōng 暗中	shān'ào 山坳
xiāohuà 消化	gùlǜ 顾虑	huǒhou 火候	shūniǔ 枢纽	qǐjū 起居	chuánshuō 传说	xiǎnde 显得

普通话水平测试多音节词语表（46）

dàxiāngjìngtíng 大相径庭	rìjì 日记	xiàoyòng 效用	cuìruò 脆弱	pénzi 盆子	diànshìtái 电视台	zhāngluo 张罗
guǐliǎn 鬼脸	yīnyuè 音乐	nǎohǎi 脑海	pèi'ǒu 配偶	shǒudū 首都	láibīn 来宾	huàféi 化肥
xiāngguān 相关	tiěxiān 铁锨	yǎnjing 眼睛	gōngzuòrì 工作日	cèliáng 测量	mántou 馒头	qǐtǎo 乞讨

普通话水平测试多音节词语表（47）

miǎnhuái 缅怀	fāngbiàn 方便	shíyòng 实用	shèbèi 设备	zhème 这么	wéijiǎo 围剿	zǒngchēng 总称
xuékē 学科	pànjuéshū 判决书	cúnkuǎn 存款	zàichǎng 在场	tiěguǐ 铁轨	guārángr 瓜瓤儿	bōfēng 波峰
hǎodǎi 好歹	zhírì 值日	huángdòu 黄豆	yǐngzi 影子	xiāngxia 乡下	yuānwang 冤枉	shàngbān 上班

普通话水平测试多音节词语表（48）

| yōngdài 拥戴 | zánmen 咱们 | chéngfèn 成分 | jǐyǔ 给予 | róuměi 柔美 | tǐwēn 体温 | xīnyǎnr 心眼儿 |

| wèishēng 卫生 | yāohe 吆喝 | shānghài 伤害 | míngnián 明年 | shízǐr 石子儿 | xuéshù 学术 | suànzhàng 算账 |

普通话水平测试多音节词语表（49）

chuāngkǒu 窗口	guìxìng 贵姓	àosàng 懊丧	gāogēnrxié 高跟儿鞋	bìngyòng 并用	jiāqiáng 加强	yùcè 预测
zhēngfā 蒸发	hǎiguān 海关	miùlùn 谬论	hūnyīn 婚姻	bíliángr 鼻梁儿	bāozhuāng 包装	wàzi 袜子
yěshēng 野生	xǐqìng 喜庆	bójī 搏击	mùtou 木头	zǔlán 阻拦	wénxué 文学	bāxiānzhuō 八仙桌
rènhé 任何	yányòng 沿用	tuīsuàn 推算	tányúr 痰盂儿	shèhuì 社会	jǐngguān 景观	shēnhòu 深厚
zhèngmíng 证明	gāocháo 高潮	juécè 决策	xiàoróng 笑容	fáng'ài 妨碍	chūfādiǎn 出发点	huádòng 滑动
liǎngkǒuzi 两口子	záfèi 杂费					

第三章 普通话语法训练

语法是词、短语、句子等语言单位的结构规律，也是语言运行的基本规则。不符合一种语言语法的造词造句都不能很好地起到沟通、交流的功能，甚至无人听懂说话者的意思。如果说语汇是语言的建筑材料，语音是语言的物质外壳，那么语法是语言的框架，所有的语汇均通过语法框架才得以成句。语法往往体现运用该语言者的思维、逻辑形式和情感方式。对初学一门新语言，又缺乏语言环境的人来说，语法十分重要。不同语系及其语支的语言所具有的语法也可能差异很大。比如，汉藏语系中的汉语和彝语语法存在着差别。同一语支中的语法也在一定程度上存在差异。比如，四川方言和普通话的语法还是存在着少许差异，但相比它们在语音和语汇上的差异，语法的差异明显小得多。四川凉山地区学生既要掌握普通话在语素、词、短语和句子等构词法和句法上的结构法则，也要弄清楚四川方言和普通话之间的语法差异，那样才能更准确地说好普通话。

第一节 语法单位

一、语素

语素也称词素，是最小的语音和语义结合体，是构成词的语言单位，或者说是造词的最小的意义单位。语素可以组合成词，还可以独立成词。通常，可以从音节、意义、虚实等角度对语素进行划分。

（一）按音节分

单音节语素：指由一个音节构成的语素。例如：山、跑、地、火、水、我、了。

多音节语素：指由两个或两个以上音节构成的语素。例如：慷慨、葡萄、拷贝、窈窕、咖啡、哗啦啦、吉普车、西班牙、马克思主义、珠穆朗玛。

双声联绵词：指声母相同而韵母不同的连绵词。例如：琵琶、尴尬、参差、蜘蛛。

叠韵联绵词：指两个音节的韵母相同的连绵词。例如：缥缈、徘徊、荡漾、泛滥、辗转。

非双声非叠韵联绵词：指声母和韵母各不相同的词。例如：蚯蚓、玻璃、蚂蚁、鹦鹉。

（二）按意义分

单义语素：只有一项意义的语素。例如：镭、氢、芭蕾、激光、咖啡。

多义语素：有两项或两项以上意义的语素。例如：纷、区、鉴。

（三）按虚实分

实义：有实在的词汇意义的语素。例如：我、民、火、参差、逻辑。

虚义：不具有实在的词汇意义的语素。例如：着、的、初、了。

（四）按成词分

成词语素：能够独立成词的语素。例如：美、冷、草、并、风、走、一。

不成词语素：不和别的语素组合就不能成词的语素。例如：规、阿、第。

（五）按定位分

定位语素：和别的语素组合，位置固定放前或放后。如：阿、者。

不定位语素：和别的语素组合，位置不固定。如：花、笔。

二、词

词是一个或几个语素构成的最小的能够独立运用的语言单位，词是造句单位。这一定义包含三个要素：一是至少有一个有意义又有语音的语素，二是能够独立运用，三是它是最小的语言单位。通常，可以从词的形式、构造、义项、类别、兼类等角度对词进行划分。

（一）词的形式

根据词的音节的不同，可以将其分为单音节词、复音节词。

单音节词是由一个音节构成的词。例如：天、地、水、火、笑、山、鸟。

复音节词是由两个或两个以上音节构成的词。例如：人民、办公室、乌鲁木齐。

根据词的语素的不同，可以将其分为单纯词、合成词。

单纯词是由一个语素构成的词。例如：看、风、骆驼、蝈蝈、奥林匹克。

合成词是由两个或两个以上语素构成的词。例如：祖国、阐明、仙人掌。

（二）词的构造

根据词语内部语素的关系，可以将其分为以下几类。

联合关系：各语素关系平等，不分主次。例如：朋友、语言、斗争、伟大、是非、开关、迟早、反正。

偏正关系：语素间有主次之分，前一个描述或限制后一个语素。例如：火车、铁路、雪白、石器、善意、豪情。

支配关系：前一个语素表示一种行为动作，后一个语素受前一个语素的动作行为支配、影响。例如：革命、带头、动员、绑腿、守旧、认输、鼓掌、失信。

陈述关系：后一个语素对前一个语素加以陈述说明。例如：地震、冬至、心疼、年轻、胆怯、日出、口渴、自愿。

补充关系：后一个语素补充说明前一个语素所表示的行为动作的结果。例如：说明、提高、看见、推广、打败、缩小、改正、打倒、证明。

特别关系：前一个语素表示事物，后一个语素表示计量单位。例如：船只、人口、枪支、书本、车辆、马匹。

连谓关系：前一个语素和后一个语素皆动词，并形成并列。例如：盗卖、割据、查办。

（三）词的义项

根据词的义项的不同，可将其分为单义词、多义词。

单义词：只有一个意义或特指某一事物的词。例如：汽车、西红柿、马克思、元素、克隆、鲁迅、北京、黄河、行星。

多义词：具有几个彼此不同而又相互关联的意义的词。例如：深、宽、海。"深"一词有从上到下或从外到里的距离大（跟"浅"相对）、感情厚、颜色浓、深刻、深奥、深度等义。

（四）词的类别

实词是具有实在意义、能够独立充当句子成分的词。虚词是只表示语法意义、不能单独充当句子成分、没有实在意义的词。

1. 实词。

（1）名词。

人：作家、笔者、丈人、岳父、老师、校长、长辈、兄弟、姊妹、同学、学长、鲁迅、爱迪生。

事物：马、羊、人口、文明、文化、精神、逻辑、火车、飞机、苹果、白菜、杨树、松树、老虎、熊猫、阳光、煤炭、空气。

时间：春、夏、秋、冬、今年、明年、昨天、去年、下午、晚上、八月、傍晚、早晨、黄昏。

方位：上、下、前、后、左、右、东、西、南、北、里、内、外、中、间、以上、以下、之前、之后、之间、里头、外头、上边、下边、左面、右面。

处所：北京、西昌、学校、医院、亚洲、非洲、幼儿园、后院、屋里、河岸、东郊、周围。

(2) 动词。

动作行为：走、坐、看、打、拿、吃、喝、吹、拉、听、说、读、写、批评、宣传、保卫、学习、教育、支持、鼓励、批判、禁止、研究。

心理活动：爱、恨、怕、想、喜欢、害怕、想念、觉得、担心、了解、惦念、尊重、喜欢、讨厌、厌恶、佩服、希望。

存在、变化：有、在、存在、发展、生长、变、演变、死亡、发生、消灭。

(3) 形容词。

形状：方、圆、方形、圆形、球形、四四方方、椭圆形、狭长、方方正正、正方形、长方形、梯形、三角形、平行四边形、蛇形。

性质：好、坏、冷、热、快、伟大、勇敢、坚强、温柔、崎岖、含糊。

颜色：黑、红、黄、蓝、白、青、绿、紫。

状态：通红、雪白、红彤彤、黑不溜秋、蔚蓝、湛蓝、洁白、惨白、通红、鲜红、深红、嫩绿、淡绿、金黄、冰凉、冰冷、碧绿、漆黑、喷香、滚烫、稀烂、笔直、贼亮。

(4) 数词：一、二、三、半、千、万、多、左右、甲、乙、丙、丁、第一、第二、十分之四。

(5) 量词：张、座、回、场、尾、条、个、首、阙、阵、网、炮、顶、丘、棵、只、支、袭、辆、挑、担、颗、壳、窠、曲、墙、群、腔、砣、座、客、贯、人次、架次、秒立方米、一对一对、一道一道、一遍一遍、条条、道道。

(6) 代词：你、我、他、她、它、别人、大家、您、哪儿、多少、怎么、怎么样、这儿、那儿、这、那、这些、那些。

2. 虚词。

(1) 副词：很、颇、十分、格外、极度、绝对、非常、极其、更、太、总、最、马上、立刻、刚刚、仅仅、统统、难道、居然、反正、总是。

(2) 介词：从、到、顺着、按、本着、经过、以、比、因、为、为着、对、把、通、替、关于、被、叫、让、给。

(3) 连词。

并列连词：和、跟、与、同、及、而、况、况且、何况、乃至。

承接连词：则、乃、就、而、于是、至于、说到、此外、像、如、一般、比方。

转折连词：却、但是、然而、而、偏偏、只是、不过、至于、致、不料、岂知。

因果连词：原来、因为、由于、以便、因此、所以、是故、以致。

选择连词：或、抑、非……即、不是……就是……。

假设连词：若、如果、若是、假如、假使、倘若、要是、譬如。

比较连词：像、好比、如同、似乎、等于、不如、不及、与其……不如、若……则、虽然……可是……。

让步连词：虽然、固然、尽管、纵然、即使。

(4) 助词：的、地、得、似的、着、了、过、吧、呢、吗、啊。

(5) 叹词：啊（阴平）、咦（阳平）、嘿（阴平）、嗨（阴平）、嚯（阴平）、吓（阴平）、呕（阴平）、哟（阴平）、哈哈、嘻嘻、呵呵、哎呀、呸。

(6) 拟声词：哧、唰、哗、轰、嘭、砰、嘘、啉、飕、当、吐、噎、叮、吱、啪、叽叽、唧唧、喳喳、呱呱、啪啪、喔喔、嘀嘀、呼呼、沙沙、喀嗒、滴答、叮当、布谷、知了、哧溜、啪嗒、哗啦、呼噜、呵呵呵、哈哈哈、啦啦啦、嗡嗡嗡、叮当、滴滴答、通通扑、啦啦哗、哗啦啦啦、霹哩叭啦、叽里咕噜。

（五）词的兼类

1. 动词、名词兼类：病、领导、指示、计划、翻译、访问、损失、代表、编辑、工作、报告、联系、调查、决定。

例如：他病了。（动词）　　　　他得了一种病。（名词）
　　　他是我的领导。（名词）　他领导全村人民富裕起来了。（动词）

2. 形容词、动词兼类：丰富、明白、团结、辛苦、密切、热、紧、充实、低、突出、活跃、活、红、方便、繁荣、便宜、明确、巩固。

例如：他的知识很丰富。（形容词）　比赛活动丰富了校园的生活。（动词）
　　　我十分明白。（形容词）　　　我明白这个道理。（动词）

3. 形容词、名词兼类：理想、精神、经济、道德、矛盾、科学、困难、幸福、标准。

例如：这次的比赛成绩很理想。（形容词）　我的理想是当一名优秀教师。（名词）
　　　他是一个很有精神的小伙。（形容词）　他的精神不大好。（名词）

三、短语

短语即词组，是词和词的语法组合，大于词而又不成句的语法单位。可依据不同分类标准对短语进行分类。

（一）短语类型

1. 按语法关系分。

(1) 主谓短语：由主语（陈述对象，名词、代词）+谓语（陈述内容，动词、形容词）构成。例如：觉悟提高、思想解放、阳光灿烂、心情舒畅、实践证明、成绩优秀、信息发达、声明远播、相貌英俊、我们跳舞、什么也不懂。

(2) 动宾短语：由动词+它的宾语组成。例如：打开课本、欣赏音乐、热爱祖国、消灭敌人、放下包袱、丢下它、告诉他们、需要什么、发展生产、接受访问、请求援助、进行斗争、骗取信任、恢复平静、爱热闹、踢足球、住宾馆、照镜子、看医生、晒太阳。

(3) 偏正短语：修饰词或限制词定语（状语）+被修饰词或被限制词名词中心语（动词中心词、形容词中心词）构成。例如：美丽人生、荷塘月色、他的黄头发、他的大眼睛、蓝色的天空、清冷的环境、资料的查找、一朵鲜花、一头牛、非常聪明、慢慢地走、深切盼望、小心地翻阅、飞快地跑、轻轻地来、很好看、很漂亮、太美了、多么可爱、更加繁荣。

（4）并列短语：由两个或两个以上的词成并列的短语，没有轻重主次之分以及起平等联合。例如：文化教育、今天或明天、调查研究、愿意并实行、光辉灿烂、庄严肃穆、万紫千红、风和日丽、我和他、这样那样、四面八方、千秋万代、半斤八两、男女老少、金银铜铁、这样那样、这里那里。

（5）动补短语：由动词和它后面的补语构成。例如：跑得快、说得好、看不清楚、写得工整、说了三小时、吃饱、喝够、学会、听见、住在何处、等到天亮、走到河边。

（6）形补短语：由形容词和它后面的补语构成。例如：暗得很、好得很、慢一点、大三岁、机灵得很、密得不透气、热死了、好极了、苍白得很、快乐极了。

2. 按特殊短语分。

连动短语：指两个或两个以上的动词性词语连用。例如：上街买菜、踢球去、领书去、画蛇添足、守株待兔、买菜回来、打靶归来。

兼语短语：前一个动词的宾语兼作后一个动词或形容词的主语。例如：引狼入室、让我十分感动、请他来、喊他走、教我认字、劝他回去、鼓励我前进、令人信服、有人找他、祝你健康、骂他是废物。

复指短语：指两个词或短语连用在一起，表示同一个人或事物，在入句时共同充当一个成分的短语。例如：作家鲁迅、首都北京、厂长老王、华罗庚教授、他自己、咱们学生、母子二人、鲁迅先生、美丽这个词、春秋两季、封建统治阶级、我们每一个人。

方位短语：方位词直接附在名词性或动词性词语的后面，具有名词性。例如：会议中、参加工作之前、池塘边、黄河以北、你我之间、五十左右、井冈山上、月光下、他们之间、吃饭以前、改革中、回收之间、树林东边、操场上、六十分以下、三十岁以上、开会以前、一年以上、解放后。

量词短语：数词或指示代词加上量词组成的短语。例如：这种、那种、这堆、这次、那回；一个、一座、一匹、一头、一只、一条、一峰、一把、一颗、一辆、一艘。

介宾短语：由介词加上后面的名词、代词或名词短语组成。例如：从现在起、为人民（服务）、对群众（说）、从现在（起）、关于课堂纪律问题、当黎明到来的时候、按规定（办理）、把大门（推开）。

助词短语：由两部分组成，后部分是助词。例如：红的、穿长衫的、最难忘的、凄美的。

四、句子

句子是由词或短语构成的语言单位，它能表达一个相对完整的意思，能完成一次简单的交际任务，有一定的语调。

（一）按句子的语气分

陈述句：说明一个事实。例如：他走了。

疑问句：提出问题，获取信息。例如：你知道吗？
祈使句：发出请求或命令。例如：保持肃静！立定！
感叹句：书法情感。例如：这个好美呀！

（二）按句子的结构分

1. 单句（主谓句和非主谓句）：由短语或单个的词构成的句子。

主谓句：主谓谓语句、双宾语句、连动句、兼语句、存现句、兼语句、把字、被字句。

非主谓句：名词性非主谓句、动词性非主谓句、形容词性非主谓句、特殊非主谓句。

2. 复句（单重复句和多重复句）：由两个或两个以上意义相关、结构上互不作句子成分的分句组成。分句之间一般用逗号或分号隔开。

联合复句：并列复句、承接复句、递进复句、选择复句。

偏正复句：转折关系、假设关系、条件关系、因果关系。

五、句群

句群又叫句组，是由几个在意义和结构上有密切联系的、各自独立的句子组成的言语交际单位。句群是最大的语法单位。可依照不同标准对句群进行分类。

（一）按用途和作用分

叙述句群、描写句群、抒情句群、议论句群、说明句群。

（二）按层次多少分

简单句群、重复句群。

（三）按句与句之间的结构关系分

并列句群、承接句群、选择句群、递进句群、转折句群、假设句群、条件句群、因果句群、目的句群、解说句群。

（四）按句式分

主动句群和被动句群、肯定句群和否定句群、常式句群和变式句群、口语句群和书面语句群、引述句群和转述句群。

第二节　彝语和汉语的语法比较

彝语和汉语都属于汉藏语系，但因为地域阻隔、社会环境、历史发展、文化变迁和语言自身的衍变等诸多复杂因素的影响，彝语、汉语有着不同的语音、语汇和语法，还有书写符号的区别。对于母语不是汉语，又受到凉山方言一定程度上影响的彝族学生，学好普通话得掌握语法的差异。彝汉双语的语法中，词、短语、句子的构词法则以及语序上的差异是它们相对重要的问题。许多彝族学生由于之前深入、系统地学习彝语，拥有强烈的彝语思维方式和语法习惯，这样的痕迹往往在他们说话和朗读时不经意流露出来。在教学时需要有意识地辨别彝语和汉语在语法上的不同。现将二者从语法层面进行比较，以区分其不同。

一、主谓宾语序

汉语：我吃饭。
彝语：nga zzax zze，我饭吃。

汉语：给我一本书。
彝语说：tep yy zzit ddi nga bbyx，书一本我给。

汉语：你说什么。
彝语：ne xix hxip，你什么说。

二、定语语序

汉语：黄母鸡。
彝语：va mat a shy，母鸡黄。

汉语：一位诚实的男人。
彝语：bbox zze ax nuo ma，男人诚实一位。

汉语：蓝线红线。
彝语：xi vut xi nyi，线蓝线红。

三、量词短语语序

汉语：两件事。
彝语：syt nyip ji，事两件。

汉语：一头牛。
彝语：lex ji，牛一头。

汉语：八名学生。
彝语：sso qop hxit yuop，学生八名。

四、动宾短语语序

汉语：钓鱼。

彝语：hxe nyiet，鱼钓。

汉语：办事。

彝语：syt bat，事办。

汉语：赶羊。

彝语：yo mgot，羊赶。

五、小结

根据以上例子，我们可以发动现代汉语和现代彝语在语法方面特别是语序上存在区别。汉语句子的基本语序是主语＋谓语＋宾语，而彝语句子的基本语序是主语＋宾语＋谓语。彝族学生在学习规范的汉语语法时，不能带着彝语的思维和习惯，应当有意识地加以纠正。在现代彝语语法中，宾语只能放在谓语之前，而不能置于谓语之后。然而在古汉语文言文中，常有宾语前置的现象。彝语和汉语在语法上除了主、谓、宾的顺序不同之外，部分修饰语和被修饰语即中心词的结构也存在差别。另外彝汉双语在一些量词短语和动宾短语的语序上也存在区别。

第三节　四川方言和普通话的语法比较

四川方言和普通话在语法上没有太大的差别，但也存在不少差异。

一、句式上的对比

（一）四川方言："动词＋不得/得"句→普通话："能/不能＋动词"

以上句式表示可能做某种动作。

例句训练：

这种菌子吃得。——没有毒，这种蘑菇能吃。

他好吃得哦。——他的食量大，他很能吃。

他买的东西，我们都吃得。——他的东西，允许大家吃，我们都可以吃。

这双鞋子你穿得。——这双鞋子你能穿。

这几句话说不得。——这几句话不能说。

活路没干完，休息不得。——活没做完，不能休息。

他硬做得，一天到黑都不歇气。——他真能做，一天到晚都不休息。

注意：

要得，我去。——行（可以），我去。

这起衣裳还卖得。——这种衣服还好卖。

（二）四川方言："得不得/不得＋动词"→普通话："会不会/不会＋动词"

以上句式表示一种动态的可能性。

例句训练：

他得不得来？——他会不会来？

他得不得不理视我们？——他会不会不理我们？

他得不得走了？——他会不会走了？

不得，他不得。——不会，他不会。

这么晚了，他不得走哦？——这么晚了，他不会走吧？

注意：

他不得空。——他没有空。

他不得不行？——他行不行？

（三）四川方言：（动词）得来（动词）不来/（动词）得来不→普通话：会不会/会/不会＋动词

以上句式表示询问"会不会"某一动作。

例句训练：

你做得来做不来？——你会不会做？

你写得来写不来？——你会不会写？

你跳得来不？——你会跳吗？

他打得来球。——他会打球。

他扯不来谎。——他不会说谎。

他说不来彝语。——他不会说彝语。

注意：

说不来他那个味道。——说不出他那个味儿。

我吃不来苦瓜。——我不喜欢吃苦瓜。

（四）四川方言：动词＋得有＋宾语→普通话：动词＋了/着＋宾语

以上句式表示事物的存在。

例句训练：

你带得有打火机莫得？——你带着打火机没有？

给你留得有包子。——给你留了包子。

你身上带得有现金莫得？——你身上带着现金没有？

带得有。——带着呢。

注意：

水果里头含得有多重维生素。——水果里含有多重维生素。

二、补语句上的对比

（一）四川方言：动词＋得倒→普通话：动词＋得了

该补语句型表示可能性。

例句训练：

他来得到来不到？——他来得了来不了？

你来得到不？——你来得了吗？

她只吃得到二两饭。——她只吃得了二两饭。

你跑得到那么长不？——你跑得了那么长吗？

注意：

我看到他啰。——我看见他了。

把门关到。——把门关上。

（二）四川方言：动词＋起→普通话：动词＋补语（结果/趋向）

该补语句型表示结果、趋向、无意义。

例句训练：

他没有考起大学。——他没有考上大学。

把门闩起。——把门闩上。

她忙得顾不到管娃娃。——她忙得顾不上管孩子。

我才想起他是哪个。——我才想起来他是谁。

吃起好吃，做起恼火。——吃起来好吃，做起来挺费事儿。

啷个搞起的？——怎么搞的？

你懂得起不？——你懂吗？

喊都喊不起走。——喊都喊不走。

贼头儿逮倒没有？——小偷儿抓住没有？

（三）四川方言：动词＋得赢/不赢→普通话：动词＋得过（得及）/不过（不及）

搞得赢搞不赢？——忙得过来忙不过来？

搞都搞不赢。——忙都忙不过来。
搞得赢。——来得及。
打球我打不赢他。——打球我打不过他。
我说不赢他。——我说不过他。

（四）四川方言：动词＋脱→普通话：动词＋掉/出/了

他逃不脱我的手板心。——他逃不出我的手心。
他今天跑脱了。——他今天跑掉了。
除脱本钱，还有多少？——除了本钱，还有多少？
躲得脱和尚脱不脱庙。——躲得了和尚躲不了庙。

（五）四川方言：动词＋惨啰/很啰→普通话：（动）得太厉害/（太（形）了/过分（动）/（动）得太（形）/（动、形）极了

表示进一步补充动词和形容词的程度。
例句训练：

小李把他骂惨啰。——小李把他骂得很厉害。
他输钱输惨啰。——他输钱输得很厉害。
气很啰伤身体。——太生气了会伤身体。
你不要累很啰。——你不要太累了。
他唱歌好听惨啰。——他唱歌好听极了。
今天我气惨啰。——今天我气坏了。
电影好看惨了。——电影好看极了。

三、词类在语法中的对比

（一）介词。四川方言：拿给/遭→普通话：被/叫、让（口语）

川话句子里有"拿给和遭"表示被动意义。
例句训练：

鱼拿给猫吃了。——鱼让猫给吃了。
车子拿给他开起走了。——车被他开走了。
书拿给别人借起走啰。——书叫别人借走了。
他遭开除了。——他被开除了。
他遭骗了好多钱。——他被骗了很多钱。
衣裳遭耗子咬了个缺缺。——衣服被老鼠咬了个缺口儿。

（二）助词。四川方言：动词（形容词）＋到/起→普通话：动词＋着

以上"动作加助词"的进行与持续状态。

例句训练：

　　看到看到就睡着了。——看着看着就睡着了。
　　你站倒说话不腰痛。——你站着说话不腰疼。
　　睡起看书坏眼睛。——躺着看书伤眼睛。
　　尖起耳朵听。——竖着耳朵听。
　　你把眼睛眯起。——你把眼睛眯着。

（三）语气词。四川方言：不/嚎/哩/嘎/噻/哆/嘚/啰/哈→普通话：吗/呢/吧/啊/啦

语气词在不同句子中用于不同的句型，表示不同的语气，如疑问、询问、商量、陈述、请求、提醒、感叹。

例句训练：

　　你来得不？——你能来吗？
　　你说得来话不？——你会说话吗？
　　他还有脸回去嚎？——他还有脸回去呀？
　　他还跟你借钱嚎？——他还向你借钱啊？
　　好久开会哩？——什么时候开会呢？
　　你去哩，还是我去哩？——你去呢，还是我去呢？
　　你是喜德人，嘎？——你是喜德人，是吧？
　　这本书很好看，嘎？——这本书很好看，对吧？
　　快点走噻！——快点走吧！
　　过来坐噻！——过来坐呀！
　　不忙哆，二天哆。——别忙啊，以后再说吧。
　　不着急，把话说完哆。——不着急，把话说完再看。
　　我耍起嘚。——我玩着呢。
　　不怕嘚，我给你扎起。——别怕，我给你撑腰。
　　来啰，他硬是来啰。——来了，他真的来了。
　　今天走不成啰。——今天走不了啦。
　　你今天不走了哈？——你今天别走了啊？
　　那件事莫搞忘了哈。——那件事别忘了啊。

（四）叹词。四川方言：哦嚄/哦哟/吨→普通话：哎哟/哎呀/哟

以上叹词表示惋惜、惊叹、失望、意外。

例句训练：

哦嚄！几个碗都打烂啰。——哎哟！几个碗都摔坏了。

哦嚄！我把钥匙给掉了。——哎哟！我把钥匙弄丢了。

哦哟！这套房子好大哦！——哎呀！这套房子真大呀！

哦哟！他硬是走了。——哎呀！他真的走了。

咘！把校长都请来啰嗦！——哟，把校长都请来了呀！

咘！你们家娃儿长这么高了嗦。——哟，你家孩子长这么高了呀！

四、四川方言和普通话在其他语法中的对比

（一）宾语的语序

拿本书给我。——普通话：给我一本书。

给本书给我。——普通话：给我一本书。

称三斤洋芋给他。——给他称三斤土豆。

（二）假设句

是我呻，不得干啰。——如果是我的话，我不干。

都像你呻，那就好啰。——要是都像你，那就好啦。

第四章

普通话朗读训练

朗读是一种诉诸听觉的有声语言再创作活动。朗读是综合性的，最能考核一个学生的普通话素质。朗读过程中除了标准、正确、清晰地发好每个音节，还要求掌握词语或短语的轻重音格式、轻声、儿化、变调等，最重要的是要精准把握朗读作品的基本内容、思想情感、结构层次、风格与节奏等方面，这对朗读者的想象能力、情感体验与感受能力等要求更高。彝族学生要想做好朗读，第一步要做好基本的音节发音。我们制作了凉山彝语和汉语普通话的声母、韵母、声调比较表，以备参考。

彝汉双语声母、韵母和声调对照表

类型	凉山彝语	普通话
声母	b p bb nb f v hm m d t dd nd hn n hl l g k gg mg hx ng h w z c zz nz s ss zh ch rr nr sh r j q jj nj ny x y	b p m f d t n l g k h j q x zh ch sh r z c s
韵母	i ie a uo o e u ur y yr	a o e i u ü ai ei ao ou ia ie iao iou ua uo uai uei üe an en ang eng ong ian in iang ing iong uan uen uang ueng üan ün
调值	高平调（55），次高调（34），中平调（33），低降调（21），由 t、x、p 三个字母表示，x 是次高调，中平调无表示符号。	高平调（55），高升调（35），降声调（214），全降调（51）

从上表可知，彝语声母多，共有43个；而普通话声母相对较少，有21个。彝语里韵母只有10个，辅音极其少。普通话里韵母多且复杂，韵母的发音成了彝族学生学习普通话的一大障碍。部分住在喜德、昭觉、布拖、美姑、金阳、普格等地方即母语文化相对完整区域的学生，要说一口标准的普通话还存在困难。彝语韵母 i、ie、uo 和普通话 i、ie、uo 发音不同。彝语里没有翘舌音，所以彝族学生在发翘舌音时难度大，需要长期刻苦练习翘舌音 zh、ch、sh。

彝族学生在说普通话时，经常遇到以下问题，如：彝腔重，复韵母和鼻韵母发音动程不足，前后鼻音不分，咬字不清晰，发音不清楚，阳平和上声两个声调混乱，平舌音和翘舌音不分，n、l不分，复韵母和鼻韵母区分难。另外彝族学生在讲普通话时不够自信，经常感到害羞、胆怯，这也是教师需要注意的。

第一节　朗读基础知识

一、定义

朗读是把诉诸视觉的书写语言转化成诉诸听觉的有声语言的再创作活动。

二、朗读和其他读法的区别

朗读不同于念、说、诵，也不同于朗诵、播音、演讲等。
"念"是逐字逐句平均使劲儿地出声。
"说"显得更随意。
"诵"的语言形式更夸张，声音大起大落，表情丰富多彩。
"朗诵"是用清晰、响亮的声音，借助眼神、手势等体态语言帮助表达作品感情，以引起听众共鸣，是一种表达作品思想感情的语言艺术。
"播音"是电台、电视台等媒体用一切有关声音的语言和副语言传播信息的主持活动。
"演讲"又叫讲演或演说，是指在公众场合，以有声语言为主要手段，以体态语言为辅助手段，针对某个具体问题，鲜明、完整地发表自己的见解和主张，阐明事理或抒发情感，以进行宣传鼓动的一种语言交际活动。
"朗读"是用规范的语音朴实含蓄、清晰流畅地把文字作品变为有声语言的再创作活动。

三、朗读的要求

（一）读音准确
声母、韵母、声调、音变等方面都应符合普通话语音的规范。
（二）吐字清晰
口齿清晰，咬字有力，字正腔圆，上唇紧贴上齿，下唇紧贴下齿。
（三）读句流畅
自然流畅，语意连贯，停连得当，轻重得宜，语速语调和节奏符合作品思想感情。

不添字、不丢字、不改字，不结巴、不重复、不回读。

（四）以声传情

熟悉作品内容，深入理解作品思想，把握作品情感基调，分析字、词、句、段之间的逻辑关系，感受作品里带有视觉、听觉、嗅觉、味觉、时间觉、空间觉、运动觉等特点的句子，以声传情、以情带声地朗读出来。

四、朗读的准备

（一）扫除生字词

初读文章，查明生字、生词。

（二）掌握内容

反复阅读作品，弄清文章主要内容，辨认文体与文学体裁。

（三）理解作品中心思想

分析内容，概括中心思想，明确作者情感态度和价值取向，确定朗读的情感基调，如轻快型、凝重型、低沉型、高亢型、舒缓型、紧张型。

（四）理清和感受作品中句、段、节之间的结构层次

分析篇章结构，研究段落之间、语句之间的内在联系，如主次关系（主次感）、并列关系（并列感）、对比关系（对比感）、递进关系（递进感）、总括（总括感）、转折关系（转折感）、因果关系（因果感）等逻辑感受，掌握作者思想感情发展变化的脉络。

（五）深入感受文字作品所表达的感情色彩

感受作品里那些赋予了视觉（画面感）、听觉（声音感）、嗅觉（气味感）、味觉（滋味感）、触觉（触碰感）、时间觉（时间感）、空间觉（位置感）、运动觉（肌肉运动感）的词句，以它们为依据，展开充分的想象，调动各种感官经验，努力把文字作品里所描绘的情景再现于眼前，让听者身临其境。

（六）调整状态

阅读时的状态分为心理状态和生理状态。心理状态要积极主动，胸有成竹。生理状态要集中精力、速看慢读，唇舌有力。

第二节　朗读技巧与训练

一、朗读技巧概述

（一）停顿和连接

1. 定义：声音的停顿和连接。
2. 基础形式：标点符号是朗读停连的重要参考或依据。
3. 作用：停、连使朗读顿挫有度，语意层次分明。
4. 标点符号停顿时间长短：顿号（、）＜逗号（，）＜分号（；）＜冒号（：）＜问号（？）、句号（。）、感叹号（！）＜段落章节。
5. 停顿类型：语法停顿、逻辑停顿、生理需要停顿。
（1）语法停顿是依照标点符号所作的停顿。
例句：

大凉山

佚名

　　凉山，中国最大的彝族集居区，雄秀于西南大地，北通成都，南达昆明，系川滇要塞。凉山是卫星升空的地方，"长征"火箭在这里一次次地刺破苍穹，威震太空；凉山是崇尚火的民族——彝民族世代繁衍生息的地方，这里有厚重独特的火的文化积淀；凉山是泸沽湖摩梭人"阿肖走婚"的领域，这里令人神游母系氏族公社那远古年代；凉山有不落的太阳、不缺的月亮、清新的空气、湛蓝的天空，"不是海南，胜似海南"；凉山有泸沽湖、邛海、马湖、彝海，有螺髻山、泸山、龙肘山、恰朗多吉雪山，有螺髻山国家级风景名胜区、大风顶国家级自然保护区，湖光山色，星罗棋布，美不胜收；红军长征路横贯南北，南丝绸古道相依相伴；中国的"乌拉尔"、绿色王国的"基因库"——汇聚成科学探索的珍贵区域。

大雁落脚的地方（节选）

吉布鹰升

　　有关大雁的故事，在凉山有个家喻户晓的古嫫阿芝的神话传说。在嘛则洛戳山脚下，住着一个孤苦伶仃的男子，名叫木嘎。有一天，雁阵飞过天空，落下了一根漂亮的雁羽，木嘎把它捡回家里，插在火塘上方的隔板上。次日，落下羽毛的那只大雁，化成一位美丽大方的姑娘，趁木嘎出门劳作，背水把木嘎的水桶装满，烧柴火煮好苦荞粑，然后悄悄离去。木嘎劳作回来，很是惊奇。一天，木嘎看到他家茅草房炊烟袅袅腾升的时候，把那位美丽的姑娘挡在屋里。姑娘说出了自己的身世："你捡到的那根大雁羽毛是从我的翅膀上掉落的，我是大雁姑娘古嫫阿芝，从古戳戳洪（雁的故乡）飞来的。我家离这里很远，亲人等着我回去……"男子恳求她嫁给他。古嫫阿芝看到木嘎孤苦一人，便答应了。不过，要木嘎承诺一件事，就是不要跟任何人讲她的身世，也不要伤害所有飞翔的鸟儿，不然雁神就将她变回大雁。于是，他俩幸福地生活在一起，几年后有了两个女儿。一天，母亲古嫫阿芝出门劳作，两个女儿争吵起来。父亲木嘎说："你们这两个大雁的女儿，怎么不听话……"古嫫阿芝知道此事后，深感自己受了羞辱，非常伤心。雁神把它变为大雁，它无奈地含泪飞走了。过了一年又一年，又到了一个秋收时节，雁阵鸣叫着在蓝天上飞翔，古嫫阿芝的两个女儿仰望天空，想起了日思夜想的母亲，"妈妈……妈妈……我们的妈妈！"大雁古嫫阿芝听到女儿的叫声，由于伤心过度，从空中坠落下来，气绝身亡。关于古嫫阿芝的故事，还有其他不同的版本，不过都反映了人爱大雁和崇尚大雁。

（2）逻辑停顿是为了强调和突出对比、并列等关系中的停顿。

例句：

在场的同志都难过得/掉下泪来。（强调停顿）

一般用染料染成蓝色或黑色或原本色。蓝色/为贵，黑色/次之，白色/为中，灰色/为下。（对比停顿）

山/朗润起来了，水/涨起来了，太阳的脸/红起来了。（并列停顿）

蓝色/是天空的湛蓝，凉山天空的湛蓝；黄色/是金秋，凉山金秋的大地；黑色/是黑色的土地，凉山的土地。（并列停顿）

（3）生理停顿是口吃、哽咽、气喘吁吁和生命垂危时的特定停顿。

这时候，他用力把我往上一顶一下子把我甩在一边，大声说："快离开我，/咱们两个不能都/牺牲！……要……要/记住/革命！……"（生理停顿）

6. 连接技巧：扬停强收、落停缓收、停后徐连、停后紧连、直连、曲连。

（1）"扬停强收"是种干脆利落、戛然而止的停顿，适用于雄壮、自豪、坚定的内容或情感。

例句：

容不得束缚，/容不得羁绊，/容不得闭塞。/是挣脱了、冲破了、撞开了的那么一股劲！

(2)"落停缓收"是渐弱渐止的停顿,适用于情景交融、意味深长的内容。

例句:

盼望着,盼望着,东风来了,春天的脚步/近了。

天空蓝莹莹的,阳光快乐地歌唱,她的身体轻盈/得如一缕风,慢慢/翘起来……

(3)"停后徐连"是停顿后舒缓的连接,适用于深深的赞美、由衷的祝福、亲切的缅怀等内容或感情。

例句:

到达旅馆时,没有一个人跟我打招呼。原来,/我母亲在3年半以前就已经离开人间了。

在月光下,也有男女青年在窃窃私语,口弦声,月琴声,/让人心旷神怡。

(4)"停后紧连"是停顿后紧接的连接,适用于紧张情势和急遽变化的内容或感情。

例句:

转瞬之间,你就能听到春雷轰鸣般隆隆的潮声,接着高头大浪,/滚滚而来,/水声隆隆而动地,/巨浪滔滔而掀天。

当定亲的客人一来,四面八方的妇女们蜂拥而来,/向客人泼水、抹锅烟子,/把客人泼得一个个像落汤鸡,/一张张的白脸变成了黑色。

(5)直连在朗读时不换气,顿号是直连的典型"连点"。

例句:

山川、河流、树木、房屋,全都罩上了一层厚厚的雪,万里江山,变成了粉妆玉砌的世界。

火把节,是竞技的日子。每到火把节的第二天,成千上万的人聚集在一起,组织饶有风趣的斗牛、斗羊、斗鸡、赛摔、爬杆、抢羊等彝族传统的竞技活动。

(6)曲连是短促的句子间需要连接有区分,气息相连、不能换气但听觉上有间隙的连接,逗号是曲连最典型的"连点"。

例句:

坐着,躺着,打两个滚,踢几脚球,赛几趟跑,捉几回迷藏。

凉山彝族人自古以来没有干杯的习惯,喝酒要一口一口地喝,喝得很文明,很客气,很文雅。

(二)重音

1. 定义:指在朗读时特别需要强调或突出的某些词、短语或某个音节。
2. 位置:重音的位置取决于文章的思想感情和语句的内在含义。
3. 方法:气息强、音量大、声势足,加强音量法、延长音长法、一字一顿法、夸大调值法、重音轻度法。

4. 类型：强调性的重音、并列性的重音、对比性的重音、呼应性的重音、比喻性的重音、反义性的重音。

（三）语调

1. 定义：语调是语气外在的快慢、高低、长短、强弱、虚实等各种声音形式的总和。

2. 功能：语调可以直接表明朗读者的思想感情和态度。

3. 类型：降调、升调、平调、曲折调。

(1) 降调：句子开头高，句尾明显降低，多用于陈述句、祈使句、感叹句。

(2) 升调：开头低，句尾明显升高，多用于疑问句、反问句、长句中的前半句。

(3) 平调：语句音高变化不明显，如陈述说明的独白、思考问题、宣读名单、喊口令。

(4) 曲折调：语句音高曲折变化，如嘲讽、夸张、幽默、怀疑、惊讶。

（四）语速

1. 定义：指说话或朗读时每个音节的长短或音节与音节之间连接的长短、快慢。

2. 原则：朗读的速度与朗读作品的思想感情相关。

3. 类型：快、慢、适中。

(1) 热烈、欢快、兴奋、紧张的作品——快。

(2) 忧郁、悲伤、沉重、庄重的作品——慢。

(3) 一般的叙述、说明、介绍的作品——适中。

（五）节奏

1. 定义：在朗读时产生的快慢长短、抑扬顿挫、轻重缓急、虚实等种种回环交替的声音形式。

2. 类型：紧张型、轻快型、高亢型、低沉型、凝重型、舒缓型。

3. 转换方法：欲扬先抑，欲抑先扬；欲快先慢，欲慢先快；欲轻先重，欲重先轻。

二、朗读训练

1. 轻快型。多扬少抑、多轻少重、语流中顿挫少而时间短，语速较快。

春

朱自清

盼望着，盼望着，东风来了，春天的脚步近了。

一切都像刚睡醒的样子，欣欣然张开了眼。山朗润起来了，水涨起来了，太阳的脸红起来了。

小草偷偷地从土里钻出来，嫩嫩的，绿绿的。园子里，田野里，瞧去，一大片一大片满是的。坐着，躺着，打两个滚，踢几脚球，赛几趟跑，捉几回迷藏。风轻悄悄的，草软绵绵的。桃树、杏树、梨树，你不让我，我不让你，都开满了花赶趟儿。红的像火，粉的像霞，白的像雪。花里带着甜味儿；闭了眼，树上仿佛已经满是桃儿、杏儿、梨儿。花下成千成百的蜜蜂嗡嗡地闹着，大小的蝴蝶飞来飞去。野花遍地是：杂样儿，有名字的，没名字的，散在草丛里，像眼睛，像星星，还眨呀眨的。

"吹面不寒杨柳风"，不错的，像母亲的手抚摸着你。风里带来些新翻的泥土的气息，混着青草味儿，还有各种花的香，都在微微润湿的空气里酝酿。鸟儿将窠巢安在繁花嫩叶当中，高兴起来了，呼朋引伴地卖弄清脆的喉咙，唱出宛转的曲子，与轻风流水应和着。牛背上牧童的短笛，这时候也成天在嘹亮地响。

雨是最寻常的，一下就是三两天。可别恼。看，像牛毛，像花针，像细丝，密密地斜织着，人家屋顶上全笼着一层薄烟。树叶子却绿得发亮，小草也青得逼你的眼。傍晚时候，上灯了，一点点黄晕的光，烘托出一片安静而和平的夜。乡下去，小路上，石桥边，有撑起伞慢慢走着的人；还有地里工作的农夫，披着蓑，戴着笠的。他们的草屋，稀稀疏疏的，在雨里静默着。

天上风筝渐渐多了，地上孩子也多了。城里乡下，家家户户，老老小小，他们也赶趟儿似的，一个个都出来了。舒活舒活筋骨，抖擞抖擞精神，各做各的一份事去。"一年之计在于春"，刚起头儿，有的是工夫，有的是希望。

春天像刚落地的娃娃，从头到脚都是新的，他生长着。

春天像小姑娘，花枝招展的，笑着，走着。

春天像健壮的青年，有铁一般的胳膊和腰脚，他领着我们上前去。

彝族年

阿史朝波　格尔大海

凉山彝族人民有两大传统节日，一个是"都宰"，即火把节；一个是"库史"，即彝族年。彝族年是凉山彝族人民的传统年节，正如汉族过春节。

一

彝族人民过彝族年有三层意思：一是庆贺丰收，二是祭祀祖先，三是祈祷来年丰收。彝族年一般在秋收后的彝历兔月（农历十月）内择吉日而过。择日方法不尽相同，有的请"毕摩"占卜而定，有的按彝历择日确定，但有一点是相同的，即若遇过年的吉日有人死亡，便须推延年节，另择吉日过年。按传统的彝历计算，选猴日和虎日过年为最佳，忌猪日和龙日过年。

吉日择定后，人们就开始忙碌起来，准备各种年货，喜迎彝族年的到来。过年前一天，家家户户都要打扫室内外卫生，清洗干净年各种炊具，推豆花，一则表示即将过年，二则以此迎接祖魂回家过年。

彝族年节期为三天。第一天叫"库史"，意为正式过年。这天清晨，各家门前烧起堆火，浓烟直升云天，其意有二：一是为祈丰年，二是为请祖先。然后将装好燕麦炒面和碗筷的口袋，经进行传统仪式后，挂在主位的上方，意为请祖先们食用。其后开始煮饭，准备杀猪。彝族杀年猪十分讲究，一般不用白色的猪和老母猪过年，也忌用短尾或红嘴猪过年。一个村寨，一般先杀长辈家的过年猪，依次进行。杀过年猪时要举行简短的仪式。忌杀过人或打死过猫、狗、猴等动物的人宰杀过年猪。杀猪前先斟酒敬祖，后敬杀猪者，屠者操刀而立，手捧木制酒碗，一饮而尽。杀猪时须拴好猫，不能让其沾染血迹。猪被杀死后，置于院坝内，用蕨芨草烧，边烧边用刀除去毛和灰，待猪皮烧至黄色即可。然后才按杀过年猪的规矩开始宰杀，砍下四肢，取些猪肉和猪内脏烧熟，置于主位上方祭祖。再取出猪胆、脾、肺等，并砍下猪头，肢解好猪身放在祖位上祭祖。过年时，要看猪胆和脾或肺以卜吉凶。如果胆汁色变量少、脾歪斜不正、心肺色花，便视其为凶，就须在一月内重新过年以求来年安康。米饭和坨坨肉煮好后，先各舀一盆，放上汤勺祭祖先。此时，男主人还念着彝语，念完后放置在祖位上，然后全家才才开始正式吃年饭。

第二天叫"多博"，意为尽情欢乐。孩子们做"咸史那古格"的集体分食食品的游戏；青年男女身着节日盛装聚在一起，吹拨着动听的口弦，弹奏着悦耳的月琴，进行各种娱乐活动。男人们成群结队地挨家挨户串门，向主人祝贺新年，举杯畅饮。妇女们则留在家中，热情招待来访的亲朋好友。

第三天叫"阿甫格基"，意为送祖归天。在彝族传统的观念中，认为祖先之魂已同家人团聚，这天该启程归天。东方未晓，人们就早早起来，煮熟祭品，将装有炒面的口袋挂在门口，屋内的篾笆上也摆起各种食物，这时男主人念着送别的祭语，小孩们手拿盐、木盆站在门口高声呼喊着各种家禽和牲畜的名字，意即送祖先祈平安。

二

宗教信仰，是彝族文化传统的重要内容。彝族宗教信仰的主要形式是原始宗教，其核心内容是灵魂崇拜和祖先崇拜。彝族人民欢度彝族年，有诸多不成文的规矩。祭祀祖先是过彝年必不可少的内容之一。彝族深信人有三魂，人死后一魂升天寻祖，一魂守于坟墓，一魂游荡于人间。灵魂不死的观念在彝人心目中根深蒂固。认为家人的安康与幸福，子孙的繁衍与兴旺，全靠祖魂的保佑，故而过彝年祭祖先的习俗，延续至今。按照传统的风俗，过年前一天，必须举行一定仪式，请祖先之魂回家与家人共度年节；过年这天早晨，如家中有祖先的灵牌，须杀一只公鸡祭祀祖先；杀过年猪时，先要取些猪肉和内脏，烧熟后放在肉盘里祭祀祖先，请他们食用；用于过年的美酒，未请祖魂品尝，他人一律不得开坛饮之。第一餐年饭，要先请祖先食用，家人才能举杯畅饮，开怀饱食。过完年后，要举行仪式送祖魂启程归天。还要择吉日举行"库九"（类似春节的元宵节）的仪式，将猪头砍成砣砣肉煮熟，祭祖以示彝年已过完，所择选的吉日必须是年后的第五天或第七天，以单数依次进行，但一般不超过第十五天。这样，彝族年才算真正过完。

彝族年作为彝族的传统节日，至今尚保留着古老的风俗。彝族年吉日的选择要严格按彝历择定。过年时供祖先食用的物品和各种年货要专门准备，过年用的柴、米、酒、菜等必须是新的；过年的三天三夜，禁忌火塘里的火熄灭，如熄灭则视为不吉利；三天内夫妻之间不能吵嘴，更不能打架。如果一个村寨有因家庭贫寒而未杀过年猪的人户，全村每户人都要送一块肉，以示关心和团结。

三

拜年是过彝族年的一大内容。历时三天的年刚过完，彝族人民就忙于走亲拜年。年幼者到长辈家拜年，弟妹到兄姐家拜年，子女到父母家拜年，其中尤以夫妻俩到女方父母家拜年最为讲究，拜年货极为丰富，且越多越好。如父母或岳父母已去世，就须到长兄家拜年。拜年货除大块的猪肉外，还必须有美酒、冻肉、香肠等。

彝族是一个十分好客的民族。彝族有句谚语"过年是吃的节日，火把节是玩的节日"，故而过彝族年特别讲究吃。平时客人一到家，首先要敬献美酒，然后杀猪宰羊款待客人，以杀四只脚（牛、羊、猪）为最高礼节。但过年期间，一般不杀牲畜招待客人，俗有"过年不杀牲"的习俗。彝族年期间，无论你是外乡人，还是本地人，只要你走进那热情好客的彝家，迎接你的是一张张欢乐的笑脸，端到你面前的是大碗大碗的美酒，还有那资格的冻肉和风味独特的坨坨肉……

随着凉山经济的发展，彝族人民生活水平的日益提高，凉山彝族年一年比一年热闹，彝族人民的生活会更加幸福美好。

2. 凝重型。语势较平稳，多抑少扬，顿挫较多且时间较长，语速偏慢，字音沉着、坚实、有力。

国家荣誉感（节选）

冯骥才

一个大问题一直盘踞在我脑袋里：

世界杯怎么会有如此巨大的吸引力？除去足球本身的魅力之外，还有什么超乎其上而更伟大的东西？

近来观看世界杯，忽然从中得到了答案：是由于一种无上崇高的精神情感——国家荣誉感！

地球上的人都会有国家的概念，但未必时时都有国家的感情。往往人到异国，思念家乡，心怀故国，这国家概念就变得有血有肉，爱国之情来得非常具体。而现代社会，科技昌达，信息快捷，事事上网，世界真是太小太小，国家的界限似乎也不那么清晰了。再说足球正在快速世界化，平日里各国球员频繁转会，往来随意，致使越来越多的国家联赛都具有国际的因素。球员们不论国籍，只效力于自己的俱乐部，他们比赛时的激情中完全没有爱国主义的因子。

然而，到了世界杯大赛，天下大变。各国球员都回国效力，穿上与光荣的国旗同样色彩的服装。在每一场比赛前，还高唱国歌以宣誓对自己祖国的挚爱与忠诚。一种血缘情感开始在全身的血管里燃烧起来，而且立刻热血沸腾。

在历史时代，国家间经常发生对抗，好男儿戎装卫国。国家的荣誉往往需要以自己的生命去换取。但在和平时代，唯有这种国家之间大规模对抗性的大赛，才可以唤起那种遥远而神圣的情感，那就是：为祖国而战！

西昌卫星发射中心

佚名

发射人造卫星，是人类征服地球引力、开发利用外层空间资源的一个巨大进步。当1970年4月24日我国第一颗人造地球卫星发射升空，悠扬的《东方红》乐曲响彻苍穹时，一支肩负着神圣使命的航天大军，从茫茫戈壁悄悄开赴到了这个深山峡谷中。弹指一挥间，仅仅十多年时间，一座现代化的航天城便雄姿勃发，巍然挺立。

1984年1月29日20时24分，中国西昌卫星发射中心向天空发射了第一颗实验卫星。

这座现代化的高科技卫星发射中心为什么要建在山沟里呢？据航天专家介绍说，因为这里具有"天然发射场"的优越条件：一是纬度低（北纬28.2度），海拔高（1500米），发射的倾角好，地空距离短；二是晴好天气多，"发射窗口"好；三是交通、通信条件好。

1986年，西昌卫星发射中心宣布正式对外开放，卫星发射中心开始成为西昌旅游中不可多得的一道景观，成为成千上万游客共同的选择。连前来参观的外国游人和航天专家都感到惊讶。美国国防部前部长温伯格一踏进指挥控制中心，就失声连叫"休斯敦！休斯敦"！

车入山谷，远远看见巍峨耸立的发射塔架，这便是卫星升空的天梯。到发射场下车，人们无不惊叹眼前这些高科技的宏伟工程。二号发射工位是目前亚洲最高的发射塔，它由一座高97米、重4500吨的活动勤务塔和高74米、重1040余吨的固定脐带塔以及三座175米高的避雷塔组成。活动塔又可以在50米长的轨道上往返行走，火箭、卫星的吊装、对接、检测和燃料的加注工作都可以在塔上进行。塔上水、电、气、空调等设施完善，卫星工作区的环境超过了10万级净化的国际标准。"奥星"就是在这个发射塔用"长征二号E"火箭发射的。三号发射工位有一座高77米的固定式发射勤务塔，塔上有11层可作180度水平旋转的工作平台，主要用于"长征三号"火箭的发射。经技术区水平测试装配后的星箭，用车辆牵引到这里，对接起竖在发射塔上。铁塔上的三箍铁臂紧抱火箭，火箭顶端安放卫星。当铁臂张开，第一级火箭点燃，火箭底部便喷射出通红火焰，从导流槽引向对面山坡。巨大的反作用力把星箭推入太空，发出惊天动地的巨响。23秒钟后，星箭按程序转弯进入轨道平面，

二、三级火箭相继脱落，卫星再经过 20 分钟运行，即进入离地面 36000 公里的地球同步轨道。

离发射场区不远的山坳里，一幢幢乳白色的高大建筑隐没在密林浓荫之中，这是火箭发射的技术场区，有转载间、测试大厅、火箭单元测试楼、卫星远地点发动机测试间、卫星检漏厂房和卫星加注总装厂房，以及固体火箭探伤厂房等，是卫星进行装配加注测试及火箭水平测试的地方。

位于山谷口左侧的指挥控制大厅距发射区 6 公里，是发射中心的大脑和中枢神经，也是最具神秘色彩的电脑王国。对卫星发射的指挥、安全控制、数据交换、试验通讯和结果处理等先进技术都由这里控制。大厅的正面是一块长 5.3 米、高 4 米的大型电视屏幕，屏幕两侧有许多信号显示版，可以显示发射场工作情况，火箭卫星的测试参数，星箭运行状态等。五颜六色的指示灯像宫殿里的宝石一般闪烁不停，令参观者称奇。

当然，观看卫星发射实况的最佳位置不是在指挥控制大厅，而是指挥控制大厅的楼顶平台。每当发射卫星时，前来观看的中央首长、外宾和国内各界代表、游客，都在这里屏息静候。当那辉煌的一瞬出现时，平台上的尊贵客人和山野间昂首伫望的彝族同胞，一起欢呼跳跃。大厅内的中外专家们更是喜形于色，鼓掌祝贺，欢呼之声不绝于耳。

此时，神秘的山谷便沸腾开来，崛起的航天城再一次度过难眠而让人铭记的美好时光。

3. 低沉型。声音偏暗偏沉，句尾落点多显沉重，语速较缓慢。

卖火柴的女孩

安徒生

天冷极了，下着雪，又快黑了。这是一年的最后一天——大年夜。在这又冷又黑的晚上，一个光着头赤着脚的小女孩在街上走着。她从家里出来的时候还穿着一双拖鞋，但是有什么用呢？那是一双很大的拖鞋——那么大，一向是她妈妈穿的。她穿过马路的时候，两辆马车飞快地冲过来，吓得她把鞋都跑掉了。一只怎么也找不着，另一只叫一个男孩捡起来拿着跑了。他说，将来他有了孩子可以拿它当摇篮。

小女孩只好赤着脚走，一双小脚冻得红一块青一块的。她的旧围裙里兜着许多火柴，手里还拿着一把。这一整天，谁也没买过她一根火柴，谁也没给过她一个钱。

可怜的小女孩！她又冷又饿，哆哆嗦嗦地向前走。雪花落在她的金黄的长头发上，那头发打成卷儿披在肩上，看上去很美丽，不过她没注意这些。每个窗子里都透出灯光来，街上飘着一股烤鹅的香味，因为这是大年夜——她可忘不了这个。

她在一座房子的墙角里坐下来，蜷着腿缩成一团。她觉得更冷了。她不敢回家，因为她没卖掉一根火柴，没挣到一个钱，爸爸一定会打她的。再说，家里跟街上一样冷。他们头上只有个房顶，虽然最大的裂缝已经用草和破布堵住了，风还是可以灌进来。

她的一双小手几乎冻僵了。啊,哪怕一根小小的火柴,对她也是有好处的!她敢从成把的火柴里抽出一根,在墙上擦燃了,来暖和暖和自己的小手吗?她终于抽出了一根。哧!火柴燃起来了,冒出火焰来了!她把小手拢在火焰上。多么温暖多么明亮的火焰啊,简直像一支小小的蜡烛。这是一道奇异的火光!小女孩觉得自己好像坐在一个大火炉前面,火炉装着闪亮的铜脚和铜把手,烧得旺旺的,暖烘烘的,多么舒服啊!哎,这是怎么回事呢?她刚把脚伸出去,想让脚也暖和一下,火柴灭了,火炉不见了。她坐在那儿,手里只有一根烧过了的火柴梗。

她又擦了一根。火柴燃起来了,发出亮光来了。亮光落在墙上,那儿忽然变得像薄纱那么透明,她可以一直看到屋里。桌上铺着雪白的台布,摆着精致的盘子和碗,肚子里填满了苹果和梅子的烤鹅正冒着香气。更妙的是这只鹅从盘子里跳下来,背上插着刀和叉,摇摇摆摆地在地板上走着,一直向这个穷苦的小女孩走来。这时候,火柴又灭了,她面前只有一堵又厚又冷的墙。

她又擦着了一根火柴。这一回,她坐在美丽的圣诞树下。这棵圣诞树,比她去年圣诞节透过富商家的玻璃门看到的还要大,还要美。翠绿的树枝上点着几千支明晃晃的蜡烛,许多幅美丽的彩色画片,跟挂在商店橱窗里的一个样,在向她眨眼睛。小女孩向画片伸出手去。这时候,火柴又灭了。只见圣诞树上的烛光越升越高,最后成了在天空中闪烁的星星。有一颗星星落下来了,在天空中划出了一道细长的红光。

"有一个什么人快要死了。"小女孩说。唯一疼她的奶奶活着的时候告诉过她:一颗星星落下来,就有一个灵魂要到上帝那儿去了。

她在墙上又擦着了一根火柴。这一回,火柴把周围全照亮了。奶奶出现在亮光里,是那么温和,那么慈爱。

"奶奶!"小女孩叫起来,"啊!请把我带走吧!我知道,火柴一灭,您就会不见的,像那暖和的火炉,喷香的烤鹅,美丽的圣诞树一个样,就会不见的!"

她赶紧擦着了一大把火柴,要把奶奶留住。一大把火柴发出强烈的光,照得跟白天一样明亮。奶奶从来没有像现在这样高大,这样美丽。奶奶把小女孩抱起来,搂在怀里。她们俩在光明和快乐中飞走了,越飞越高,飞到那没有寒冷,没有饥饿,也没有痛苦的地方去了。

第二天清晨,这个小女孩坐在墙角里,两腮通红,嘴上带着微笑。她死了,在旧年的大年夜冻死了。新年的太阳升起来了,照在她小小的尸体上。小女孩坐在那儿,手里还捏着一把烧过了的火柴梗。

"她想给自己暖和一下……"人们说。谁也不知道她曾经看到过多么美丽的东西,她曾经多么幸福,跟着她奶奶一起走向新年的幸福中去。

父亲的去世(节选)

吉布鹰升

父亲是我们家族最后一位离世的父辈,他生前待伯叔的子女不错。哭父亲时,我能感知到伯叔的子女的哭是彻肺裂心的哭,是从此与父辈生死别离再不相见的哭。他们哭出的词悲怆叫人断肠,一句句,一段段,时歇时绕在土屋里外。因为是对最后一位父辈的哭别、忆念,我仿佛觉得他们哭的那个人,不只是父亲,也是已故的伯叔。而与我们隔代较远的族亲,或者不是我们的族亲,他们的哭,似乎只是族人的一种习俗,不带任何情感,哭几声便止了。我看到了悲痛与不悲痛间的距离,看到了死者亲眷和不是亲眷的两种截然不同的表情。父亲的死是隆重的,他的去世如我记忆里祖父、二叔的去世,使山里山外的亲戚在一天集聚起来。父亲在天之灵应感宽慰。这天,人流向村庄土屋涌来时,整个村庄鞭炮声声,哭泣阵阵。土屋里传来的悲泣声划破了村庄平时寂静的天空。父亲躺在木架上,双目永闭,脸色灰黑。我从他表情里似乎看到了他在那里还继续受着病魔的痛苦。有时让我想到他已经走远了,哭又有何用,它只能使人更悲。有时族亲们悲怆的哭声传到我耳际时,我声音哽咽,泪水扑簌,很想哭,却哭不出一段词来,一两句便止了。土屋里有老人酒微醺,勉励哭父亲者现在不哭,什么时候哭。这话偶尔让我听到时,我为哭不出一段完整的词自责,尴尬,愧疚,甚至使我在族人前无地自容。

屋院坝,村里两位老人用干木条和屋顶盖的干木板和白布捆编好木抬架,我知道那意味着父亲就要离开他亲手盖建的这座老屋了。望着木抬架,我的泪水扑簌簌落了。村里几位年青男人用已编好的木抬架抬出父亲遗体出来,屋里屋外亲戚们哭喊悲泣,充斥了土屋上空。父亲遗体从土屋里抬了出来时,父亲的侄儿女们用劈来的绿树叶枝拍打土屋的木门和父亲遗体旁,有泪如泉涌的,也有泣不成声的。死亡的告别是如此悲壮!亲族的悲泣和送葬队伍的壮观,形成了一条穿越时空的河流。众人疾步匆匆,一路跟在抬父亲的人后面,用绿叶树枝拍打的,哭喊的,一直到了村口河边,停下了。按家乡彝人的规矩,毕摩念经做法事,边念经边向他后面送葬的人群抛撒些米,唰唰声一次次从半空中落下来,后面的人群争相用双手或兜着擦尔瓦和衣服来接。据说,谁接得多,谁就有福气。而后,毕摩用母亲备好的四只鸡念经后,将活鸡逐一给了我们兄妹四人。据说,用活鸡来招魂,可以不让我们兄妹和母亲的魂跟父亲走。鸡是不能掉的,养在家里宰杀时,也只有自家人吃的。但我的内心来不及装着祖辈们信奉的这些事,只想到从此父亲和我们隔成了两界,永不相见了。毕摩做完法事,抬父亲的过了河岸,我准备跟随在后好好送父亲一路时,被母亲劝住了。按族人的习惯,此时,众人停住脚步,不再前往,眼望抬父亲的一步步上了河岸那边山坡地……我想起了,十几年前,二姑、大姑、二叔相继病逝火化的情景和场面,被父亲真实地经历体验着。而今,我又真实地经历体验到了这种情景和场面。

4. 高亢型。声音明亮高亢，势不可遏，语速偏快，带有昂扬急进亢奋的特点。

白杨礼赞

茅盾

白杨树实在是不平凡的，我赞美白杨树！

当汽车在望不到边际的高原上奔驰，扑入你的视野的，是黄绿错综的一条大毡子；黄的，那是土，未开垦的处女土，几十万年前由伟大的自然力所堆积成功的黄土高原的外壳；绿的呢，是人类劳力战胜自然的成果，是麦田，和风吹送，翻起了一轮一轮的绿波——这时你会真心佩服昔人所造的两个字"麦浪"，若不是妙手偶得，便确是经过锤炼的语言的精华。黄与绿主宰着，无边无垠，坦荡如砥，这时如果不是宛若并肩的远山的连峰提醒了你（这些山峰凭你的肉眼来判断，就知道是在你脚底下的），你会忘记了汽车是在高原上行驶。这时你涌起来的感想也许是"雄壮"，也许是"伟大"，诸如此类的形容词，然而同时你的眼睛也许觉得有点倦怠，你对当前的"雄壮"或"伟大"闭了眼。而另一种味儿在你的心头潜滋暗长了——"单调"！可不是，单调，有一点儿吧。

然而刹那间，要是你猛抬眼看见了前面远远地有一排——不，或者甚至只是三五株，一株，傲然地耸立，像哨兵似的树木的话，那你的恹恹欲睡的情绪又将如何？我那时是惊奇地叫了一声的。

那就是白杨树，西北极普通的一种树，然而实在不是平凡的一种树。

那是力争上游的一种树，笔直的干，笔直的枝。它的干呢，通常是丈把高，像是加以人工似的，一丈以内绝无旁枝；它所有的桠枝呢，一律向上，而且紧紧靠拢，也像是加以人工似的，成为一束，绝无横斜逸出；它的宽大的叶子也是片片向上，几乎没有斜生的，更不用说倒垂了；它的皮，光滑而有银色的晕圈，微微泛出淡青色。这是虽在北方的风雪的压迫下却保持着倔强挺立的一种树！哪怕只有碗来粗细罢，它却努力向上发展，高到丈许，二丈，参天耸立，不折不挠，对抗着西北风。

这就是白杨树，西北极普通的一种树，然而绝不是平凡的树！

它没有婆娑的姿态，没有屈曲盘旋的虬枝，也许你要说它不美丽——如果美是专指"婆娑"或"横斜逸出"之类而言，那么白杨树算不得树中的好女子；但是它却是伟岸，正直，朴质，严肃，也不缺乏温和，更不用提它的坚强不屈与挺拔，它是树中的伟丈夫！当你在积雪初融的高原上走过，看见平坦的大地上傲然挺立这么一株或一排白杨树，难道你就只觉得树只是树，难道你就不想到它的朴质，严肃，坚强不屈，至少也象征了北方的农民；难道你竟一点儿也不联想到，在敌后的广大土地上，到处有坚强不屈，就像这白杨树一样傲然挺立的守卫他们家乡的哨兵！难道你又不更远一点想到这样枝枝叶叶靠紧团结，力求上进的白杨树，宛然象征了今天在华北平原纵横激荡用血写出新中国历史的那种精神和意志。

白杨不是平凡的树，它是西北极普遍，不被人重视，就跟北方农民相似；它有极强的生命力，磨折不了，压迫不倒，也跟北方的农民相似。我赞美白杨树，就因为它不但象征了北方的农民，尤其象征了今天我们民族解放斗争中所不可缺的朴质，坚强，力求上进的精神。

让那些看不起民众，贱视民众，顽固的倒退的人们去赞美那贵族化的楠木（那也是直挺秀颀的），去鄙视这极常见，极易生长的白杨吧，但是我要高声赞美白杨树！

彝海结情谊

马德清

彝海结盟，是中国革命史上光辉的一页。

彝海作证，凉山彝族人，对中国革命的成功，做出了贡献。作家们沿着当年红军走的路，来到了彝海。这里，屹立着一座雄伟的石雕，刘伯承和小叶丹对着蓝天举起酒杯结盟。江泽民同志的题词"彝海结盟纪念碑"在阳光下闪闪放光。

这里风和日丽，青山绿水，真是个风水宝地。

冕宁县农行的同志在凉山州农行行长阿卓哈布的精心安排下，早已安排了别有风味的野餐。彝海边的草地上，炊烟弥漫。烧洋芋、烧烤崽猪、煮羊肉坨坨，香味四溢。作家和大家一起端起酒杯唱起酒歌，缅怀当年红军，歌唱今天的欢乐。

邓友梅拉着骆玉祥的手，走到湖边，和何绍勇拍了一张照片，然后说："当年，是刘伯承和小叶丹在这里结盟，为的是打江山。今天，我们又在这里相聚，是为了民族大团结，为了歌唱美好的江山，我们应该记住这段历史，维护和书写我们的民族团结，这是我们这一代的责任。"

作家们和凉山人自愿组合，双双手拉手，坐在当年刘伯承和小叶丹结盟的石板上举行"文化结盟"仪式。一阵阵的欢呼声，在彝海久久回荡，震撼着人们的心灵。

六十多年前，中国工农红军在凉山彝人的支持下，顺利通过彝区，摆脱了国民党反动派的围追堵截。今天，中国知名作家继承红军的传统，到凉山采风，和凉山人民交朋友，书写凉山的发展凉山的变化，更有一种特殊的感情。

作家们看着富有神奇色彩的彝海，思绪万千，心情久久不能平静。

那涛声的激荡，那松涛的轻鸣，那歌声的起伏，汇集为一种回忆、一种欢愉、一种向往、一种希望。

5. 舒缓型。气息长而稳，声音轻松明朗，语势轻柔舒展，缓慢。

济南的冬天（节选）

老舍

对于一个在北平住惯的人，像我，冬天要是不刮风，便觉得是奇迹；济南的冬天是没有风声的。对于一个刚由伦敦回来的人，像我，冬天要能看得见日光，便觉得是怪事；济南的冬天是响晴的。自然，在热带的地方，日光永远是那么毒，响亮的天气，反有点儿叫人害怕。可是，在北方的冬天，而能有温晴的天气，济南真得算个宝地。

设若单单是有阳光，那也算不了出奇。请闭上眼睛想：一个老城，有山有水，全在天底下晒着阳光，暖和安适地睡着，只等春风来把它们唤醒，这是不是理想的境界？小山把济南围了个圈儿，只有北边缺着点口儿。这一圈小山在冬天特别可爱，好像是把济南放在一个小摇篮里，它们安静不动地低声地说："你们放心吧，这儿准保暖和。"真的，济南的人们在冬天是面上含笑的。他们一看那些小山，心中便觉得有了着落，有了依靠。他们由天上看到山上，便不知不觉地想起：明天也许就是春天了吧？这样的温暖，今天夜里山草也许就绿起来了吧？就是这点儿幻想不能一时实现，他们也并不着急，因为这样慈善的冬天，干什么还希望别的呢！

最妙的是下点儿小雪呀。看吧，山上的矮松越发的青黑，树尖儿上顶着一髻儿白花，好像日本看护妇。山尖儿全白了，给蓝天镶上一道银边。山坡上，有的地方雪厚点儿，有的地方草色还露着；这样，一道儿白，一道儿暗黄，给山们穿上一件带水纹儿的花衣；看着看着，这件花衣好像被风儿吹动，叫你希望看见一点儿更美的山的肌肤。等到快日落的时候，微黄的阳光斜射在山腰上，那点儿薄雪好像忽然害羞，微微露出点儿粉色。就是下小雪吧，济南是受不住大雪的，那些小山太秀气。

婚礼

佚名

送亲的跋山涉水，一路风尘。凉山彝族送亲一般都步行，只有新娘或送亲的老前辈才能骑马。新娘的侄女们如果知道新娘要路过，都要在路上接待，给新娘敬油炒饭，给送亲的人敬酒。这是一种礼节，一种祝愿，一种亲情。

婚礼就其规模来说，有大有小，按各家的经济情况而定。但是，基本的程序和仪式都得进行。当然，现在也有被简化了的婚礼。

当太阳快落坡的时候，把新娘接到新郎家附近歇息，寨子上新郎的侄女们前来敬酒敬油炒饭。主人家为客人敬酒接风洗尘，以示尊重和慰劳。

此时此刻，最着急的还是寨子上那些女人们，她们早就摩拳擦掌，跃跃欲试，为泼水大显身手。

但不能给新娘泼水，只能给送亲来的客人泼水。

女人们和客人们正在水战的时候，新娘被背进房。

新娘被背来即将跨门槛时，主人家的主妇在门槛前迎接，扯去新娘头上的红头绳，毕摩念经，新娘进入新房。客人以辈分的高矮按次序就座，这时候，断断续续的泼水还在进行。主人家口头在招呼"不要泼水了，客人们该休息了"，实际上还在用眼神和小动作悄悄地怂恿泼水的女人们。

婚宴上都兴吃坨坨牛羊猪肉，喝碗碗酒，七八个人围成一圈，席地而坐。

新娘和背新娘的小伙子一起用餐，其他人不得与新娘一起用餐。

婚宴过后，给新娘梳妆，抢油炒饭，这是一种仪式，十分有趣。

给新娘梳妆的必须是和新娘属相相符的新娘的妹妹或叔伯妹妹。梳妆前，主人家端来一碗香喷喷的油炒饭和一杯酒，由毕摩念经后让新娘先尝一口，表示新娘已经接受。宣布梳妆完毕，客人和主人就开始抢油炒饭。按风俗，谁抢得多谁就会得到幸福，谁就会吉利。所以，抢油炒饭，是一场十分激烈的争夺战，谁也不让谁，哪怕是抢到一颗也算得到了安慰。

这时候，主人和客人各选出口才最好的演讲者，开始对口演讲。

这种演讲具有明显的挑战性、广泛的知识性和趣味性，要有应变能力，要回答对方的问题。一般先由主人演讲，说一些客气话，然后才进入挑战性的演讲。主客对峙，谁也不让谁，谁也不服输。那演讲者，口若悬河，古今中外，内容无所不包，天南地北，精彩至极。有的能说到鸡叫，语言内容不重复。

在院子里，年轻的主人和客人在组织摔跤比赛。

在月光下，也有男女青年在窃窃私语，口弦声，月琴声，让人心旷神怡。

6. 紧张型。多扬少抑、多重少轻、气较促、音较短、语速较快。

最后一次演讲（节选）

闻一多

反动派暗杀李先生的消息传出以后，大家听了都悲愤痛恨。我心里想，这些无耻的东西，不知他们是怎么想法，他们的心理是什么状态，他们的心怎样长的！（捶击桌子）其实简单，他们这样疯狂的来制造恐怖，正是他们自己在慌啊！在害怕啊！所以他们制造恐怖，其实是他们自己在恐怖啊！特务们，你们想想，你们还有几天？你们完了，快完了！你们以为打伤几个，杀死几个就可以了事，就可以把人民吓倒了吗？其实广大的人民是打不尽的，杀不完的！要是这样可以的话，世界上早没有人了。

你们杀死一个李公朴，会有千百万个李公朴站起来！你们将失去千百万的人民！你们看着我们人少，没有力量？告诉我们，我们的力量大得很，强得很！看今天来的这些人都是我们的人，都是我们的力量！此外还有广大的市民！我们有这个信心：人民的力量是要胜利的，真理是永远是要胜利的，真理是永远存在的。历史上没有一个反人民的势力不被人民毁灭的！希特勒，墨索里尼，不都在人民之前倒下去了吗？翻开历史看看，你们还站得住几天！你们完了，快了！快完了！我们的光明就要出现了。我们看，光明就在我们眼前，而现在正是黎明之前那个最黑暗的时候。我们有力量打破这个黑暗，争到光明！我们光明，恰是反动派的末日！

猎人与熊（节选）

吉布鹰升

　　那只猎狗，忽而蹿到前面去了，忽而又落在了身后，嗅着什么，忽而对飞栖在某棵大树上的鸟儿狂吠几声。经过一座悬崖下，忽然那只猎狗狂吠着，然后冲在前面消失了。猎人叫唤着猎狗，"小虎……小虎……"，一会儿，他听到远处那只他命为"小虎"的猎狗的惨叫声。他走入了密林深处，那里一头母黑熊带着一只小黑熊，蹿入了山谷密林里。他举起了枪，瞄准"啵……"一声，受惊吓的母熊和幼崽一起仓皇而逃，消失在前方。那只猎狗已经被黑熊咬死了，背部的皮毛被撕下一块，其状惨不忍睹，猎人也被吓出一身冷汗。但是，他还不知道那只黑熊幼崽被他枪伤了，他更不知道，在这个夜晚，他的羊被复仇的母黑熊咬死了几只。第二天，猎人起来发现了被咬死的羊。可是那些羊，熊并没有把它们吃掉。于是，猎人感到非常奇怪。他再次扛上猎枪，来到那座悬崖，看见了那只受枪伤的幼熊，母熊在那里舔幼熊的伤口。猎人见此，不免伤心起来。可是，他作为猎人的本能又驱使他举起了猎枪，这次受伤的是母熊。猎人准备开第二枪时，母熊从树林里逃窜，丢下了受伤的幼熊。不料，狡猾的母熊出其不意地，突然从猎人身后蹿出，咬住那管猎枪。猎人和熊抱成一团，扑咬厮打着滚下了百米深的悬崖，悲惨地死了。幼熊悲叫，久久地守望着母熊的尸体，眼睛里闪出悲伤的泪花。后来，猎人的一位远方亲人来到这里，抱走了那只幼熊，治愈了它的伤口，把它放归了这片林子。从此，在这里再也见不到人影，只有那几座孤独而矮小的木屋依然在荒僻的密林深处，在风雨飘摇中几度坍塌衰败。

第三节　普通话水平测度朗读短文 60 篇

1. 海洋与生命

　　生命在海洋里诞生绝不是偶然的，海洋的物理和化学性质，使它成为孕育原始生命的摇篮。

　　我们知道，水是生物的重要组成部分，许多动物组织的含水量在百分之八十以上，而一些海洋生物的含水量高达百分之九十五。水是新陈代谢的重要媒介，没有它，体内的一系列生理和生物化学反应就无法进行，生命也就停止。因此，在短时间内动物缺水要比缺少食物更加危险。水对今天的生命是如此重要，它对脆弱的原始生命，更是举足轻重了。生命在海洋里诞生，就不会有缺水之忧。

水是一种良好的溶剂。海洋中含有许多生命所必需的无机盐，如氯化钠、氯化钾、碳酸盐、磷酸盐，还有溶解氧，原始生命可以毫不费力地从中吸取它所需要的元素。

水具有很高的热容量，加之海洋浩大，任凭夏季烈日暴晒，冬季寒风扫荡，它的温度变化却比较小。因此，巨大的海洋就像是天然的"温箱"，是孕育原始生命的温床。

阳光虽然为生命所必需，但是阳光中的紫外线却有扼杀原始生命的危险。水能有效地吸收紫外线，因而又为原始生命提供了天然的"屏障"。

这一切都是原始生命得以产生和发展的必要条件。

（节选自童裳亮《海洋与生命》）

2. 莫高窟

在浩瀚无垠的沙漠里，有一片美丽的绿洲，绿洲里藏着一颗闪光的珍珠。这颗珍珠就是敦煌莫高窟。它坐落在我国甘肃省敦煌市三危山和鸣沙山的怀抱中。

鸣沙山东麓是平均高度为十七米的崖壁。在一千六百多米长的崖壁上，凿有大小洞窟七百余个，形成了规模宏大的石窟群。其中四百九十二个洞窟中，共有彩色塑像两千一百余尊，各种壁画共四万五千多平方米。莫高窟是我国古代无数艺术匠师留给人类的珍贵文化遗产。

莫高窟的彩塑，每一尊都是一件精美的艺术品。最大的有九层楼那么高，最小的不如一个手掌大。这些彩塑个性鲜明，神态各异。有慈眉善目的菩萨，有威风凛凛的天王，还有强壮勇猛的力士……

莫高窟壁画的内容丰富多彩，有的是描绘古代劳动人民打猎、捕鱼、耕田、收割的情景，有的是描绘人们奏乐、舞蹈、演杂技的场面，还有的是描绘大自然的美丽风光。其中最引人注目的是飞天。壁画上的飞天，有的臂挎花篮，采摘鲜花；有的反弹琵琶，轻拨银弦；有的倒悬身子，自天而降；有的彩带飘拂，漫天邀游；有的舒展着双臂，翩翩起舞。看着这些精美动人的壁画，就像走进了灿烂辉煌的艺术殿堂。

莫高窟里还有一个面积不大的洞窟——藏经洞。洞里曾藏有我国古代的各种经卷、文书、帛画、刺绣、铜像等共六万多件。由于清朝政府腐败无能，大量珍贵的文物被外国强盗掠走。仅存的部分经卷，现在陈列于北京故宫等处。

莫高窟是举世闻名的艺术宝库。这里的每一尊彩塑、每一幅壁画、每一件文物，都是中国古代人民智慧的结晶。

（节选自佚名《莫高窟》）

3. "能吞能吐"的森林

　　森林涵养水源，保持水土，防止水旱灾害的作用非常大。据专家测算，一片十万亩面积的森林，相当于一个两百万立方米的水库，这正如农谚所说的："山上多栽树，等于修水库。雨多它能吞，雨少它能吐。"

　　说起森林的功劳，那还多得很。它除了为人类提供木材及许多种生产、生活的原料之外，在维护生态环境方面也是功劳卓著，它用另一种"能吞能吐"的特殊功能孕育了人类。因为地球在形成之初，大气中的二氧化碳含量很高，氧气很少，气温也高，生物是难以生存的。大约在四亿年之前，陆地才产生了森林。森林慢慢将大气中的二氧化碳吸收，同时吐出新鲜氧气，调节气温，这才具备了人类生存的条件，地球上才最终有了人类。

　　森林，是地球生态系统的主体，是大自然的总调度室，是地球的绿色之肺。森林维护地球生态环境的这种"能吞能吐"的特殊功能是其他任何物体都不能取代的。然而，由于地球上的燃烧物增多，二氧化碳的排放量急剧增加，使得地球生态环境急剧恶化、主要表现为全球气候变暖，水分蒸发加快，改变了气流的循环，使气候变化加剧，从而引发热浪、飓风、暴雨、洪涝及干旱。

　　为了使地球的这个"能吞能吐"的绿色之肺恢复健壮，以改善生态环境，抑制全球变暖，减少水旱等自然灾害，我们应该大力造林、护林，使每一座荒山都绿起来。

（节选自佚名《"能吞能吐"的森林》）

4. 神秘的"无底洞"

　　地球上是否真的存在"无底洞"？按说地球是圆的，由地壳、地幔和地核三层组成，真正的"无底洞"是不应存在的，我们所看到的各种山洞、裂口、裂缝，甚至火山口也都只是地壳浅部的一种现象。然而中国一些古籍却多次提到海外有个深奥莫测的无底洞。事实上地球上确实有这样一个"无底洞"。

　　它位于希腊亚各斯古城的海滨。由于濒临大海，大涨潮时，汹涌的海水便会排山倒海般地涌入洞中，形成一股湍湍的急流。据测，每天流入洞内的海水量达三万多吨。奇怪的是，如此大量的海水灌入洞中，却从来没有把洞灌满。曾有人怀疑，这个"无底洞"会不会就像石灰岩地区的漏斗、竖井、落水洞一类的地形。然而，从二十世纪三十年代以来，人们就做了多种努力企图寻找它的出口，却都是枉费心机。

为了揭开这个秘密，一九五八年美国地理学会派出一支考察队，他们把一种经久不变的带色染料溶解在海水中，观察染料是如何随着海水一起沉下去。接着又察看了附近海面以及岛上的各条河、湖，满怀希望地寻找这种带颜色的水，结果令人失望。难道是海水量太大把有色水稀释得太淡，以致无法发现？

至今谁也不知道为什么这里的海水会没完没了地"漏"下去，这个"无底洞"的出口又在哪里，每天大量的海水究竟都流到哪里去了？

(节选自罗伯特·罗威尔《神秘的"无底洞"》)

5. 西部文化和西部开发

中国西部我们通常是指黄河与秦岭相连一线以西，包括西北和西南的十二个省市、自治区。这块广袤的土地面积为五百四十六万平方公里，占国土总面积的百分之五十七；人口二点八亿，占全国总人口百分之二十三。

西部是华夏文明的源头。华夏祖先的脚步是顺着水边走的：长江上游出土过元谋人牙齿化石，距今约一百七十万年；黄河中游出土过蓝田人头盖骨，距今约七十万年。这两处古人类都比距今约五十万年的北京猿人资格更老。

西部地区是华夏文明的重要发源地。秦皇汉武以后，东西方文化在这里交汇融合，从而有了丝绸之路的驼铃声声，佛院深寺的暮鼓晨钟。敦煌莫高窟是世界文化史上的一个奇迹，它在继承汉晋艺术传统的基础上，形成了自己兼收并蓄的恢宏气度，展现出精美绝伦的艺术形式和博大精深的文化内涵。秦始皇兵马俑、西夏王陵、楼兰古国、布达拉宫、三星堆、大足石刻等历史文化遗产，同样为世界所瞩目，成为中华文化重要的象征。

西部地区又是少数民族及其文化的集萃地，几乎包括了我国所有的少数民族。在一些偏远的少数民族地区，仍保留了一些久远时代的艺术品种，成为珍贵的"活化石"，如纳西古乐、戏曲、剪纸、刺绣、岩画等民间艺术和宗教艺术。特色鲜明、丰富多彩，犹如一个巨大的民族民间文化艺术宝库。

我们要充分重视和利用这些得天独厚的资源优势，建立良好的民族民间文化生态环境，为西部大开发作出贡献。

(节选自佚名《西部文化和西部开发》)

6. 中国的宝岛——台湾

中国的第一大岛、台湾省的主岛台湾，位于中国大陆架的东南方，地处东海和南海之间，隔着台湾海峡和大陆相望。天气晴朗的时候，站在福建沿海较高的地方，就可以隐隐约约地望见岛上的高山和云朵。

台湾岛形状狭长，从东到西，最宽处只有一百四十多公里；由南至北，最长的地方约有三百九十多公里。地形像一个纺织用的梭子。

台湾岛上的山脉纵贯南北，中间的中央山脉犹如全岛的脊梁。西部为海拔近四千米的玉山山脉，是中国东部的最高峰。全岛约有三分之一的地方是平地，其余为山地。岛内有缎带般的瀑布，蓝宝石似的湖泊，四季常青的森林和果园，自然景色十分优美。西南部的阿里山和日月潭，台北市郊的大屯山风景区，都是闻名世界的游览胜地。

台湾岛地处热带和温带之间，四面环海，雨水充足，气温受到海洋的调剂，冬暖夏凉，四季如春，这给水稻和果木生长提供了优越的条件。水稻、甘蔗、樟脑是台湾的岛上"三宝"。岛上还盛产鲜果和鱼虾

台湾岛还是一个闻名世界的"蝴蝶王国"。岛上的蝴蝶共有四百多个品种，不少是世界稀有的珍贵品种。岛上还有不少鸟语花香的蝴蝶谷。岛上居民利用蝴蝶制作标本和艺术品，远销许多国家。

（节选自李恒瑞《中国的宝岛——台湾》）

7. 读书人是幸福人

我常想读书人是世间幸福人，因为他除了拥有现实的世界之外，还拥有另一个更为浩瀚也更为丰富的世界。现实的世界是人人都有的，而后一个世界却为读书人所独有。由此我想，那些失去或不能阅读的人是多么的不幸，他们的丧失是不可补偿的。世间有诸多的不平等，财富的不平等，权力的不平等，而阅读能力的拥有或丧失却体现为精神的不平等。

一个人的一生，只能经历自己拥有的那一份欣悦，那一份苦难，也许再加上他亲自闻知的那一些关于自身以外的经历和经验。然而，人们通过阅读，却能进入不同时空的诸多他人的世界。这样，具有阅读能力的人，无形间获得了超越有限生命的无限可能性。阅读不仅使他多识了草木虫鱼之名，而且可以上溯远古下及未来，饱览存在的与非存在的奇风异俗。

更为重要的是，读书加惠于人们的不仅是知识的增广，而且还在于精神的感化与陶冶。人们从读书学做人，从那些往哲先贤以及当代才俊的著述中学得他们的人格。人们从《论语》中学得智慧的思考，从《史记》中学得严肃的历史精神，从《正气歌》中学得人格的刚烈，从马克思学得人世的激情，从鲁迅学得批判精神，从托尔斯泰学得道德的执着。歌德的诗句刻写着睿智的人生，拜伦的诗句呼唤着奋斗的热情。一个读书人，一个有机会拥有超乎个人生命体验的幸运人。

（节选自谢冕《读书人是幸福人》）

8. 国家荣誉感

一个大问题一直盘踞在我脑袋里：

世界杯怎么会有如此巨大的吸引力？除去足球本身的魅力之外，还有什么超乎其上而更伟大的东西？

近来观看世界杯，突然从中得到了答案：是由于一种无上崇高的精神情感——国家荣誉感！

地球上的人都会有国家的概念，但未必时时都有国家的感情。往往人到异国，思念家乡，心怀故国，这国家概念就变得有血有肉，爱国之情来得非常具体。而现代社会，科技昌达，信息快捷，事事上网，世界真是太小太小，国家的界限似乎也不那么清晰了。再说足球正在快速世界化，平日里各国球员频繁转会，往来随意，致使越来越多的国家联赛都具有国际的因素。球员们不论国籍，只效力于自己的俱乐部，他们比赛时的激情中完全没有爱国主义的因子。

然而，到了世界杯大赛，天下大变。各国球员都回国效力，穿上与光荣的国旗同样色彩的服装。在每一场比赛前，还高唱国歌以宣誓对自己祖国的挚爱与忠诚。一种血液情感开始在全身的血管里燃烧起来，而且立刻热血沸腾。

在历史时代，国家间经常发生对抗，好男儿戎装卫国。国家的荣誉往往需要以自己的生命去换取。但在和平时代，惟有这种国家之间大规模对抗性的大赛，才可以唤起那种遥远而神圣的情感，那就是：为祖国而战！

（节选自冯骥才《国家荣誉感》）

9. 态度创造快乐

一位访美中国女作家，在纽约遇到一位卖花的老太太。老太太穿着破旧，身体虚弱，但脸上的神情却是那样祥和兴奋。女作家挑了一朵花说："看起来，你很高兴。"老太太面带微笑地说："是的，一切都这么美好，我为什么不高兴呢？""对烦恼，你倒真能看得开。"女作家又说了一句。没料到，老太太的回答更令女作家大吃一惊："耶稣在星期五被钉上十字架时，是全世界最糟糕的一天，可三天后就是复活节。所以，当我遇到不幸时，就会等待三天，这样一切就恢复正常了。"

"等待三天"，多么富于哲理的话语，多么乐观的生活方式。它把烦恼和痛苦抛下，全力去收获快乐。

沈从文在"文革"期间，陷入了非人的境地。可他毫不在意，他在咸宁时给他的表侄、画家黄永玉写信说："这里的荷花真好，你若来……"身陷苦难却仍为荷花的盛开欣喜赞叹不已，这是一种趋于澄明的境界，一种旷达洒脱的胸襟，一种面临磨难坦荡从容的气度，一种对生活童子般的热爱和对美好事物无限向往的生命情感。

由此可见，影响一个人快乐的，有时并不是困境及磨难，而是一个人的心态。如果把自己浸泡在积极、乐观、向上的心态中，快乐必然会占据你的每一天。

（节选自佚名《态度创造快乐》）

10. 提醒幸福

享受幸福是需要学习的，当它即将来临的时刻需要提醒。人可以自然而然地学会感官的享乐，却无法天生地掌握幸福的韵律。灵魂的快意同器官的舒适像一对孪生兄弟，时而相傍相依，时而南辕北辙。

幸福是一种心灵的震颤。它像会倾听音乐的耳朵一样，需要不断地训练。

简而言之，幸福就是没有痛苦的时刻。它出现的频率并不像我们想象的那样少。人们常常只是在幸福的金马车已经驶过去很远时，才拣起地上的金鬃毛说，原来我见过它。

人们喜爱回味幸福的标本，却忽略它披着露水散发清香的时刻。那时候我们往往步履匆匆，瞻前顾后不知在忙着什么。

世上有预报台风的，有预报蝗灾的，有预报瘟疫的，有预报地震的。没有人预报幸福。

其实幸福和世界万物一样，有它的征兆。

幸福常常是朦胧的，很有节制地向我们喷洒甘霖。你不要总希望轰轰烈烈的幸福，它多半只是悄悄地扑面而来。你也不要企图把水龙头拧得更大，那样它会很快地流失。你需要静静地以平和之心，体验它的真谛。

　　幸福绝大多数是朴素的。它不会像信号弹似的，在很高的天际闪烁红色的光芒。它披着本色的外衣，亲切温暖地包裹起我们。

　　幸福不喜欢喧嚣浮华，它常常在暗淡中降临。贫困中相濡以沫的一块糕饼，患难中心心相印的一个眼神，父亲一次粗糙的抚摸，女友一张温馨的字条……这都是千金难买的幸福啊。像一粒粒缀在旧绸子上的红宝石，在凄凉中愈发熠熠夺目。

（节选自毕淑敏《提醒幸福》）

11. 朋友和其他

　　朋友即将远行。

　　暮春时节，又邀了几位朋友在家小聚。虽然都是极熟的朋友，却是终年难得一见，偶尔电话里相遇，也无非是几句寻常话。一锅小米稀饭，一碟大头菜，一盘自家酿制的泡菜，一只巷口买回的烤鸭，简简单单，不像请客，倒像家人团聚。

　　其实，友情也好，爱情也好，久而久之都会转化为亲情。

　　说也奇怪，和新朋友会谈文学、谈哲学、谈人生道理等等，和老朋友却只话家常，柴米油盐，细细碎碎，种种琐事。很多时候，心灵的契合已经不需要太多的言语来表达。

　　朋友新烫了个头，不敢回家见母亲，恐怕惊骇了老人家，却欢天喜地来见我们，老朋友颇能以一种趣味性的眼光欣赏这个改变。

　　年少的时候，我们差不多都在为别人而活，为苦口婆心的父母活，为循循善诱的师长活，为许多观念、许多传统的约束力而活。年岁逐增，渐渐挣脱外在的限制和束缚，开始懂得为自己活，照自己的方式做一些自己喜欢的事，不在乎别人的批评意见，不在乎别人的诋毁流言，只在乎那一份随心所欲的舒坦自然。偶尔，也能够纵容自己放浪一下，并且有一种恶作剧的窃喜。

　　就让生命顺其自然，水到渠成吧，犹如窗前的乌桕，自生自落之间，自有一份圆融丰满的喜悦。春雨轻轻落着，没有诗，没有酒，有的只是一份相知相属的自在自得。

　　夜色在笑语中渐渐沉落，朋友起身告辞，没有挽留，没有送别，甚至也没有问归期。

　　已经过了大喜大悲的岁月，已经过了伤感流泪的年华，知道了聚散原来是这样的自然和顺理成章，懂得这点，便懂得珍惜每一次相聚的温馨，离别便也欢喜。

（节选自杏林子《朋友和其他》）

12. 我为什么当教师

我为什么非要教书不可？是因为我喜欢当教师的时间安排表和生活节奏。七、八、九三个月给我提供了进行回顾、研究、写作的良机，并将三者有机融合，而善于回顾、研究和总结正是优秀教师素质中不可缺少的成分。

干这行给了我多种多样的"甘泉"去品尝，找优秀的书籍去研读，到"象牙塔"和实际世界里去发现。教学工作给我提供了继续学习的时间保证，以及多种途径、机遇和挑战。

然而，我爱这一行的真正原因，是爱我的学生。学生们在我的眼前成长、变化。当教师意味着亲历"创造"过程的发生——恰似亲手赋予一团泥土以生命，没有什么比目睹它开始呼吸更激动人心的了。

权利我也有了：我有权利去启发诱导，去激发智慧的火花，去问费心思考的问题，去赞扬回答的尝试，去推荐书籍，去指点迷津。还有什么别的权利能与之相比呢？

而且，教书还给我金钱和权力之外的东西，那就是爱心。不仅有对学生的爱，对书籍的爱，对知识的爱，还有教师才能感受到的对"特别"学生的爱。这些学生，有如冥顽不灵的泥块，由于接受了老师的炽爱才勃发了生机。

所以，我爱教书，还因为，在那些勃发生机的"特别"学生身上，我有时发现自己和他们呼吸相通，忧乐与共。

（节选自彼得·基·贝得勒《我为什么当教师》）

13. 最糟糕的发明

在一次名人访问中，被问及上个世纪最重要的发明是什么时，有人说是电脑，有人说是汽车，等等。但新加坡的一位知名人士却说是冷气机。他解释，如果没有冷气，热带地区如东南亚国家，就不可能有很高的生产力，就不可能达到今天的生活水准。他的回答实事求是，有理有据。

看了上述报道，我突发奇想，为什么没有记者问："二十世纪最糟糕的发明是什么？"其实二〇〇二年十月中旬，英国的一家报纸就评出了"人类最糟糕的发明"。获此"殊荣"的，就是人们每天大量使用的塑料袋。

诞生于上个世纪三十年代的塑料袋，其家族包括用塑料制成的快餐饭盒、包装纸、餐用杯盘、饮料瓶、酸奶杯、雪糕杯等等。这些废弃物形成的垃圾，数量多、体积大、重量轻、不降解，给治理工作带来很多技术难题和社会问题。

比如，散落在田间、路边及草丛中的塑料餐盒，一旦被牲畜吞食，就会危及健康甚至导致死亡。填埋废弃塑料袋、塑料餐盒的土地，不能生长庄稼和树木，造成土地板结，而焚烧处理这些塑料垃圾，则会释放出多种化学有毒气体，其中一种称为二噁英的化合物，毒性极大。

此外，在生产塑料袋、塑料餐盒的过程中使用的氟利昂，对人体免疫系统和生态环境造成的破坏也极为严重。

（节选自林光如《最糟糕的发明》）

14. 站在历史的枝头微笑

人活着，最要紧的是寻觅到那片代表着生命绿色和人类希望的丛林，然后选一高高的枝头站在那里观览人生，消化痛苦，孕育歌声，愉悦世界！

这可真是一种潇洒的人生态度，这可真是一种心境爽朗的情感风貌。

站在历史的枝头微笑，可以减免许多烦恼。在那里，你可以从众生相所包含的酸甜苦辣、百味人生中寻找你自己；你境遇中的那点儿痛苦，也许相比之下，再也难以占据一席之地；你会较容易地获得从不悦中解脱灵魂的力量，使之不致变得灰色。

人站得高些，不但能有幸早些领略到希望的曙光，还能有幸发现生命的立体的诗篇。每一个人的人生，都是这诗篇中的一个词、一个句子或者一个标点。你可能没有成为一个美丽的词，一个引人注目的句子，一个惊叹号，但你依然是这生命的立体诗篇中的一个音节、一个停顿、一个必不可少的组成部分。这足以使你放弃前嫌，萌生为人类孕育新的歌声的兴致，为世界带来更多的诗意。

最可怕的人生见解，是把多维的生存图景看成平面。因为那平面上刻下的大多是凝固了的历史——过去的遗迹；但活着的人们，活得却是充满着新生智慧的，由不断逝去的"现在"组成的未来。人生不能像某些鱼类躺着游，人生也不能像某些兽类爬着走，而应该站着向前行，这才是人类应有的生存姿态。

（节选自本杰明·拉什《站在历史的枝头微笑》）

15. 中国的牛

对于中国的牛，我有着一种特别尊敬的感情。

留给我印象最深的，要算在田垄上的一次"相遇"。

一群朋友郊游，我领头在狭窄的阡陌上走，怎料迎面来了几头耕牛，狭道容不下人和牛，终有一方要让路。它们还没有走近，我们已经预计斗不过畜牲，恐怕难免踩到田地泥水里，弄得鞋袜又泥又湿了。正踟蹰的时候，带头的一头牛，在离我们不远的地方停下来，抬起头看看，稍迟疑一下，就自动走下田去。一队耕牛，全跟着它离开阡陌，从我们身边经过。

我们都呆了，回过头来，看着深褐色的牛队，在路的尽头消失，忽然觉得自己受了很大的恩惠。

中国的牛，永远沉默地为人做着沉重的工作。在大地上，在晨光或烈日下，它们拖着沉重的犁，低头一步又一步，拖出了身后一列又一列松土，好让人们下种。等到满地金黄或农闲时候，它可能还得担当搬运负重的工作；或终日绕着石磨，朝同一方向，走不计程的路。

在它沉默的劳动中，人便得到应得的收成。

那时候，也许，它可以松一肩重担，站在树下，吃几口嫩草。偶尔摇摇尾巴，摆摆耳朵，赶走飞附身上的苍蝇，已经算是它最闲适的生活了。

中国的牛，没有成群奔跑的习惯，永远沉沉实实的，默默地工作，平心静气。这就是中国的牛！

（节选自小思《中国的牛》）

16. 野草

有这样一个故事。

有人问：世界上什么东西的气力最大？回答纷纭得很，有的说"象"，有的说"狮"，有人开玩笑似的说：是"金刚"，金刚有多少气力，当然大家全不知道。

结果，这一切答案完全不对，世界上气力最大的，是植物的种子。一粒种子所可以显现出来的力，简直是超越一切。

人的头盖骨，结合得非常致密与坚固，生理学家和解剖学者用尽了一切的方法，要把它完整地分出来，都没有这种力气。后来忽然有人发明了一个方法，就是把一些植物的种子放在要剖析的头盖骨里，给它以温度和湿度，使它发芽。一发芽，这些种子便以可怕的力量，将一切机械力所不能分开的骨骼，完整地分开了。植物种子的力量之大，如此如此。

这，也许特殊了一点儿，常人不容易理解。那么，你看见过笋的成长吗？你看见过被压在瓦砾和石头下面的一棵小草的生长吗？它为着向往阳光，为着达成它的生之意志，不管上面的石块如何重，石与石之间如何狭，它必定要曲曲折折地，但是顽强不屈地透到地面上来。它的根往土壤钻，它的芽往地面挺，这是一种不可抗拒的力，阻止它的石块，结果也被它掀翻，一粒种子的力量之大，如此如此。

没有一个人将小草叫做"大力士"，但是它的力量之大，的确是世界无比。这种力是一般人看不见的生命力。只要生命存在，这种力就要显现。上面的石块，丝毫不足以阻挡。因为它是一种"长期抗战"的力；有弹性，能屈能伸的力；有韧性，不达目的不止的力。

（节选自夏衍《野草》）

17. 喜悦

高兴，这是一种具体的被看得到摸得着的事物所唤起的情绪。它是心理的，更是生理的。它容易来也容易去，谁也不应该对它视而不见失之交臂，谁也不应该总是做那些使自己不高兴也使旁人不高兴的事。让我们说一件最容易做也最令人高兴的事吧，尊重你自己，也尊重别人，这是每一个人的权利，我还要说这是每一个人的义务。

快乐，它是一种富有概括性的生存状态、工作状态。它几乎是先验的，它来自生命本身的活力，来自宇宙、地球和人间的吸引，它是世界的丰富、绚丽、阔大、悠久的体现。快乐还是一种力量，是埋在地下的根脉。消灭个人的快乐比挖掘掉一棵大树的根要难得多。

欢欣，这是一种青春的、诗意的情感。它来自面向着未来伸开双臂奔跑的冲力，它来自一种轻松而又神秘、朦胧而又隐秘的激动，它是激情即将到来的预兆，它又是大雨过后的比下雨还要美妙得多也久远得多的回味……

喜悦，它是一种带有形而上色彩的修养和境界。与其说它是一种情绪，不如说它是一种智慧、一种超拔、一种悲天悯人的宽容和理解，一种饱经沧桑的充实和自信，一种光明的理性，一种坚定的成熟，一种战胜了烦恼和庸俗的清明澄澈。它是一潭清水，它是一抹朝霞，它是无边的平原，它是沉默的地平线。多一点儿，再多一点儿喜悦吧，它是翅膀，也是归巢。它是一杯美酒，也是一朵永远开不败的莲花。

（节选自王蒙《喜悦》）

18. 我的信念

生活对于任何人都非易事，我们必须有坚韧不拔的精神。最要紧的，还是我们自己要有信心。我们必须相信，我们对每一件事情都具有天赋的才能，并且，无论付出任何代价，都要把这件事完成。当事情结束的时候，你要能问心无愧地说："我已经尽我所

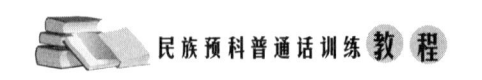

能了。"

　　有一年的春天，我因病被迫在家里休息数周。我注视着我的女儿们所养的蚕正在结茧，这使我很感兴趣。望着这些蚕执着地、勤奋地工作，我感到我和它们非常相似。像它们一样，我总是耐心地把自己的努力集中在一个目标上。我之所以如此，或许是因为有某种力量鞭策着我——正如蚕被鞭策着去结茧一般。

　　近五十年来，我致力于科学研究，而研究，就是对真理的探讨。我有许多美好快乐的记忆。少女时期我在巴黎大学，孤独地过着求学的岁月；在后来献身科学的整个时期，我丈夫和我专心致志，像在梦幻中一般，坐在简陋的书房里艰辛地研究，后来我们就在那里发现了镭。

　　我永远追求安静的工作和简单的家庭生活。为了实现这个理想，我竭力保持宁静的环境，以免受人事的干扰和盛名的拖累。

　　我深信，在科学方面我们有对事业而不是对财富的兴趣。我的惟一奢望是在一个自由国家中，以一个自由学者的身份从事研究工作。

　　我一直沉醉于世界的优美之中，我所热爱的科学也不断增加它崭新的远景。我认定科学本身就具有伟大的美。

（节选自玛丽·居里著，剑捷译《我的信念》）

19. 差别

　　两个同龄的年轻人同时受雇于一家店铺，并且拿同样的薪水。

　　可是一段时间后，叫阿诺德的那个小伙子青云直上，而那个叫布鲁诺的小伙子却仍在原地踏步。布鲁诺很不满意老板的不公正待遇。终于有一天他到老板那儿发牢骚了。老板一边耐心地听着他的抱怨，一边在心里盘算着怎样向他解释清楚他和阿诺德之间的差别。

　　"布鲁诺先生，"老板开口说话了，"您现在到集市上去看一下，看看今天早上有什么卖的。"

　　布鲁诺从集市上回来向老板汇报说，今早集市上只有一个农民拉了一车土豆在卖。

　　"有多少？"老板问。

　　布鲁诺赶快戴上帽子又跑到集上，然后回来告诉老板一共四十袋土豆。"价格是多少？"

　　布鲁诺又第三次跑到集上问来了价格。

　　"好吧，"老板对他说，"现在请您坐到这把椅子上一句话也不要说，看看阿诺德怎么说。"

　　阿诺德很快就从集市上回来了。向老板汇报说到现在为止只有一个农民在卖土豆，一共四十口袋，价格是多少多少；土豆质量很不错，他带回来一个让老板看看。这个农民一个钟头以后还会弄来几箱西红柿,据他看价格非常公道。昨天他们铺子的西红柿卖得很快,库存已经不多了。他想这么便宜的西红柿,老板肯定会要进一些的,所以他不仅带回了一个西红柿做样品,而且把那个农民也带来了,他现在正在外面等回话呢。

此时老板转向了布鲁诺,说:"现在您肯定知道为什么阿诺德的薪水比您高了吧!"

(节选自张健鹏、胡足青主编《故事时代》)

20. 一个美丽的故事

有个塌鼻子的小男孩儿,因为两岁时得过脑炎,智力受损,学习起来很吃力。打个比方,别人写作文能写二三百字,他却只能写三五行。但即便这样的作文,他同样能写得很动人。

那是一次作文课,题目是《愿望》。他极其认真地想了半天,然后极认真地写,那作文极短。只有三句话:我有两个愿望,第一个是,妈妈天天笑眯眯地看着我说:"你真聪明。"第二个是,老师天天笑眯眯地看着我说:"你一点儿也不笨。"

于是,就是这篇作文,深深地打动了他的老师,那位妈妈式的老师不仅给了他最高分,在班上带感情地朗读了这篇作文,还一笔一画地批道:你很聪明,你的作文写得非常感人,请放心,妈妈肯定会格外喜欢你的,老师肯定会格外喜欢你的,大家肯定会格外喜欢你的。

捧着作文本,他笑了,蹦蹦跳跳地回家了,像只喜鹊。但他并没有把作文本拿给妈妈看,他是在等待,等待着一个美好的时刻。

那个时刻终于到了,是妈妈的生日——一个阳光灿烂的星期天。那天,他起得特别早,把作文本装在一个亲手做的美丽的大信封里,等着妈妈醒来。妈妈刚刚睁眼醒来,他就笑眯眯地走到妈妈跟前说:"妈妈,今天是您的生日,我要送给您一件礼物。"

果然,看着这篇作文,妈妈甜甜地涌出了两行热泪,一把搂住小男孩儿,搂得很紧。

是的,智力可以受损,但爱永远不会。

(节选自张玉庭《一个美丽的故事》)

21. 天才的造就

在里约热内卢的一个贫民窟里,有一个男孩子,他非常喜欢足球,可是又买不起,于是就踢塑料盒,踢汽水瓶,踢从垃圾箱里拣来的椰子壳。他在胡同里踢,在能找到的任何一片空地上踢。

有一天，当他在一处干涸的水塘里猛踢一个猪膀胱时，被一位足球教练看见了。他发现这个男孩儿踢得很像是那么回事，就主动提出要送给他一个足球。小男孩儿得到足球后踢得更卖劲了。不久，他就能准确地把球踢进远处随意摆放的一个水桶里，圣诞节到了，孩子的妈妈说："我们没有钱买圣诞礼物送给我们的恩人，就让我们为他祈祷吧。"

　　小男孩儿跟随妈妈祈祷完毕，向妈妈要了一把铲子便跑了出去。他来到一座别墅前的花园里，开始挖坑。

　　就在他快要挖好坑的时候，从别墅里走出一个人来，问小孩儿在干什么，孩子抬起满是汗珠的脸蛋儿，说："教练，圣诞节到了，我没有礼物送给您，我愿给您的圣诞树挖一个树坑。"

　　教练把小男孩儿从树坑里拉上来，说，我今天得到了世界上最好的礼物。明天你就到我的训练场去吧。

　　三年后，这位十七岁的男孩儿在第六届足球锦标赛上独进二十一球，为巴西第一次捧回了金杯。一个原来不为世人所知的名字——贝利，随之传遍世界。

（节选自刘燕敏《天才的造就》）

22. 达瑞的故事

　　在达瑞八岁的时候，有一天他想去看电影。因为没有钱，他想是向爸妈要钱，还是自己挣钱。最后他选择了后者。他自己调制了一种汽水，向过路的行人出售。可那时正是寒冷的冬天，没有人买，只有两个人例外——他的爸爸和妈妈。

　　他偶然有一个和非常成功的商人谈话的机会，当他对商人讲述了自己的"破产史"后，商人给了他两个重要的建议：一是尝试为别人解决一个难题；二是把精力集中在你知道的、你会的和你拥有的东西上。

　　这两个建议很关键。因为对于一个八岁的孩子而言，他不会做的事情很多。于是他穿过大街小巷，不停地思考：人们会有什么难题，他又如何利用这个机会？

　　吃早饭时父亲让达瑞去取报纸。美国的送报员总是把报纸从花园篱笆的一个特制的管子里塞进来。假如你想穿着睡衣舒舒服服地吃早饭和看报纸，就必须离开温暖的房间，冒着寒风到花园去取。虽然路短，但十分麻烦。

　　当达瑞为父亲取报纸的时候，一个主意诞生了。当天他就按响邻居的门铃，对他们说，每个月只需付给他一美元，他就每天早上把报纸塞到他们的房门底下。大多数人都同意了，很快他有了七十多个顾客。一个月后，当他拿到自己赚的钱时，觉得自己简直是飞上了天。

　　很快他又有了新的机会，他让他的顾客每天把垃圾袋放在门前，然后由他早上运到垃圾桶里，每个月加一美元，之后他还想出了许多孩子赚钱的办法，并把它集结成书，书名为《儿童挣钱的二百五十个主意》。为此,达瑞十二岁时就成了畅销书作家,十五岁有了自己的谈话节目,十七岁就拥有了几百万美元。

(节选自博多·舍费尔著,刘志明译《达瑞的故事》)

23. 二十美金的价值

一天爸爸下班回到家已经很晚了,他很累也有点儿烦,他发现五岁的儿子靠在门旁正等着他。

"爸,我可以问您一个问题吗?"

"什么问题?""爸,您一小时可以赚多少钱?""这与你无关,你为什么问这个问题?"父亲生气地说。

"我只是想知道,请告诉我,您一小时赚多少钱?"小孩儿哀求道。"假如你一定要知道的话,我一小时赚二十美金。"

"哦,"小孩儿低下了头,接着又说,"爸,可以借我十美金吗?"父亲发怒了:"如果你只是要借钱去买毫无意义的玩具的话,给我回到你的房间睡觉去。好好想想为什么你会那么自私。我每天辛苦工作,没时间和你玩儿小孩子的游戏。"

小孩儿默默地回到自己的房间关上门。

父亲坐下来还在生气。后来,他平静下来了。心想他可能对孩子太凶了——或许孩子真的很想买什么东西,再说他平时很少要过钱。

父亲走进孩子的房间:"你睡了吗?""爸,还没有,我还醒着。"孩子回答。

"我刚才可能对你太凶了,"父亲说,"我不应该发那么大的火儿——这是你要的十美金。""爸,谢谢您。"孩子高兴地从枕头下拿出一些被弄皱的钞票,慢慢数着。

"为什么你已经有钱了还要?"父亲不解地问。

"因为原来不够,但现在凑够了。"孩子回答,"爸,我现在有二十美金了,我可以向您买一个小时的时间吗?明天请早一点儿回家——我想和您一起吃晚餐。"

(节选自唐继柳编译《二十美金的价值》)

24. 父亲的爱

爸不懂得怎样表达爱,使我们一家人融洽相处的是我妈。他只是每天上班下班,而妈则把我们做过的错事开列清单,然后由他来责骂我们。

有一次我偷了一块糖果,他要我把它送回去,告诉卖糖的说是我偷来的,说我愿意替他拆箱卸货作为赔偿。但妈妈却明白我只是个孩子。

我在运动场打秋千跌断了腿，在前往医院途中一直抱着我的，是我妈。爸把汽车停在急诊室门口，他们叫他驶开，说那空位是留给紧急车辆停放的。爸听了便叫嚷道："你以为这是什么车？旅游车？"

在我生日会上，爸总是显得有些不大相称。他只是忙于吹气球，布置餐桌，做杂务。把插着蜡烛的蛋糕推过来让我吹的，是我妈。

我翻阅照相册时，人们总是问："你爸爸是什么样子的？"天晓得！他老是忙着替别人拍照。妈和我笑容可掬地一起拍的照片，多得不可胜数。

我记得妈有一次叫他教我骑自行车。我叫他别放手，但他却说是应该放手的时候了。我摔倒之后，妈跑过来扶我，爸却挥手要她走开。我当时生气极了，决心要给他点儿颜色看。于是我马上爬上自行车，而且自己骑给他看。他只是微笑。

我念大学时，所有的家信都是妈写的。他除了寄支票外，还寄过一封短束给我，说因为我不在草坪上踢足球了，所以他的草坪长得很美。

每次我打电话回家，他似乎都想跟我说话，但结果总是说："我叫你妈来接。"我结婚时，掉眼泪的是我妈。他只是大声擤了一下鼻子，便走出房间。

我从小到大都听他说："你到哪里去？什么时候回家？汽车有没有汽油？不，不准去。"爸完全不知道怎样表达爱。除非……

会不会是他已经表达了，而我却未能察觉？

（节选自艾尔玛·邦贝克《父亲的爱》）

25．迷途笛音

那年我六岁。离我家仅一箭之遥的小山坡旁，有一个早已被废弃的采石场，双亲从来不准我去那儿，其实那儿风景十分迷人。

一个夏季的下午，我随着一群小伙伴偷偷上那儿去了。就在我们穿越了一条孤寂的小路后，他们却把我一个人留在原地，然后奔向"更危险的地带"了。

等他们走后，我惊惶失措地发现，再也找不到要回家的那条孤寂的小道。像只无头的苍蝇，我到处乱钻，衣裤上挂满了芒刺。太阳已经落山，而此时此刻，家里一定开始吃晚餐了，双亲正盼着我回家……想着想着，我不由得背靠着一棵树，伤心地呜呜大哭起来……

突然，不远处传来了声声柳笛。我像找到了救星，急忙循声走去，一条小道边的树桩上坐着一位吹笛人，手里还正削着什么。走近细看，他不就是被大家称为"乡巴佬"的卡廷吗？

"你好，小家伙，"卡廷说，"看天气多美，你是出来散步的吧？"

我怯生生地点点头，答道："我要回家了。"

"请耐心等上几分钟，"卡廷说，"瞧，我正在削一支柳笛，差不多就要做好了，完工后就送给你吧！"

卡廷边削边不时把尚未成形的柳笛放在嘴里试吹一下。没过多久，一支柳笛便递到我手中。我俩在一阵阵清脆悦耳的笛音中，踏上了归途……

当时，我心中只充满感激，而今天，当我自己也成了祖父时，却突然领悟到他用心之良苦！那天当他听到我的哭声时，便判定我一定迷了路，但他并不想在孩子面前扮演"救星"的角色，于是吹响柳笛以便让我能发现他，并跟着他走出困境！卡廷先生以乡下人的纯朴，保护了一个小男孩强烈的自尊。

（节选自唐若水译《迷途笛音》）

26. 我的母亲独一无二

记得我十三岁时，和母亲住在法国东南部的耐斯市。母亲没有丈夫，也没有亲戚，够清苦的，但她经常能拿出令人吃惊的东西，摆在我面前。她从来不吃肉，一再说自己是素食者。然而有一天，我发现母亲正仔细地用一小块碎面包擦那给我煎牛排用的油锅。我明白了她称自己为素食者的真正原因。

我十六岁时，母亲成了耐斯市美蒙旅馆的女经理。这时，她更忙碌了。一天，她瘫在椅子上，脸色苍白，嘴唇发灰。马上找来医生，做出诊断：她摄取了过多的胰岛素。直到这时我才知道母亲多年一直对我隐瞒的疾病——糖尿病。

她的头歪向枕头一边，痛苦地用手抓挠胸口。床架上方，则挂着一枚我一九三二年赢得耐斯市少年乒乓球冠军的银质奖章。

啊，是对我的美好前途的憧憬支撑着她活下去，为了给她那荒唐的梦至少加一点真实的色彩，我只能继续努力，与时间竞争，直至一九三八年我被征入空军。巴黎很快失陷，我辗转调到英国皇家空军。刚到英国就接到了母亲的来信。这些信是由在瑞士的一个朋友秘密地转到伦敦，送到我手中的。

现在我要回家了，胸前佩戴着醒目的绿黑两色的解放十字绶带，上面挂着五六枚我终生难忘的勋章，肩上还佩戴着军官肩章。到达旅馆时，没有一个人跟我打招呼。原来，我母亲在三年半以前就已经离开人间了。

在她死前的几天中，她写了近二百五十封信，把这些信交给她在瑞士的朋友，请这个朋友定时寄给我。就这样，在母亲死后的三年半的时间里，我一直从她身上汲取着力量和勇气——这使我能够继续战斗到胜利那一天。

（节选自罗曼·加里《我的母亲独一无二》）

27. 永远的记忆

  小学的时候，有一次我们去海边远足，妈妈没有做便饭，给了我十块钱买午餐。好像走了很久很久，终于到海边了，大家坐下来便吃饭，荒凉的海边没有商店，我一个人跑到防风林外面去，级任老师要大家把吃剩的饭菜分给我一点儿。有两三个男生留下一点儿给我，还有一个女生，她的米饭拌了酱油，很香。我吃完的时候，她笑眯眯地看着我，短头发，脸圆圆的。

  她的名字叫翁香玉。

  每天放学的时候，她走的是经过我们家的一条小路，带着一位比她小的男孩，可能是弟弟。小路边是一条清澈见底的小溪，两旁竹荫覆盖，我总是远远地跟在她后面。夏日的午后特别炎热，走到半路她会停下来，拿手帕在溪水里浸湿，为小男孩儿擦脸。我也在后面停下来，把肮脏的手帕弄湿了擦脸，再一路远远跟着她回家。

  后来我们家搬到镇上去了，过几年我也上了中学。有一天放学回家，在火车上，看见斜对面一位短头发、圆圆脸的女孩，一身素净的白衣黑裙。我想她一定不认识我了。火车很快到站了，我随着人群挤向门口，她也走近了，叫我的名字。这是她第一次和我说话。

  她笑眯眯的，和我一起走过月台。以后就没有再见过她了。

  这篇文章收在我出版的《少年心事》这本书里。

  书出版后半年，有一天我忽然收到出版社转来的一封信，信封上是陌生的字迹，但清楚地写着我本名。

  信里面说她看到了这篇文章心里非常激动，没想到在离开家乡，漂泊异地这么久之后，会看见自己仍然在一个人的记忆里，她自己也深深记得这其中的每一幕，只是没想到越过遥远的时空，竟然另一个人也深深记得。

（节选自苦伶《永远的记忆》）

28. 火光

  很久以前，在一个漆黑的秋天的夜晚，我泛舟在西伯利亚一条阴森森的河上。船到一个转弯处，只见前面黑黢黢的山峰下面一星火光蓦地一闪。

  火光又明又亮，好像就在眼前……

  "好啦，谢天谢地！"我高兴地说，"马上就到过夜的地方啦！"

船夫扭头朝身后的火光望了一眼，又不以为然地划起桨来。

"远着呢！"事实上，火光的确还远着呢。

我不相信他的话，因为火光冲破朦胧的夜色，明明在那儿闪烁。不过船夫是对的：这些黑夜的火光的特点是：驱散黑暗，闪闪发亮，近在眼前，令人神往。乍一看，再划几下就到了……其实却还远着呢！……

我们在漆黑如墨的河上又划了很久。一个个峡谷和悬崖，迎面驶来，又向后移去。仿佛消失在茫茫的远方，而火光却依然停在前头，闪闪发亮，令人神往，——依然是这么近，又依然是那么远……

现在，无论是这条被悬崖峭壁的阴影笼罩的漆黑的河流，还是那一星明亮的火光，都经常浮现在我的脑际。在这以前和在这以后，曾有许多火光，似乎近在咫尺，不止使我一人心驰神往。可是生活之河却仍然在那阴森森的两岸之间流着，而火光也依旧非常遥远。因此，必须加劲划桨……

然而，火光啊……毕竟……毕竟就在前头！……

（节选自柯罗连科著，张铁夫译《火光》）

29．风筝畅想曲

假日到河滩上转转，看见许多孩子在放风筝。一根根长长的引线，一头系在天上，一头系在地上，孩子同风筝都在天与地之间悠荡，连心也被悠荡得恍恍惚惚了，好像又回到了童年。

儿时的放风筝，大多是自己的长辈或家人编扎的，几根削得很薄的蔑，用细纱扎成各种鸟兽的造型，糊上雪白的纸片，再用彩笔勾勒出面孔与翅膀的图案。通常扎得最多的是"老雕""美人儿""花蝴蝶"等。

我们家前院就有位叔叔，擅扎风筝，远近闻名。他扎得风筝不只体型好看，色彩艳丽，放飞得高远，还在风筝上绷一叶用蒲苇削成的膜片，经风一吹，发出"嗡嗡"的声响，仿佛是风筝的歌唱，在蓝天下播扬，给开阔的天地增添了无尽的韵味，给驰荡的童心带来几分疯狂。

我们那条胡同的左邻右舍的孩子们放的风筝几乎都是叔叔编扎的，他的风筝不卖钱，谁上门去要，就给谁，他乐意自己贴钱买材料。

后来，这位叔叔去了海外，放风筝也渐与孩子们远离了。不过年年叔叔给家乡写信，总不忘记提起儿时的放风筝。香港回归之后，他在家信中说到，他这只被故乡放飞到海外的风筝，尽管飘荡游弋，经沐风雨，可那线头儿一直在故乡和亲人手中牵着，如今飘得太累了，也该要回归到家乡和亲人身边来了。

是的。我想，不光是叔叔，我们每个人都是风筝，在妈妈手中牵着，从小放到大，再从家乡放到祖国最需要的地方去啊！

（节选自李恒瑞《风筝畅想曲》）

30．和时间赛跑

读小学的时候，我的外祖母去世了。外祖母生前最疼爱我。我无法排除自己的忧伤，每天在学校的操场上一圈又一圈地跑着，跑得累倒在地上，扑在草坪上痛哭。

那哀痛的日子持续了很久，爸爸妈妈也不知道如何安慰我。他们知道与其骗我说外祖母睡着了，还不如对我说实话：外祖母永远不会回来了。

"什么是永远不会回来了呢？"我问。

"所有时间里的事物，都永远不会回来。你的昨天过去了，它就永远变成昨天，你再也不能回到昨天了。爸爸以前和你一样小，现在再也不能回到你这么小的童年了。有一天你会长大，你会像外祖母一样老，有一天你度过了你的所有时间，也会像外祖母一样永远不能回来了。"爸爸说。

爸爸等于给我一个谜。这个谜比"一寸光阴一寸金，寸金难买寸光阴"还让我感到可怕，比"光阴似箭，日月如梭"更让我有一种说不出的滋味。

时间过得那么飞快，使我的小心眼里不只是着急，还有悲伤。有一天我放学回家，看到太阳快落山了，就下决心说："我要比太阳更快地回家。"我狂奔回去，站在庭院里喘气的时候，看到太阳还露着半边脸，我高兴地跳起来。那一天我跑赢了太阳。以后我就时常做这样的游戏，有时和太阳赛跑，有时和西北风比赛，有时一个暑假的作业，我十天就做完了。那时我三年级，常把哥哥五年级的作业拿来做。每一次比赛胜过时间，我就快乐得不知道怎么形容。

如果将来我有什么要教给我的孩子，我会告诉他：假若你一直和时间赛跑，你就可以成功。

（节选自林清玄《和时间赛跑》）

31．胡适的白话电报

三十年代初，胡适在北京大学任教授。讲课时他常常对白话文大加称赞，引起一些只喜欢文言文而不喜欢白话文的学生的不满。

一次，胡适正讲得得意的时候，一位姓魏的学生突然站了起来，生气地问："胡先生，难道说白话文就毫无缺点吗？"胡适微笑着回答说："没有。"那位学生更加激动了：

"肯定有！白话文废话太多，打电报用字多，花钱多。"胡适的目光顿时变亮了，轻声地解释说："不一定吧！前几天有位朋友给我打来电报，请我去政府部门工作，我决定不去，就回电拒绝了。复电是用白话写的，看来也很省字。请同学们根据我这个意思，用文言文写一个回电，看看究竟是白话文省字，还是文言文省字？"胡教授刚说完，同学们立刻认真地写了起来。

十五分钟过去，胡适让同学举手，报告用字的数目，然后挑了一份用字最少的文言电报稿，电文是这样写的：

"才疏学浅，恐难胜任，不堪从命。"白话文的意思是：学问不深，恐怕很难担任这个工作，不能服从安排。

胡适说："这份写得确实不错，仅用了十二个字。但我的白话电报却只用了五个字：'干不了，谢谢！'"

胡适又解释说："干不了"就有才疏学浅、恐难胜任的意思；"谢谢"既对朋友的介绍表示感谢，又有拒绝的意思。所以，废话多不多，并不看它是文言文还是白话文，只要注意选用字词，白话文是可以比文言文更省字的。

（节选自陈灼主编《实用汉语中级教程》）

32. 可爱的小鸟

没有一片绿叶，没有一缕炊烟，没有一粒泥土，没有一丝花香，只有水的世界，云的海洋。

一阵台风袭过，一只孤单的小鸟无家可归，落到被卷到洋里的木板上，乘流而下，姗姗而来，近了，近了……

忽然，小鸟张开翅膀，在人们头顶盘旋了几圈儿，"噗啦"一声落到了船上。许是累了？还是发现了"新大陆"？水手撵它它不走，抓它，它乖乖地落在掌心。可爱的小鸟和善良的水手结成了朋友。

瞧，它多美丽，娇巧的小嘴，啄理着绿色的羽毛，鸭子样的扁脚，呈现出春草的鹅黄。水手们把它带到舱里，给它"搭铺"，让它在船上安家落户，每天，把分到的一塑料桶淡水匀给它喝，把从祖国带来的鲜美的鱼肉分给它吃，天长日久，小鸟和水手的感情日趋笃厚。清晨，当第一束阳光射进舷窗时，它便敞开美丽的歌喉，唱啊唱，嘤嘤有韵，宛如春水淙淙。人类给它以生命，它毫不悭吝地把自己的艺术青春奉献给了哺育它的人。可能都是这样？艺术家们的青春只会献给尊敬他们的人。

小鸟给远航生活蒙上了一层浪漫色调，返航时，人们爱不释手，恋恋不舍地想把它带到异乡。可小鸟憔悴了，给水，不喝！喂肉，不吃！油亮的羽毛失去了光泽。是啊，我//们有自己的祖国，小鸟也有它的归宿，人和动物都是一样啊，哪儿也不如故乡好！

慈爱的水手们决定放开它，让它回到大海的摇篮去，回到蓝色的故乡去。离别前，这个大自然的朋友与水手们留影纪念。它站在许多人的头上，肩上，掌上，胳膊上，与喂养过它的人们，一起融进那蓝色的画面……

（节选自王文杰《可爱的小鸟》）

33. 坚守你的高贵

三百多年前，建筑设计师莱伊恩受命设计了英国温泽市政府大厅。他运用工程力学的知识，依据自己多年的实践，巧妙地设计了只用一根柱子支撑的大厅天花板。一年以后，市政府权威人士进行工程验收时，却说只用一根柱子支撑天花板太危险，要求莱伊恩再多加几根柱子。

莱伊恩自信只要一根坚固的柱子足以保证大厅安全，他的"固执"惹恼了市政官员，险些被送上法庭。他非常苦恼：坚持自己原先的主张吧，市政官员肯定会另找人修改设计；不坚持吧，又有悖自己为人的准则。矛盾了很长一段时间，莱伊恩终于想出了一条妙计，他在大厅里增加了四根柱子，不过这些柱子并未与天花板接触，只不过是装装样子。

三百多年过去了，这个秘密始终没有被人发现。直到前两年，市政府准备修缮大厅的天花板，才发现莱伊恩当年的"弄虚作假"。消息传出后，世界各国的建筑专家和游客云集，当地政府对此也不加掩饰，在新世纪到来之际，特意将大厅作为一个旅游景点对外开放，旨在引导人们崇尚和相信科学。

作为一名建筑师，莱伊恩并不是最出色的。但作为一个人，他无疑非常伟大。这种伟大表现在他始终恪守着自己的原则，给高贵的心灵一个美丽的住所，哪怕是遭遇到最大的阻力，也要想办法抵达胜利。

（节选自游宇明《坚守你的高贵》）

34. 金子

自从传言有人在萨文河畔散步时无意发现了金子后，这里便常有来自四面八方的淘金者。他们都想成为富翁，于是寻遍了整个河床，还在河床上挖出很多大坑，希望借助它们找到更多的金子。的确，有一些人找到了，但另外一些人因为一无所得而只好扫兴归去。

也有不甘心落空的，便驻扎在这里，继续寻找。彼得·弗雷特就是其中一员。他在河床附近买了一块没人要的土地，一个人默默地工作。他为了找金子，已把所有的钱都押在这块土地上。他埋头苦干了几个月,直到土地全变成了坑坑洼洼,他失望了——他翻遍了整块土地,但连一丁点儿金子都没看见。

六个月后,他连买面包的钱都没有了。于是他准备离开这儿到别处去谋生。

就在他即将离去的前一个晚上,天下起了倾盆大雨,并且一下就是三天三夜。雨终于停了,彼得走出小木屋,发现眼前的土地看上去好像和以前不一样,坑坑洼洼已被大水冲刷平整,松软的土地上长出一层绿茸茸的小草。

"这里没找到金子,"彼得忽有所悟地说,"但这土地很肥沃,我可以用来种花,并且拿到镇上去卖给那些富人,他们一定会买些花装扮他们华丽的客厅。如果真是这样的话,那么我一定会赚许多钱,有朝一日我也会成为富人……"

于是他留了下来。彼得花了不少精力培育花苗,不久田地里长满了美丽娇艳的各色鲜花。

五年以后,彼得终于实现了他的梦想——成了一个富翁。"我是唯一的一个找到真金的人!"他时常不无骄傲地告诉别人,"别人在这儿找不到金子后便远远地离开,而我的'金子'是在这块土地里,只有诚实的人用勤劳才能采集到。"

(节选自陶猛译《金子》)

35. 捐诚

我在加拿大学习期间遇到过两次募捐,那情景至今使我难以忘怀。

一天,我在渥太华的街上被两个男孩子拦住去路。他们十来岁,穿得整整齐齐,每人头上戴着个做工精巧、色彩鲜艳的纸帽,上面写着"为帮助患小儿麻痹的伙伴募捐"。其中的一个,不由分说就坐在小凳上给我擦起皮鞋来,另一个则彬彬有礼地发问:"小姐,您是哪国人?喜欢渥太华吗?""小姐,在你们国家有没有小孩儿患小儿麻痹?谁给他们医疗费?"一连串的问题,使我这个有生以来头一次在众目睽睽之下让别人擦鞋的异乡人,从近乎狼狈的窘态中解脱出来。我们像朋友一样聊起天儿来……

几个月之后,也是在街上。一些十字路口处或车站坐着几位老人。他们满头银发,身穿各种老式军装,上面布满了大大小小形形色色的徽章、奖章,每人手捧一大束鲜花。有水仙、石竹、玫瑰及叫不出名字的,一色雪白。匆匆过往的行人纷纷止步,把钱投进这些老人身旁的白色木箱内,然后向他们微微鞠躬,从他们手中接过一朵花。我看了一会儿,有人投一两元,有人投几百元,还有人掏出支票填好后投进木箱。那些老军人毫不注意人们捐多少钱,一直不停地向人们低声道谢。同行的朋友告诉我,这是为纪念二次大战中参战的勇士,募捐救济残废军人和烈士遗孀,每年一次。认捐的人可谓踊跃,而且秩序井然,气氛庄严。有些地方,人们还耐心地排着队。我想,这是因为他们都知道:正是这些老人们的流血牺牲换来了包括他们信仰自由在内的许许多多。

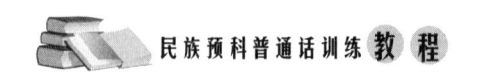

我两次把那微不足道的一点儿钱捧给他们，只想对他们说声"谢谢"。

(节选自青白《捐诚》)

36．课不能停

纽约的冬天常有大风雪，扑面的雪花不单令人难以睁开眼睛，甚至呼吸都会吸入冰冷的雪花。有时前一天晚上还是一片晴朗，第二天拉开窗帘，却已经积雪盈尺，连门都推不开了。

遇到这样的情况，公司、商店常会停止上班，学校也通过广播，宣布停课。但令人不解的是，唯有公立小学，仍然开放。只见黄色的校车，艰难地在路边接孩子，老师则一大早就口中喷着热气，铲去车子前后的积雪，小心翼翼地开车去学校。

据统计，十年来纽约的公立小学只因为超级暴风雪停过七次课。这是多么令人惊讶的事。犯得着在大人都无需上班的时候让孩子去学校吗？小学的老师也太倒霉了吧？

于是，每逢大雪而小学不停课时，都有家长打电话去骂。妙的是，每个打电话的人，反应全一样——先是怒气冲冲地责问，然后满口道歉，最后笑容满面地挂上电话。原因是，学校告诉家长：

在纽约有许多百万富翁，但也有不少贫困的家庭。后者白天开不起暖气，供不起午餐，孩子的营养全靠学校里免费的中饭，甚至可以多拿些回家当晚餐。学校停课一天，穷孩子就受一天冻，挨一天饿，所以老师们宁愿自己苦一点儿，也不能停课。

或许有家长会说：何不让富裕的孩子在家里，让贫穷的孩子去学校享受暖气和营养午餐呢？

学校的答复是：我们不愿让那些穷苦的孩子感到他们是在接受救济，因为施舍的最高原则是保持受施者的尊严。

(节选自刘墉《课不能停》)

37．麻雀

我打猎归来，沿着花园的林阴路走着。狗跑在我前边。

突然，狗放慢脚步，蹑足潜行，好像嗅到了前边有什么野物。

我顺着林阴路望去，看见了一只嘴边还带黄色、头上生着柔毛的小麻雀。风猛烈地吹打着林阴路上的白桦树，麻雀从巢里跌落下来，呆呆地伏在地上，孤立无援地张开两只羽毛还未丰满的小翅膀。

我的狗慢慢向它靠近。忽然，从附近一棵树上飞下一只黑胸脯的老麻雀，像一颗石子似的落到狗的跟前。老麻雀全身倒竖着羽毛，惊恐万状，发出绝望、凄惨的叫声，接着向露出牙齿、大张着的狗嘴扑去。

老麻雀是猛扑下来救护幼雀的。它用身体掩护着自己的幼儿……但它整个小小的身体因恐怖而战栗着，它小小的声音也变得粗暴嘶哑，它在牺牲自己！

在它看来，狗该是个多么庞大的怪物啊！然而，它还是不能站在自己高高的、安全的树枝上……一种比它的理智更强烈的力量，使它从那儿扑下身来。

我的狗站住了，向后退了退……看来，它也感到了这种力量。

我赶紧唤住惊慌失措的狗，然后我怀着崇敬的心情，走开了。

是啊，请不要见笑。我崇敬那只小小的、英勇的鸟儿，我崇敬它那种爱的冲动和力量。

爱，我想，比死和死的恐惧更强大。只有依靠它，依靠这种爱，生命才能维持下去，发展下去。

（节选自屠格涅夫著，巴金译《麻雀》）

38. 散步

我们在田野散步：我，我的母亲，我的妻子和儿子。

母亲本不愿出来的。她老了，身体不好，走远一点儿就觉得很累。我说，正因为如此，才应该多走走。母亲信服地点点头，便去拿外套。她现在很听我的话，就像我小时候很听她的话一样。

这南方初春的田野，大块小块的新绿随意地铺着，有的浓，有的淡，树上的嫩芽也密了，田里的冬水也咕咕地起着水泡。这一切都使人想着一样东西——生命。

我和母亲走在前面，我的妻子和儿子走在后面。小家伙突然叫起来："前面是妈妈和儿子，后面也是妈妈和儿子。"我们都笑了。

后来发生了分歧：母亲要走大路，大路平顺；我的儿子要走小路，小路有意思。不过，一切都取决于我。我的母亲老了，她早已习惯听从她强壮的儿子；我的儿子还小，他还习惯听从他高大的父亲；妻子呢，在外面，她总是听我的。一霎时我感到了责任的重大。我想一个两全的办法，找不出；我想拆散一家人，分成两路，各得其所，终不愿意。我决定委屈儿子，因为我伴同他的时日还长。我说："走大路。"

但是母亲摸摸孙儿的小脑瓜，变了主意："还是走小路吧。"她的眼随小路望去：那里有金色的菜花，两行整齐的桑树，尽头一口水波粼粼的鱼塘。"我走不过去的地方，你就背着我。"母亲对我说。

这样，我们在阳光下，向着那菜花、桑树和鱼塘走去。到了一处，我蹲下来，背起了母亲，妻子也蹲下来，背起了儿子。我和妻子都是慢慢地，稳稳地，走得很仔细，好

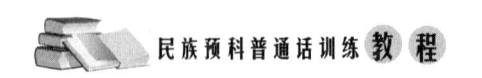

像我背上的同她背上的加起来，就是整个世界。

（节选自莫怀戚《散步》）

39. 世间最美的坟墓

我在俄国见到的景物再没有比托尔斯泰墓更宏伟、更感人的。

完全按照托尔斯泰的愿望，他的坟墓成了世间最美的，给人印象最深刻的坟墓。它只是树林中的一个小小长方形土丘，上面开满鲜花——没有十字架，没有墓碑，没有墓志铭，连托尔斯泰这个名字也没有。

这位比谁都感到受自己的声名所累的伟人，就像偶尔被发现的流浪汉，不为人知的士兵，不留名姓地被人埋葬了。谁都可以踏进他最后的安息地，围在四周稀疏的木栅栏是不关闭的——保护列夫·托尔斯泰得以安息的没有任何别的东西，唯有人们的敬意；而通常，人们却总是怀着好奇，去破坏伟人墓地的宁静。

这里，逼人的朴素禁锢住任何一种观赏的闲情，并且不容许你大声说话。风儿俯临，在这座无名者之墓的树木之间飒飒响着，和暖的阳光在坟头嬉戏；冬天，白雪温柔地覆盖这片幽暗的圣土地。无论你在夏天或冬天经过这儿，你都想象不到，这个小小的、隆起的长方体里安放着一位当代最伟大的人物。

然而，恰恰是这座不留姓名的坟墓，比所有挖空心思用大理石和奢华装饰建造的坟墓更扣人心弦。在今天这个特殊的日子里，到他的安息地来的成百上千人中间，没有一个有勇气，哪怕仅仅从这幽暗的土丘上摘下一朵花留作纪念。人们重新感到，世界上再没有比托尔斯泰最后留下的、这座纪念碑式的朴素坟墓，更打动人心的了。

（节选自茨威格著，张厚仁译《世间最美的坟墓》）

40. 陶行知的"四块糖果"

育才小学校长陶行知在校园看到学生王友用泥块砸自己班上的同学，陶行知当即喝止了他，并令他放学时到校长室去。无疑，陶行知是要好好教育这个"顽皮"的学生。那么他是如何教育的呢？

放学后，陶行知来到校长室，王友已经等在门口准备挨训了。可一见面，陶行知却掏出一块糖果送给王友，并说："这是奖给你的，因为你按时来到这里，而我却迟到了。"王友惊疑地接过糖果。

随后，陶行知又掏出一块糖果放到他手里，说："这第二块糖果也是奖给你的，因为当我不让你再打人时，你立即就住手了，这说明你很尊重我，我应该奖你。"王友更惊疑了，他眼睛睁得大大的。

陶行知又掏出第三块糖果塞到王友手里，说："我调查过了，你用泥块砸那些男生，是因为他们不守游戏规则，欺负女生；你砸他们，说明你很正直善良，且有批评不良行为的勇气，应该奖励你啊！"王友感动极了，他流着眼泪后悔地喊道："陶……陶校长你打我两下吧！我砸的不是坏人，而是自己的同学啊……"

陶行知满意地笑了，他随即掏出第四块糖果递给王友，说："为你正确地认识错误，我再奖给你一块糖果，只可惜我只有这一块糖果了。我的糖果没有了，我看我们的谈话也该结束了吧！"说完，就走出了校长室。

（节选自《教师博览·百期精华》）

41. 莲花和樱花

十年，在历史上不过是一瞬间。只要稍加注意，人们就会发现：在这一瞬间里，各种事物都悄悄经历了自己的千变万化。

这次重新访日，我处处感到亲切和熟悉，也在许多方面发觉了日本的变化。就拿奈良的一个角落来说吧，我重游了为之感受很深的唐招提寺，在寺内各处匆匆走了一遍，庭院依旧，但意想不到还看到了一些新的东西。其中之一，就是近几年从中国移植来的"友谊之莲"。

在存放鉴真遗像的那个院子里，几株中国莲昂然挺立，翠绿的宽大荷叶正迎风而舞，显得十分愉快。开花的季节已过，荷花朵朵已变为莲蓬累累。莲子的颜色正在由青转紫，看来已经成熟了。

我禁不住想："因"已转化为"果"。

中国的莲花开在日本，日本的樱花开在中国，这不是偶然。我希望这样一种盛况延续不衰。可能有人不欣赏花，但决不会有人欣赏落在自己面前的炮弹。

在这些日子里，我看到了不少多年不见的老朋友，又结识了一些新朋友。大家喜欢涉及的话题之一，就是古长安和古奈良。那还用得着问吗，朋友们缅怀过去，正是瞩望未来。瞩目于未来的人们必将获得未来。

我不例外，也希望一个美好的未来。

为了中日人民之间的友谊，我将不浪费今后生命的每一瞬间。

（节选自严文井《莲花和樱花》）

42. 香港最贵的一棵树

在湾仔，香港最热闹的地方，有一棵榕树，它是最贵的一棵树，不光在香港，在全世界，都是最贵的。

树，活的树，又不卖何言其贵？只因它老，它粗，是香港百年沧桑的活见证，香港人不忍看着它被砍伐，或者被移走，便跟要占用这片山坡的建筑者谈条件：可以在这儿建大楼盖商厦，但一不准砍树，二不准挪树，必须把它原地精心养起来，成为香港闹市中的一景。太古大厦的建设者最后签了合同，占用这个大山坡建豪华商厦的先决条件是同意保护这棵老树。

树长在半山坡上，计划将树下面的成千上万吨山石全部掏空取走，腾出地方来盖楼，把树架在大楼上面，仿佛它原本是长在楼顶上似的。

建设者就地造了一个直径十八米、深十米的大花盆，先固定好这棵老树，再在大花盆底下盖楼。光这一手就花了两千三百八十九万港币，堪称是最昂贵的保护措施了。

太古大厦落成之后，人们可以乘滚动扶梯一次到位，来到太古大厦的顶层，出后门，那儿是一片自然景色。一棵大树出现在人们面前，树干有一米半粗，树冠直径足有二十多米，独木成林，非常壮观，形成一座以它为中心的小公园，取名叫"榕圃"。树前面插着铜牌，说明缘由。此情此景，如不看铜牌的说明，绝对想不到巨树根底下还有一座宏伟的现代大楼。

（节选自舒乙《香港最贵的一棵树》）

43. 小鸟的天堂

我们的船渐渐地逼近榕树了。我有机会看清它的真面目：是一棵大树，有数不清的丫枝，枝上又生根，有许多根一直垂到地上，伸进泥土里。一部分树枝垂到水面，从远处看，就像一棵大树斜躺在水面上一样。

现在正是枝繁叶茂的时节。这棵榕树好像在把它的全部生命力展示给我们看。那么多的绿叶，一簇堆在另一簇的上面，不留一点儿缝隙。翠绿的颜色明亮地在我们的眼前闪耀，似乎每一片树叶上都有一个新的生命在颤动，这美丽的南国的树！

船在树下泊了片刻，岸上很湿，我们没有上去。朋友说这里是"鸟的天堂"，有许多鸟在这棵树上做窝，农民不许人去捉它们。我仿佛听见几只鸟扑翅的声音，但是等到我的眼睛注意地看那里时，我却看不见一只鸟的影子。只有无数的树根立在地上，像许多根木桩。地是湿的，大概涨潮时河水常常冲上岸去。"鸟的天堂"里没有一只鸟，我这样想到。船开了，一个朋友拨着船，缓缓地流到河中间去。

第二天，我们划着船到一个朋友的家乡去，就是那个有山有塔的地方。从学校出发，我们又经过那"鸟的天堂"。

这一次是在早晨，阳光照在水面上，也照在树梢上。一切都显得非常光明。我们的船也在树下泊了片刻。

起初四周围非常清静。后来忽然起了一声鸟叫。我们把手一拍，便看见一只大鸟飞了起来，接着又看见第二只，第三只。我们继续拍掌，很快地这个树林就变得很热闹了。到处都是鸟声，到处都是鸟影。大的，小的，花的，黑的，有的站在枝上叫，有的飞起来，在扑翅膀。

（节选自巴金《小鸟的天堂》）

44. 一分钟

著名教育家班杰明曾经接到一个青年人的求救电话，并与那个向往成功、渴望指点的青年人约好了见面的时间和地点。

待那个青年人如约而至时，班杰明的房门敞开着，眼前的景象令青年人颇感意外——班杰明的房间里乱七八糟、狼籍一片。

没等青年人开口，班杰明就招呼道："你看我这房间，太不整洁了，请你在门外等候一分钟，我收拾一下，你再进来吧。"一边说着，班杰明就轻轻地关上了房门。

不到一分钟的时间，班杰明就又打开了房门并热情地把青年人让进客厅。这时，青年人的眼前展现出另一番景象——房间内的一切已变得井然有序，而且有两杯刚刚倒好的红酒，在淡淡的香水气息里还漾着微波。

可是，没等青年人把满腹的有关人生和事业的疑难问题向班杰明讲出来，班杰明就非常客气地说道："干杯。你可以走了。"

青年人手持酒杯一下子愣住了，既尴尬又非常遗憾地说："可是，我……我还没向您请教呢……"

"这些……难道还不够吗？"班杰明一边微笑着，一边扫视着自己的房间，轻言细语地说，"你进来又有一分钟了。"

"一分钟……一分钟……"青年人若有所思地说，"我懂了，您让我明白了一分钟的时间可以做许多事情，可以改变许多事情的深刻道理。"

班杰明舒心地笑了。青年人把杯里的红酒一饮而尽，向班杰明连连道谢后，开心地走了。

其实，只要把握好生命的每一分钟，也就把握了理想的人生。

（节选自纪广洋《一分钟》）

45．语言的魅力

在繁华的巴黎大街的路旁，站着一个衣衫褴褛、头发斑白、双目失明的老人。他不像其他乞丐那样伸手向过路行人乞讨，而是在身旁立一块木牌，上面写着："我什么也看不见！"街上过往的行人很多，看了木牌上的字都无动于衷，有的还淡淡一笑，便姗姗而去了。

这天中午，法国著名诗人让·彼浩勒也经过这里。他看看木牌上的字，问盲老人："老人家，今天上午有人给你钱吗？"

盲老人叹息着回答："我，我什么也没有得到。"说着，脸上的神情非常悲伤。

让·彼浩勒听了，拿起笔悄悄地在那行字的前面添上了"春天到了，可是"几个字，就匆匆地离开了。

晚上，让·彼浩勒又经过这里，问那个盲老人下午的情况。盲老人笑着回答说："先生，不知为什么，下午给我钱的人多极了！"让·彼浩勒听了，摸着胡子满意地笑了。

"春天到了，可是我什么也看不见！"这富有诗意的语言，产生这么大的作用，就在于它有非常浓厚的感情色彩。是的，春天是美好的，那蓝天白云，那绿树红花，那莺歌燕舞，那流水人家，怎么不叫人陶醉呢？但这良辰美景，对于一个双目失明的人来说，只是一片漆黑。当人们想到这个盲老人，一生中竟连万紫千红的春天都不曾看到，怎能不对他产生同情之心呢？

（节选自佚名《语言的魅力》）

46．赠你四味长寿药

有一次，苏东坡的朋友张鹗拿着一张宣纸来求他写一幅字，而且希望他写一点儿关于养生方面的内容。苏东坡思索了一会儿，点点头说："我得到了一个养生长寿古方，药只有四味，今天就赠给你吧。"于是，东坡的狼毫在纸上挥洒起来，上面写着："一曰无事以当贵，二曰早寝以当富，三曰安步以当车，四曰晚食以当肉。"

这哪里有药？张鹗一脸茫然地问。苏东坡笑着解释说，养生长寿的要诀，全在这四句里面。

所谓"无事以当贵"，是指人不要把功名利禄、荣辱过失考虑得太多，如能在情志上潇洒大度，随遇而安，无事以求，这比富贵更能使人终其天年。

"早寝以当富"，指吃好穿好、财货充足，并非就能使你长寿。对老年人来说，养成良好的起居习惯，尤其是早睡早起，比获得任何财富更加富贵。

"安步以当车"，指人不要过于讲求安逸、肢体不劳，而应多以步行来替代骑马乘车，多运动才可以强健体魄，通畅气血。

"晚食以当肉"，意思是人应该用已饥方食、未饱先止代替对美味佳肴的贪吃无厌。他进一步解释，饿了以后才进食，虽然是粗茶淡饭，但其香甜可口会胜过山珍；如果饱了还要勉强吃，即使美味佳肴摆在眼前也难以下咽。

苏东坡的四味"长寿药"，实际上是强调了情志、睡眠、运动、饮食四个方面对养生长寿的重要性，这种养生观点即使在今天仍然值得借鉴。

（节选自蒲昭和《赠你四味长寿药》）

47. 住的梦

不管我的梦想能否成为事实，说出来总是好玩儿的：

春天，我将要住在杭州。二十年前，旧历的二月初，在西湖我看见了嫩柳与菜花，碧浪与翠竹。由我看到的那点儿春光，已经可以断定，杭州的春天必定会教人整天生活在诗与图画之中，所以，春天我的家应当是在杭州。

夏天，我想青城山应当算作最理想的地方。在那里，我虽然只住过十天，可是它的幽静已拴住了我的心灵。在我所看见过的山水中，只有这里没有使我失望。到处都是绿，目之所及，那片淡而光润的绿色都在轻轻地颤动，仿佛要流入空中与心中似的。这个绿色会像音乐，涤清了心中的万虑。

秋天一定要住北平。天堂是什么样子，我不知道，但是从我的生活经验去判断，北平之秋便是天堂。论天气，不冷不热。论吃的，苹果、梨、柿子、枣儿、葡萄，每样都有若干种。论花草，菊花种类之多，花式之奇，可以甲天下。西山有红叶可见，北海可以划船——虽然荷花已残，荷叶可还有一片清香。衣食住行，在北平的秋天，是没有一项不使人满意的。

冬天，我还没有打好主意，成都或者相当的合适，虽然并不怎样和暖，可是为了水仙，素心腊梅，各色的茶花，仿佛就受一点寒冷，也颇值得去了。昆明的花也多，而且天气比成都好，可是旧书铺与精美而便宜的小吃远不及成都那么多。好吧，就暂时这么规定：冬天不住成都便住昆明吧。

在抗战中，我没能发国难财。我想，抗战胜利以后，我必能阔起来。那时候，假若飞机减价，一二百元就能买一架的话，我就自备一架，择黄道吉日慢慢地飞行。

（节选自老舍《住的梦》）

48. 落花生

我们家的后园有半亩空地,母亲说:"让它荒着怪可惜的,你们那么爱吃花生,就开辟出来种花生吧。"我们姐弟几个都很高兴,买种,播种,浇水,没过几个月,居然收获了。

母亲说:"今晚我们过一个收获节,请你们父亲也来尝尝我们的新花生,好不好?"我们都说好。母亲把花生做成了好几样食品,还吩咐就在后园的茅亭里过这个节。

晚上天色不太好,可是父亲也来了,实在很难得。

父亲说:"你们爱吃花生吗?"

我们争着回答:"爱!"

"谁能把花生的好处说出来?"

姐姐说:"花生的味道美。"

哥哥说:"花生可以榨油。"

我说:"花生的价钱便宜,谁都可以买来吃,都喜欢吃。这就是它的好处。"

父亲说:"花生的好处很多,有一样最可贵,它的果实埋在地里,不像桃子、石榴、苹果那样,把鲜红嫩绿的果实高高地挂在枝头上,使人一见就生爱慕之心。你们看它矮矮地长在地上,等到成熟了,也不能立刻分辨出来它有没有果实,必须挖出来才知道。"

我们都说是,母亲也点点头。

父亲接下去说:"所以你们要像花生,它虽然不好看,可是很有用。"

我说:"那么,人要做有用的人,不要做只讲体面,而对别人没有好处的人。"

父亲说:"对。这是我对你们的希望。"

我们谈到夜深才散。花生做的食品都吃完了,父亲的话却深深地印在我的心上。

(节选自许地山《落花生》)

49. 紫藤萝瀑布

我不由得停住了脚步。

从未见过开得这样盛的藤萝,只见一片辉煌的淡紫色,像一条瀑布,从空中垂下,不见其发端,也不见其终极。只是深深浅浅的紫,仿佛在流动,在欢笑,在不停地生长。紫色的大条幅上,泛着点点银光,就像迸溅的水花。仔细看时,才知那是每一朵紫花中的最浅淡的部分,在和阳光互相挑逗。

这里除了光彩，还有淡淡的芳香，香气似乎也是浅紫色的，梦幻一般轻轻地笼罩着我。忽然记起十多年前，家门外也曾有过一大株紫藤萝，它依傍一株枯槐爬得很高，但花朵从来都稀落，东一穗西一串伶仃地挂在树梢，好像在察颜观色，试探什么。后来索性连那稀零的花串也没有了。园中别的紫藤花架也都拆掉，改种了果树。那时的说法是，花和生活腐化有什么必然关系。我曾遗憾地想：这里再看不见藤萝花了。

过了这么多年，藤萝又开花了，而且开得这样盛，这样密，紫色的瀑布遮住了粗壮的盘虬卧龙般的枝干，不断地流着，流着，流向人的心底。

花和人都会遇到各种各样的不幸，但是生命的长河是无止境的。我抚摸了一下那小小的紫色的花舱，那里满装了生命的酒酿，它张满了帆，在这闪光的花的河流上航行。它是万花中的一朵，也正是由每一个一朵，组成了万花灿烂的流动的瀑布。

在这浅紫色的光辉和浅紫色的芳香中，我不觉加快了脚步。

（节选自宗璞《紫藤萝瀑布》）

50. 白杨礼赞

那是力争上游的一种树，笔直的干，笔直的枝。它的干呢，通常是丈把高，像是加以人工似的，一丈以内绝无旁枝；它所有的桠枝呢，一律向上，而且紧紧靠拢，也像是加以人工似的，成为一束，绝无横斜逸出；它的宽大的叶子也是片片向上，几乎没有斜生的，更不用说倒垂了；它的皮，光滑而有银色的晕圈，微微泛出淡青色。这是虽在北方的风雪的压迫下却保持着倔强挺立的一种树！哪怕只有碗来粗细罢，它却努力向上发展，高到丈许，二丈，参天耸立，不折不挠，对抗着西北风。

这就是白杨树，西北极普通的一种树，然而绝不是平凡的树！

它没有婆娑的姿态，没有屈曲盘旋的虬枝，也许你要说它不美丽——如果美是专指"婆娑"或"横斜逸出"之类而言，那么白杨树算不得树中的好女子；但是它却是伟岸，正直，朴质，严肃，也不缺乏温和，更不用提它的坚强不屈与挺拔，它是树中的伟丈夫！当你在积雪初融的高原上走过，看见平坦的大地上傲然挺立这么一株或一排白杨树，难道你就只觉得树只是树，难道不就不想到它的朴质，严肃，坚强不屈，至少也象征了北方的农民；难道你竟一点儿也不联想到，在敌后的广大土地上，到处有坚强不屈，就像这白杨树一样傲然挺立的守卫他们家乡的哨兵！难道你又不更远一点想到这样枝枝叶叶靠紧团结，力求上进的白杨树，宛然象征了今天在华北平原纵横激荡用血写出新中国历史的那种精神和意志。

（节选自茅盾《白杨礼赞》）

51. 第一场雪

　　这是入冬以来,胶东半岛上第一场雪。

　　雪纷纷扬扬,下得很大。开始还伴着一阵儿小雨,不久就只见大片大片的雪花,从彤云密布的天空中飘落下来。地面上一会儿就白了。冬天的山村,到了夜里就万籁俱寂,只听得雪花簌簌地不断往下落,树木的枯枝被雪压断了,偶尔咯吱一声响。

　　大雪整整下了一夜。今天早晨,天放晴了,太阳出来了。推开门一看,嗬!好大的雪啊!山川、河流、树木、房屋,全都罩上了一层厚厚的雪,万里江山,变成了粉妆玉砌的世界。落光了叶子的柳树上挂满了毛茸茸亮晶晶的银条儿;而那些冬夏常青的松树和柏树上,则挂满了蓬松松沉甸甸的雪球儿。一阵风吹来,树枝轻轻地摇晃,美丽的银条儿和雪球儿簌簌地落下来,玉屑似的雪末儿随风飘扬,映着清晨的阳光,显出一道道五光十色的彩虹。

　　大街上的积雪足有一尺多深,人踩上去,脚底下发出咯吱咯吱的响声。一群群孩子在雪地里堆雪人,掷雪球,那欢乐的叫喊声,把树枝上的雪都震落下来了。

　　俗话说,"瑞雪兆丰年"。这个话有充分的科学根据,并不是一句迷信的成语。寒冬大雪,可以冻死一部分越冬的害虫;融化了的水渗进土层深处,又能供应庄稼生长的需要。我相信这一场十分及时的大雪,一定会促进明年春季作物,尤其是小麦的丰收。有经验的老农把雪比做是"麦子的棉被"。冬天"棉被"盖得越厚,明春麦子就长得越好,所以又有这样一句谚语:"冬天麦盖三层被,来年枕着馒头睡。"

　　我想,这就是人们为什么把及时的大雪称为"瑞雪"的道理吧。

(节选自峻青《第一场雪》)

52. 丑石

　　我常常遗憾我家门前的那块丑石呢:它黑黝黝地卧在那里,牛似的模样;谁也不知道是什么时候留在这里的,谁也不去理会它。只是麦收时节,门前摊了麦子,奶奶总是要说:这块丑石,多碍地面哟,多时把它搬走吧。

　　它不像汉白玉那样的细腻,可以凿下刻字雕花,也不像大青石那样的光滑,可以供来浣纱捶布;它静静地卧在那里,院边的槐荫没有庇覆它,花儿也不再在它身边生长。荒草便繁衍出来,枝蔓上下,慢慢地,竟锈上了绿苔、黑斑。我们这些做孩子的,也讨厌起它来,曾合伙要搬走它,但力气又不足;虽时时咒骂它,嫌弃它,也无可奈何,只好任它留在那里去了。

终有一日，村子里来了一个天文学家。他在我家门前路过，突然发现了这块石头，眼光立即就拉直了。他再没有走去，就住了下来；以后又来了好些人，说这是一块陨石，从天上落下来已经有二三百年了，是一件了不起的东西。不久便来了车，小心翼翼地将它运走了。

这使我们都很惊奇！这又怪又丑的石头，原来是天上的呢！它补过天，在天上发过热，闪过光，我们的先祖或许仰望过它，它给了他们光明，向往，憧憬；而它落下来了，在污土里，荒草里，一躺就是几百年了?!

我感到自己的可耻，也感到了丑石的伟大，我甚至怨恨它这么多年竟会默默地忍受着这一切，而我又立即深深地感到它那种不屈于误解、寂寞的生存的伟大。

（节选自贾平凹《丑石》）

53. 繁星

我爱月夜，但我也爱星天。从前在家乡，七八月的夜晚，在庭院里纳凉的时候，我最爱看天上密密麻麻的繁星。望着星天，我就会忘记一切，仿佛回到了母亲的怀里似的。

三年前在南京，我住的地方有一道后门，我打开后门，便看见一个静寂的夜。下面是一片菜园，上面是星群密布的蓝天。星光在我们的肉眼里虽然微小，然而它使我们觉得光明无处不在。那时候我正在读一些关于天文学的书，也认得一些星星，好像它们就是我的朋友，它们常常在和我谈话一样。

如今在海上，和繁星相对，我把它们认得很熟了。我躺在舱面上，仰望天空。深蓝色的天空里悬着无数半明半昧的星。船在动，星也在动，它们是这样低，真是摇摇欲坠呢！渐渐地我的眼睛模糊了，我好像看见无数萤火虫在我的周围飞舞。海上的夜是柔和的，是静寂的，是梦幻的。我望着那许多认识的星，我仿佛看见它们在对我眨眼，我仿佛听见它们在小声说话。这时我忘记了一切。在星的怀抱中我微笑着，我沉睡着。我觉得自己是一个小孩子，现在睡在母亲的怀里了。

有一夜，那个在哥伦波上船的英国人指给我看天上的巨人。他用手指着：那四颗明亮的星是头，下面的几颗是身子，这几颗是手，那几颗是腿和脚，还有三颗星算是腰带。经他这一番指点，我果然看清楚了那个天上的巨人。看，那个巨人还在跑呢！

（节选自巴金《繁星》）

54. 海滨仲夏夜

夕阳落山不久，西方的天空，还燃烧着一片橘红色的晚霞。大海，也被这霞光染成了红色，而且比天空的景色更要壮观。因为它是活动的，每当一排排波浪涌起的时候，那映照在浪峰上的霞光，又红又亮，简直就像一片片霍霍燃烧着的火焰，闪烁着，消失了。而后面的一排，又闪烁着，滚动着，涌了过来。

天空的霞光渐渐地淡下去了，深红的颜色变成了绯红，绯红又变为浅红。最后，当这一切红光都消失了的时候，那突然显得高而远了的天空，则呈现出一片肃穆的神色。最早出现的启明星，在这蓝色的天幕上闪烁起来了。它是那么大，那么亮，整个广漠的天幕上只有它在那里放射着令人注目的光辉，活像一盏悬挂在高空的明灯。

夜色加浓，苍空中的"明灯"越来越多了。而城市各处的真的灯火也次第亮了起来，尤其是围绕在海港周围山坡上的那一片灯光，从半空倒映在乌蓝的海面上，随着波浪，晃动着，闪烁着，像一串流动着的珍珠，和那一片片密布在苍穹里的星斗互相辉映，煞是好看。

在这幽美的夜色中，我踏着软绵绵的沙滩，沿着海边，慢慢地向前走去。海水，轻轻地抚摸着细软的沙滩，发出温柔的刷刷声。晚来的海风，清新而又凉爽。我的心里，有着说不出的兴奋和愉快。

夜风轻飘飘地吹拂着，空气中飘荡着一种大海和田禾相混合的香味儿，柔软的沙滩上还残留着白天太阳炙晒的余温。那些在各个工作岗位上劳动了一天的人们，三三两两地来到这软绵绵的沙滩上，他们浴着凉爽的海风，望着那缀满了星星的夜空，尽情地说笑，尽情地休憩。

（节选自峻青《海滨仲夏夜》）

55. 济南的冬天

对于一个在北平住惯的人，像我，冬天要是不刮风，便觉得是奇迹；济南的冬天是没有风声的。对于一个刚由伦敦回来的人，像我，冬天要能看得见日光，便觉得是怪事；济南的冬天是响晴的。自然，在热带的地方，日光永远是那么毒，响亮的天气，反有点儿叫人害怕。可是，在北方的冬天，而能有温晴的天气，济南真得算个宝地。

设若单单是有阳光，那也算不了出奇。请闭上眼睛想：一个老城，有山有水，全在天底下晒着阳光，暖和安适地睡着，只等春风来把它们唤醒，这是不是理想的境界？小山把济南围了个圈儿，只有北边缺着点口儿。这一圈小山在冬天特别可爱，好像是把济南放在一个小摇篮里，它们安静不动地低声地说："你们放心吧，这儿准保暖和。"真的，济南的人们在冬天是面上含笑的。他们一看那些小山，心中便觉得有了着落，有了依靠。他们由天上看到山上，便不知不觉地想起：明天也许就是春天了吧？这样的温暖，今天夜里山草也许就绿起来了吧？就是这点儿幻想不能一时实现，他们也并不着急，因为这样慈善的冬天，干什么还希望别的呢！

最妙的是下点儿小雪呀。看吧，山上的矮松越发的青黑，树尖儿上顶着一髻儿白花，好像日本看护妇。山尖儿全白了，给蓝天镶上一道银边。山坡上，有的地方雪厚点儿，有的地方草色还露着；这样，一道儿白，一道儿暗黄，给山们穿上一件带水纹儿的花衣；看着看着，这件花衣好像被风儿吹动，叫你希望看见一点儿更美的山的肌肤。等到快日落的时候，微黄的阳光斜射在山腰上，那点儿薄雪好像忽然害羞，微微露出点儿粉色。就是下小雪吧，济南是受不住大雪的，那些小山太秀气。

（节选自老舍《济南的冬天》）

56. 家乡的桥

纯朴的家乡村边有一条河，曲曲弯弯，河中架一弯石桥，弓样的小桥横跨两岸。

每天，不管是鸡鸣晓月，日丽中天，还是月华泻地，小桥都印下串串足迹，洒落串串汗珠。那是乡亲为了追求多棱的希望，兑现美好的遐想。弯弯小桥，不时荡过轻吟低唱，不时露出舒心的笑容。

因而，我稚小的心灵，曾将心声献给小桥：你是一弯银色的新月，给人间普照光辉；你是一把闪亮的镰刀，割刈着欢笑的花果；你是一根晃悠悠的扁担，挑起了彩色的明天！哦，小桥走进我的梦中。

我在飘泊他乡的岁月，心中总涌动着故乡的河水，梦中总看到弓样的小桥。当我访南疆探北国，眼帘闯进座座雄伟的长桥时，我的梦变得丰满了，增添了赤橙黄绿青蓝紫。

三十多年过去，我戴着满头霜花回到故乡，第一紧要的便是去看望小桥。

啊！小桥呢？它躲起来了？河中一道长虹，浴着朝霞熠熠闪光。哦，雄浑的大桥敞开胸怀，汽车的呼啸，摩托的笛音，自行车的叮铃，合奏着进行交响乐；南来的钢筋、花布，北往的柑橙、家禽，绘出交流欢跃图……

啊！蜕变的桥，传递了家乡进步的消息，透露了家乡富裕的声音。时代的春风，美好的追求，我蓦地记起儿时唱给小桥的歌，哦，明艳艳的太阳照耀了，芳香甜蜜的花果捧来了，五彩斑斓的岁月拉开了！

我心中涌动的河水，激荡起甜美的浪花。我仰望一碧蓝天，心底轻声呼喊：家乡的桥啊，我梦中的桥！

（节选自郑莹《家乡的桥》）

57. 绿

梅雨潭闪闪的绿色招引着我们，我们开始追捉她那离合的神光了。揪着草，攀着乱石，小心探身下去。又鞠躬过了一个石穹门，便到了汪汪一碧的潭边了。

瀑布在襟袖之间，但是我的心中已没有瀑布了。我的心随潭水的绿而摇荡。那醉人的绿呀！仿佛一张极大极大的荷叶铺着，满是奇异的绿呀。我想张开两臂抱住她，但这是怎样一个妄想啊。

站在水边，望到那面，居然觉着有些远呢！这平铺着、厚积着的绿，着实可爱。她松松地皱缬着，像少妇拖着的裙幅；她轻轻地摆弄着，像跳动的初恋的处女的心；她滑滑地明亮着，像涂了"明油"一般，有鸡蛋清那样软，那样嫩，令人想着所曾触过的最嫩的皮肤；她又不杂些儿尘渣，宛然一块温润的碧玉，只清清的一色——但你却看不透她！

我曾见过北京什刹海拂地的绿杨，脱不了鹅黄的底子，似乎太淡了。我又曾见过杭州虎跑寺近旁高峻而深密的"绿壁"，丛叠着无穷的碧草与绿叶的，那又似乎太浓了。其余呢，西湖的波太明了，秦淮河的也太暗了。可爱的，我将什么来比拟你呢？我怎么比拟得出呢？大约潭是很深的，故能蕴蓄着这样奇异的绿；仿佛蔚蓝的天融了一块在里面似的，这才这般的鲜润呀。

那醉人的绿呀！我若能裁你以为带，我将赠给那轻盈的舞女，她必能临风飘举了。我若能挹你以为眼，我将赠给那善歌的盲妹，她必明眸善睐了。我舍不得你，我怎舍得你呢？我用手拍着你，抚摩着你，如同一个十二三岁的小姑娘。我又掬你入口，便是吻着她了。我送你一个名字，我从此叫你"女儿绿"好吗？

第二次到仙岩的时候，我不禁惊诧于梅雨潭的绿了。

（节选自朱自清《绿》）

58. 牡丹的拒绝

其实你在很久以前并不喜欢牡丹。因为它总被人作为富贵膜拜。后来你目睹了一次牡丹的落花，你相信所有的人都会为之感动：一阵清风徐来，娇艳鲜嫩的盛期牡丹忽然整朵整朵地坠落，铺散一地绚丽的花瓣。那花瓣落地时依然鲜艳夺目，如同一只被奉上祭坛的大鸟脱落的羽毛，低吟着壮烈的悲歌离去。

牡丹没有花谢花败之时，要么烁于枝头，要么归于泥土，它跨越萎顿和衰老，由青春而死亡,由美丽而消遁。它虽美却不吝惜生命,即使告别也要展示给人最后一次惊心动魄的体味。

所以在这阴冷的四月里,奇迹不会发生。任凭游人扫兴和诅咒,牡丹依然安之若素。它不苟且不俯就不妥协不媚俗,它遵循自己的花期自己的规律,它有权利为自己选择每年一度的盛大节日。它为什么不拒绝寒冷?

天南海北的看花人,依然络绎不绝地涌入洛阳城。人们不会因牡丹的拒绝而拒绝它的美。如果它再被贬谪十次,也许它就会繁衍出十个洛阳牡丹城。

于是你在无言的遗憾中感悟到,富贵与高贵只是一字之差。同人一样,花儿也是有灵性、更有品位之高低的。品位这东西为气为魂为筋骨为神韵,只可意会。你叹服牡丹卓尔不群之姿,方知"品位"是多么容易被世人忽略或漠视的美。

(节选自张抗抗《牡丹的拒绝》)

59. 苏州园林

我国的建筑,从古代的宫殿到近代的一般住房,绝大部分是对称的,左边怎么样,右边怎么样。苏州园林可绝不讲究对称,好像故意避免似的。东边有了一个亭子或者一道回廊,西边决不会来一个同样的亭子或者一道同样的回廊。这是为什么?我想,用图画来比方,对称的建筑是图案画,不是美术画,而园林是美术画,美术画要求自然之趣,是不讲究对称的。

苏州园林里都有假山和池沼。假山的堆叠,可以说是一项艺术而不仅是技术。或者是重峦叠嶂,或者是几座小山配合着竹子花木,全在乎设计者和匠师们生平多阅历,胸中有丘壑,才能使游览者攀登的时候忘却苏州城市,只觉得在山间。

至于池沼,大多引用活水。有些园林池沼宽敞,就把池沼作为全园的中心,其他景物配合着布置。水面假如成河道模样,往往安排桥梁。假如安排两座以上的桥梁,那就一座一个样,决不雷同。

池沼或河道的边沿很少砌齐整的石岸,总是高低屈曲任其自然。还在那儿布置几块玲珑的石头,或者种些花草。这也是为了取得从各个角度看都成一幅画的效果。池沼里养着金鱼或各色鲤鱼,夏秋季节荷花或睡莲开放,游览者看"鱼戏莲叶间",又是入画的一景。

(节选自叶圣陶《苏州园林》)

60. 泰山极顶

　　泰山极顶看日出，历来被描绘成十分壮观的奇景。有人说：登泰山而看不到日出，就像一出大戏没有戏眼，味儿终究有点寡淡。

　　我去爬山那天，正赶上个难得的好天，万里长空，云彩丝儿都不见，素常烟雾腾腾的山头，显得眉目分明。同伴们都欣喜地说："明天早晨准可以看见日出了。"我也是抱着这种想头，爬上山去。

　　一路从山脚往上爬，细看山景，我觉得挂在眼前的不是五岳独尊的泰山，却像一幅规模惊人的青绿山水画，从下面倒展开来。在画卷中最先露出的是山根底那座明朝建筑岱宗坊，慢慢地便现出王母池、斗母宫、经石峪……山是一层比一层深，一叠比一叠奇，层层叠叠，不知还会有多深多奇。万山丛中，时而点染着极其工细的人物。王母池旁的吕祖殿里有不少尊明代塑像，塑着吕洞宾等一些人，姿态神情是那样有生气，你看了，不禁会脱口赞叹说："活啦！"

　　画卷继续展开，绿荫森森的柏洞露面不太久，便来到对松山。两面奇峰对峙着，满山峰都是奇形怪状的老松，年纪怕不有个千儿八百年！颜色竟那么浓，浓得好像要流下来似的。来到这儿，你不妨权当一次画里的写意人物，坐在路旁的对松亭里，看看山色，听听流水和松涛。

　　一时间，我又觉得自己不仅是在看画，而且又像是在零零乱乱翻着一卷历史稿本。

（节选自杨朔《泰山极顶》）

第五章

普通话说话训练

第一节 说话测试概述

普通话水平测试中的说话测试,是在国家普通话培训测试中心制定的30个说话题目中随机抽取两份,由应试人选择一份来测试。测试以单向说话为主,能更有效地考查应试人在自然状态下运用普通话语音、词汇、语法的能力,是应试人普通话真实水平的全面体现。说话测试不仅是对应试人语言水平的考查,也是对应试人心理素质的考验,要想在没有文字凭借的情况下把所思所想用普通话顺畅自然、合情合理地表达完整,这要求应试人必须具备良好的心理素质,而良好的语言水平和心理素质是要通过平日的说话训练来积累的。

一、说话的定义

说话就是表达主体在某种特定情境中,针对某一话题,将自己头脑中关于这一话题的诸多信息相互交织而形成的呈立体网络结构的内部语言,转化为由诸多词汇按一定的语法结构组合而成的呈线性结构的外部语言的行为活动。

二、说话测试的目的与要求

《普通话水平测试大纲》明确规定,说话项测试的目的是"考查应试人在没有文字凭借的情况下,说普通话的能力和所能达到的规范程度"。与前几项相比,这是一个对应试者普通话口语综合能力的测试,它既包括对语音、词汇、语法的规范程度的考查,也包括对语气语调,即应试者以音达意、以声传情的一般技能的测查,事实上还包括了对应试人思维应变能力的测试。

三、说话测试的具体要求

单向说话，即独白体说话，话题是在给定的 30 个题目中现场抽取。时间要求 3 分钟。这是一个什么概念呢？如果按每分钟说 150 字计，3 分钟就要说到 450 个字左右。

水平测试中说话的要求着重在一个"说"字，即应试人用普通话进行说话的过程。给定的话题仅仅是一个说话的大致范围或方面，根本就不是命题式的口头作文。这项测试的内容并不在于立意是否新颖，中心是否很突出，语句是否优美，是否有较高的艺术性，而在于语音是否标准，用词是否丰富得当，语法是否规范，语流是否自然通畅。因此，对大多数的应试人而言，对于说话感到为难害怕是完全不必要的。

普通话水平测试中的说话部分，要求应测者围绕一个话题单向说话不少于 3 分钟，语音准确，语流自然流畅，用词规范得当，表意清楚明白。主要考查应试人在没有文字凭借的情况下，说普通话的能力和所能达到的规范程度。着重测查语音标准程度、词汇语法规范程度和自然流畅程度。测试难点主要是：普通话语音的准确度；分析话题类型，理清表达思路；词语、句式符合普通话的规范；言语自然流畅，突出口语化的特点。

四、说话测试的准备工作

（一）要做好思维准备

思维的准备过程就是开动脑筋审题、选材、安排材料先后顺序的过程。首先是审题，审题就是对话题进行分析，理解其要求，确定其中心。其次，选择合适的材料。材料就是用以表现中心意思的事实、情节或有说服力的现成说法。合适的材料就是符合话题要求的材料。最后，安排恰当的顺序。确定了中心，有了相关的材料，还要想好怎样开头，先说什么，重点说什么，怎样结束，这就是安排说话的顺序。

（二）说话测试的注意事项

1. 发音要准确，吐字要清楚。具体注意每个音节声韵调的发音；注意变调、轻声、儿化的运用；音量适中，强弱适度，快慢有别；使语流清晰稳健又富有抑扬顿挫的变化。

2. 用词造句要恰当规范。注意使用生活中常用的口头语词，不用方言词，少用书面语词，语义要准确明白；注意词语使用的多样性，尽量避免同一个词语一用到底。语法方面，尽量选用口语中习惯的简洁短小的句子，注意避免方言语法习惯。

3. 话语要自然流畅。话语是否自然流畅，表现为：停顿是否恰当，语气是否连贯，有没有无意义的重复，有无过多的无意义的口头禅，是否在不必要的地方加了语气词；同时要注意，语调是否自然，有无装腔作势，矫揉造作的毛病。

（三）用词、用句恰当

"三多"：多用口语、多用单句、多用短句。

"一少"：少用书面语。

"二避"：避免用同音字，避免一词反复。

"一不用"：不用方言。

五、分值分布

1. 语音面貌占 20％，即 20 分。其中档次为：

一档：20 分，语音标准。

二档：18 分，语音失误在 10 次以下，有方音不明显。

三档：16 分，语音失误在 10 次以下，但方音比较明显；或方音不明显，但语音失误大致在 10~15 次之间。

四档：14 分，语音失误在 10~15 次之间，方音比较明显。

五档：10 分，语音失误超过 15 次，方音明显。

六档：8 分，语音失误多，方音重。

语音面貌确定为二档（或以下），即使总分在 96 以上，也不能入一级甲等；语音面貌确定为五档的，即使总分在 87 分以上，也不能入二级甲等；有以上情况的，都应在等内降等评定。

2. 词汇语法规范程度占 5％。计分档次为：

一档：5 分，词汇、语法合乎规范。

二档：4 分，偶有词汇或语法不符合规范的情况。

三档：3 分，词汇、语法屡有不符合规范的情况。

3. 自然流畅程度占 5％，即 5 分。计分档次为：

一档：5 分，自然流畅。

二档：4 分，基本流畅，口语化较差（有类似背稿子的表现）。

三档：3 分，语速不当，话语不连贯；说话时间不足，必须主试人用双向谈话加以弥补。

现阶段采用以上评分办法，随着情况的变化应适当增加说话评分的比例。

第二节 说话测试的问题及对策

说话测试要求应试人 3 分钟应说出 700 余个音节，并把语音错误控制在 15 次之内，这对应试人来说有不小难度。说话测试的问题，主要有字音不标准、发音有缺陷、用词不规范、说话时间不够、表达不流畅等。本书结合预科学生的地域分布，发现彝族学生的说话测试问题最突出、最常见的就是受西昌话、彝语发音习惯影响而产生的读音错误。

声母方面，如鼻边音相混、平翘舌音相混、前后鼻尾韵相混等问题。在韵母方面，由于西昌话、彝语本身的特殊性，造成诸多易混语音错误。

一、西昌话的元音及其在韵母中的分布

1. i 舌面前、高、不圆唇（与普通话相似）。
(1) i 可以单独作韵母。如：你（li341）、低（ti33）、替（thi323）、介（tɕi31）等。
(2) i 也可以作韵头构成复合韵母：iɛ、iA、ɕi、io、iu、iəu、iɛn、in、iaŋ、ioŋ。如：也（iɛ341）、牙（iA52）、小（ɕio341）、确（tɕhio31）、足（tɕiu31）、右（iəu323）、天（thiɛn33）、林（lin52）、向（ɕiaŋ323）、用（ioŋ323）。

2. ɿ 舌尖前、高、不圆唇。只跟 ts、tsh、s、pz、pzh、mz 相拼。如：子（tsɿ341）、词（tshɿ52）、思（sɿ33）、比（pzɿ341）、皮（pzhɿ52）、米（mzɿ341）。

3. ʅ 舌尖后、高、不圆唇。只跟 tʂ、tʂh、ʂ、ʐ 相拼。如：之（tʂʅ33）、持（tʂʅ52）、是（ʂʅ323）、日（ʐʅ31）。

4. ɨ 舌面央、高、不圆唇。只和 tʃ、tʃh、ʃ、ʒ 相拼。如：几（tʃɨ33）、其（tʃhɨ52）、需（ʃɨ33）、鱼（ʒɨ341）。

*ɿ、ʅ、ɨ 皆为 i 的条件变体（与相应的声母相拼，摩擦感较强）。

5. e 舌面前、半高、不圆唇（舌位较标准元音高且前，接近于1号正则元音 i，严格意义上应该写成 ɪ）。如：
(1) 作单元音韵母。如：悲（pe33）、核（xe31）、色（se31）、陌（me31）。
(2) 在 ue 中作韵腹构成复元音韵母。如：味（ue323）、吹（tʂue33）、回（xue52）、或（xue323）。

6. ɛ 舌面前、半低、不圆唇（舌位较标准元音高，接近于半高元音）。
(1) 作单元音韵母。如：败（pɛ323）、埋（mɛ52）、太（thɛ323）、开（khɛ33）、舌（ʂɛ52）。
(2) 作韵腹构成复元音韵母 iɛ、uɛ。如：日（iɛ33）、也（iɛ341），帅（ʂuɛ323）、乖（kuɛ33）。

7. A 舌面央、低、不圆唇（接近标准元音 A）。
(1) 作单元音韵母。如：八（pA31）、发（fA31）、差（tʂA33）、答（tA31）。
(2) 在无韵尾韵母中作韵腹，构成复元音韵母 iA、uA。如：家（tɕiA33）、牙（iA52）、话（xuA323）、瓦（uA341）。
(3) 在鼻音韵尾中作韵腹，构成复韵母 an、iɛn、uan、ɑŋ、iaŋ、uaŋ。如：班（pan33）、暗（ŋan323）、天（thiɛn33）、权（tɕhiɛn52）、万（uan323）、川（tshuan33）、帮（pɑŋ33）、方（fɑŋ33）、江（tɕiaŋ33）、羊（iaŋ52）、撞（tʂuaŋ323）、王（uaŋ52）。

*ɑ、ɛ、a 是 A 的条件变体。

8. ɔ 舌面后、半低、圆唇（舌位较标准元音靠前，圆唇度较小，口型较松）。
(1) 单元音韵母。如：包（pɔ33）、貌（mɔ323）、赵（tʂɔ323）、高（kɔ33）。

（2）作韵腹构成复元音韵母 iɔ。如：小（ɕiɔ341）、要（iɔ323）。

9. o 舌面后、半高、圆唇（舌位较标准元音更靠后一些）。

（1）作单元音韵母。如：桌（tʂo31）、末（mo31）、破（pho323）、科（kho33）。

（2）作韵腹构成复元音韵母 io。如：角（tɕio31）、确（tɕio31）、乐（io31）。

10. u 舌面后、高、圆唇（舌位较标准元音略前，唇形略扁）。

（1）单独作韵母。如：布（pu323）、木（mu323）、福（fu31）、六（lu31）、组（tsu341）、住（tʂu323）；

（2）作韵头构成复合韵母：ue、uɤ、uA、uan、uən、uaŋ。如：水（ʂue341）、乖（ku33）、花（xuɤ33）、关（kuan33）、顺（ʂuən323）、荒（xuaŋ33）。

（3）作韵腹构成复元音韵母 iu。如：足（tɕiu31）、菊（tɕiu31）、域（iu31）。

（4）作韵尾构成复元音韵母 əu、iəu。如：肉（ʐəu31）、走（tsəu341）、流（liəu52）、休（ɕiəu33）。

11. ɚ 舌面央、中、卷舌（舌位较标准元音靠后）。如：而（ɚ52）、儿（ɚ52）、耳（ɚ341）、二（ɚ323）。

二、西昌话韵母系统

韵母		开口呼	齐齿呼	合口呼
单韵母	单元音韵母	-i ʅ ɿ	i	u
		ɨ		
		e		ue
		ɛ	iɛ	uɤ
		A	iA	uA
		ɔ	iɔ	
		o	io	
		ɚ		
复合韵母	复元音韵母		iu	
		əu	iəu	
	带鼻音韵母	an	iɛn	uan
		ən		uən
		in		
		aŋ	iaŋ	uaŋ
		oŋ	ioŋ	

三、总结

（一）西昌话的韵母

西昌话的韵母共 32 个，其中单元音韵母 11 个，无韵尾韵母 8 个，元音韵尾韵母 2 个，鼻音韵尾韵母 11 个。

1. 单元音韵母（11 个）：i、ɿ、ʅ、ɨ、e、ɛ、A、ɔ、o、u、ɚ。

2. 无韵尾（8 个）：iɛ、iA、iɔ、io、iu、uɛ、ue、uA。其中 iu 是 -i 和主元音 u 构成的复元音，主元音 u 开口度小，展唇，带轻微 v 音。如：掘（tɕiu31）、足（tɕiu31）、菊（tɕiu31）、曲（tɕiu31）等。

3. 元音韵尾韵母（2 个）：əu、iəu。开口度较小，展唇，韵尾弱化明显。如：肉（ʐəu323）、否（fəu341）、漏（ləu323），流（liəu52）、牛（liəu52）、九（tɕiəu341）、又（iəu323）。

4. 带鼻音韵尾的韵母（11 个）：an、iɛn、uan、ən、uən、in、aŋ、iaŋ、uaŋ、oŋ、ioŋ。

（二）西昌话与普通话比较

1. 西昌话和普通话都有 i、ɿ、ʅ、e、ɛ、A、o、u、ɚ 9 个单元音，但发音特征及其在韵母中的分布情况有所不同。

2. 普通话有而西昌话没有的元音是 y，所以西昌话没有撮口呼韵母；西昌话有而普通话没有的元音是 ɨ、ɔ。

3. 在复合元音中，西昌话有而普通话没有的是 iɛ、iɔ、io、iu、əu。

4. 西昌话中无 i 韵尾复元音。

二、彝语发音经验的干扰

（一）声母偏误分析

1. 舌尖前音和舌尖后音不分。

彝族学生对于普通话的舌尖后音 zh、ch、sh 和舌尖前音 z、c、s 的发音常出现混淆，容易把舌尖后音读成舌尖前音。有的学生对发音部位理解有误，翘舌要么趋前（舌尖抵在齿龈），要么太靠后（舌尖抵在硬腭中部）。如把"知"（zhī）读成 zī，把"自"（zì）读成 zhì。

2. 边鼻音混淆。

一些彝族学生不能区分边音 l 和鼻音 n。如把"牛奶"（niǔnǎi）读成 liǔlǎi。

3. 声母替换

舌根音 h 和唇齿音 f 的发音混淆，常见的情况是把 h 的发音替换为 f 的发音。如把

"老虎"（lǎohǔ）读成 lǎofǔ。

（二）韵母偏误分析

前鼻音和后鼻音混淆或发音不到位：彝族学生容易把后鼻音 ing 读成前鼻音 i。如"英语"（yīngyǔ）读成 yīyǔ，"电瓶车"（diànpíngchē）读成 diànpíchē。彝族学生受到民族语和地区方言的影响，会把后鼻音 ang 读成前鼻音 an，如把"上"（shàng）读成"善"（shàn），把"班"（bān）读成"帮"（bāng）。

三、语音偏误原因分析

（一）声母比较

很多少数民族语言中辅音声母多于汉语普通话，塞音、塞擦音、擦音、鼻音、边音、颤音都有送气与不送气之分，塞音、塞擦音有清浊之别。数量上，汉语普通话有 21 个辅音声母，而彝语有 43 个辅音声母。辅音声母按声带是否振动可分为清音和浊音。汉语普通话里浊辅音声母仅限于鼻音、边音和舌尖后擦音三个，彝语辅音声母有更严格的清浊之分。除了普通话中的三个，还有浊塞音 bb、dd、gg，鼻浊塞音 nb、nd、mg，浊塞擦音 zz、rr、jj，鼻浊塞擦音 nz、nr、nj，舌面前鼻浊音 ny，浊擦音 v、ss、y 和 w。在清辅音方面，彝语还多了清鼻音 hm、hn，舌尖中清擦音 hl，喉音 hn，可见彝语辅音声母的浊音远多于汉语，除不送气与送气的对立外，清浊对立更为明显。

汉彝声母对比表

汉语声母	彝语声母
b [p]、p[pʻ]、m [m]、f [f]、d [t]、t[tʻ]、n [n]、l [l]、g [k]、k[kʻ]、h [x]、j [tɕ]、q[tɕʻ]、x [ɕ]、zh [tʂ]、ch[tʂʻ]、sh [ʂ]、r [ʐ]、z [ts]、c[tsʻ]、s [s]	b [p]、p [ph]、bb [b]、nb [mb]、hm [m̥]、m [m]、f [f]、v [v]、d [t]、t [th]、dd [d]、nd [nd]、hn [n̥]、n [n]、hl [ɬ]、l [l]、g [k]、k [kʰ]、gg [g]、mg [ŋg]、hx [h]、ng [ŋ]、h [x]、w [ɣ]、z [ts]、c [tsh]、zz [dz]、nz [ndz]、s [s]、ss [z]、zh [tʂ]、ch [tʂh]、rr [dʐ]、nr [ndʐ]、sh [ʂ]、r [ʐ]、j [tɕ]、q [tɕh]、j [tɕ]、q [tɕh]、jj [dʑ]、nj [ndʑ]、ny [ɲ]、x [ɕ]、y [ʑ]

（二）韵母比较

彝族语的韵母在数量上、构成上都与普通话存在较大差异。很多少数民族语无撮口呼韵母，说普通话没有圆唇的发音习惯，无前后鼻韵的整齐对立，对前后鼻音无区分概念，或母语韵母的发音部位和方法与普通话发音有较大差别，易造成偏误。比如，彝语和汉语普通话的韵母在数量上差异较大，汉语普通话韵母共有 39 个，而彝语韵母只有 10 个；汉语普通话韵母按其构成可分为单韵母、复韵母和鼻韵母三类，而彝语的韵母只由元音构成，并无辅音；彝语只有单韵母，没有复韵母；普通话韵母有卷舌音，而彝语则没有。由此可见，彝语韵母与普通话韵母的区别是无复韵母、无鼻韵母、无卷舌音。

• 171 •

汉彝韵母对比

汉语韵母	彝语韵母
单韵母：a [a]、o [o]、e [ɤ]、i [i]、u [u]、ü [y]、ê [ɛ]、er [ɚ]、-i [ɿ]、-i [ʅ]	i [i]、ie [e]、a [a]、uo [ɔ]、o [o]、e [ɯ]、u [u]、ur [u]、y [ɿ]、yr [ʅ]
复韵母：ai [ai]、ei [ei]、ao [au]、ou [ou]、ia [ia]、ie [iɛ]、ua [ua]、uo [uo]、üe [yɛ]、iao [iau]、iou [iou]、uai [uai]、uei [uei]	
鼻韵母：an [an]、ian [ian]、uan [uan]、üan [yɛn]、en [ən]、in [in]、uen [uən]、ün [yn]、ang [aŋ]、iang [iaŋ]、uang [uaŋ]、eng [əŋ]、ing [iŋ]、ueng [uəŋ]、ong [uŋ]、iong [yŋ]	

（三）声调比较

汉语普通话有4个声调［阴平调（55调）、阳平调（35调）、上声调（214调）和去声调（51调）］可分辨词义；而很多少数民族语言不是靠声调而是靠元音松紧来区分词义，声调调值也有差别。如彝语声调有高平调（55调）、次高调（34调）、中平调（33调）、低降调（21调）。汉语既有直调也有曲折调；而彝语则只有直调，无曲折调。

汉彝声调对比

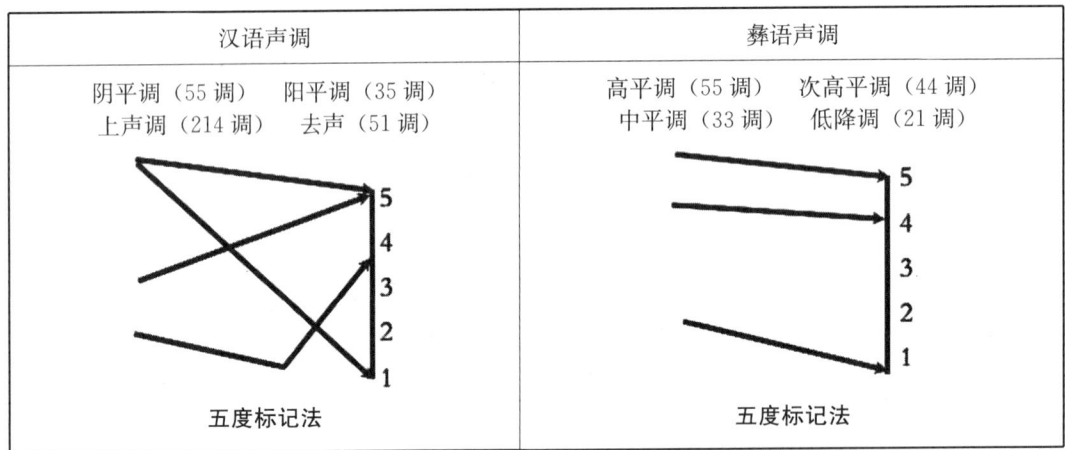

汉语声调	彝语声调
阴平调（55调）　阳平调（35调） 上声调（214调）　去声（51调） 五度标记法	高平调（55调）　次高平调（44调） 中平调（33调）　低降调（21调） 五度标记法

总的来说，母语发音经验的干扰是彝族学生在普通话学习过程中产生偏误的主要原因，学生没有弄清母语和目标语中这些语音的发音部位和发音特点。

（四）西昌话及彝语对说话训练的负迁移问题

在词汇方面，西昌话会用"行"（háng）来表达对人能力强的肯定，但是普通话中没有这个表达。彝族人在说彝语时也会穿插一些汉语词汇来表达一些彝族观念。例如，彝族人会用"哑巴"来形容人的无能和憨傻；而在汉语中，"哑巴"没有这种含义。学生要注意分辨不同语言体系中的词汇表达，通过长期的说话训练来养成不同语言思维习惯的切换，避免出现词汇的混乱使用。在语法方面，西昌话会用动词"不来"表达普通话里"不会"的意思，例如，"我闻不来烟气气"的意思是"我不喜欢闻烟味儿"。西昌话里会用"遭"来充当介词，例如，"书遭别人借起走喽"的意思是"书被别人借走了"。西昌话中的"遭"相当于普通话中的"被"。而彝语和普通话最为显著的语法差异就是汉语是主、谓、宾结构，彝语是主、宾、谓结构。例如，普通话中的"你吃饭"在彝语中的语法排序直译为"你饭吃"（发音：ne za ze，依次为"你""饭""吃"的意思）。

预科学生长期使用西昌话、彝语进行交流，难免会受到这些语言特有的说话习惯的影响，但普通话和西昌话、彝语在词汇运用、句法结构上都有很大不同，学生要注意通过说话训练避免母语负迁移的影响。

四、解决语音问题的对策

1. 加强易错字词的发音练习。
2. 利用各种线上、线下方式进行普通话自主学习或培训。
3. 改变观念，"越说越错"后不能丧失信心，而应该"越错越说"，这样才能看到进步。
4. 教师应努力找到学生出现发音偏误的根源，多进行教学探索，有针对性地帮助学生克服干扰，提高普通话水平。

第三节 说话测试的话题与分类训练

一、普通话水平测试的话题说明

国家语言文字委员会拟定 30 则话题供普通话水平测试，应试人依据话题范围进行说话测试，具体内容不受限制。30 则话题如下：

1. 我的愿望（或理想）
2. 我的学习生活
3. 我尊敬的人
4. 我喜爱的动物（或植物）
5. 童年的记忆
6. 我喜爱的职业
7. 难忘的旅行
8. 我的朋友

9. 我喜爱的文学（或其他）艺术形式

10. 谈谈卫生与健康

11. 我的业余生活

12. 我喜欢的季节（或天气）

13. 学习普通话的体会

14. 谈谈服饰

15. 我的假日生活

16. 我的成长之路

17. 谈谈科技发展与生活

18. 我知道的风俗

19. 我和体育

20. 我的家乡（或熟悉的地方）

21. 谈谈美食

22. 我喜欢的节日

23. 我所在的集体

24. 谈谈社会公德

25. 谈谈个人修养

26. 我喜欢的明星

27. 我喜爱的书刊

28. 谈谈对环境保护的认识

29. 我向往的地方

30. 购物（消费）的感受

二、话题分类

（一）记叙描述类

（各话题序号与上文保持一致。下文同。）

1. 我的愿望

3. 我尊敬的人

5. 童年的记忆

7. 难忘的旅行

8. 我的朋友

15. 我的假日生活

16. 我的成长之路

20. 我的家乡

29. 我向往的地方

记叙描述类话题思路：

这类话题比较容易，只要按照事情发展的时间顺序往下说就行了。

1. 是谁（是什么）？
2. 为什么？
3. 举例子。
4. 怎么办？

例如：我的愿望。

1. 是谁（是什么）？

我有很多愿望，比如……我最大的愿望是……（能成为一名教师，环游世界……）

2. 为什么？

有人会问，你为什么会有这样一个愿望呢？因为……

3. 举例子。

曾经被教师鼓励或帮助过，感受到了教师职业的伟大；去过的好玩的地方，在旅游中学到的知识，了解到的风俗。

4. 怎么办？

要系统学习教育学、教育心理学等专业知识并勤于实践；今后我打算找一份与旅游有关的工作……

特别注意：说话时间不少于3分钟，并不是要在3分钟内正好说完，而是要在3分钟内围绕话题连续不断地至少说3分钟。

(二) 说明介绍类

2. 我的学习生活
4. 我喜爱的动/植物
6. 我喜爱的职业
9. 我喜爱的文学艺术形式
11. 我的业余生活
12. 我喜欢的季节或天气
18. 我知道的风俗
19. 我和体育
22. 我喜欢的节日
23. 我所在的集体
26. 我喜欢的明星
27. 我喜爱的书刊
30. 购物（消费）的感受

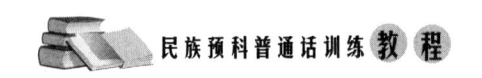

说明介绍类话题思路：

这类话题忌讳只列出干巴巴的几个条目，不能展开详细说明。可以从一个事物的几个方面去说明或介绍。

1. 是什么（是谁或什么样的）?
2. 表现在哪几个方面？
3. 每个方面是怎么样的？
4. 自己的态度或打算。

例如：我的业余生活。

1. 是什么（是谁或什么样的）?

每个人都有不同的爱好和业余生活，我觉得自己的业余生活是很丰富多彩的。

2. 表现在哪几个方面？

业余生活，既有运动、吃美食等放松自己的安排，也有阅读、练书法等提升自己的安排。

3. 每个方面是怎么样的？

很多时候，我会在业余时间去打篮球/看书/出去旅游。我觉得打篮球有很多好处……

除了打篮球之外，我还喜欢听音乐/练书法…我最喜欢听……，让我……

4. 自己的态度或打算。

丰富的业余生活给我带来了……，今后我想再多培养一些兴趣爱好，让生活更加……

（三）议论评说类

10. 谈谈卫生与健康
13. 学习普通话的体会
14. 谈谈服饰
17. 谈谈科技发展与社会生活
21. 谈谈美食
24. 谈谈社会公德或职业道德
25. 谈谈个人修养
28. 谈谈对环境保护的认识

议论评说类话题思路：

这类话题需要比较缜密的思维和更强的概括能力。

1. 是什么（提出自己的观点）？
2. 为什么（归纳出几条理由）？
3. 举例子（每条理由后后分别举）。
4. 怎么办（提出建议）。

例如：谈谈卫生与健康

1. 是什么（提出自己的观点）？

俗话说身体是革命的本钱，它告诉我们健康是多么重要。我觉得要想拥有健康的体魄，良好的卫生习惯必不可少。

2. 为什么（归纳出几条理由）？

卫生和健康是相辅相成的，只有拥有良好的卫生习惯才能塑造健康的体魄，有了健康的体魄才能去践行良好的卫生习惯……

3. 举例子（每条理由后后分别举）。

首先，注意饮食卫生，可以……

其次，注意环境卫生，可以……

4. 怎么办（提出建议）？

怎么注意饮食卫生呢？我们可以……

注意环境卫生需要从……做起，……

三、说话测试技巧

我们谈谈在准备比较充分，进入测试后可以掌握的技巧。

1. 先要控制好情绪，进入状态以后就要使自己放松下来，做法可以是自然地做几次深呼吸，眼睛向远处平视。

2. 测试开始了，语速一定要放慢。一句一句有条理地说，不要赶时间。语速放慢是一个最好的办法。它可以使你大脑留出空间来，一边说，一边想原来准备的下一句该怎么说。当你慢下来一句连着一句地说，说话中间的停顿就可以恰到好处，听起来有一种连贯的感觉。语速放慢还可以给你留出空间来注意自己的发音，该读前鼻音的，尽量往前靠一靠；该读后鼻音的读到位，这样可以使自己的语音发得更完整些。另外，语速放慢可以使你的"说话"内容大大减少，这样错误率也就相应地减少了。

3. 不要背诵稿子。稿子是考试的准备，但不需要我们机械地背诵，而应在应试过程中，以稿子为基础，灵活多变地展现自己的说话水平。

4. 避免简单重复。应试过程中，常常出现因为紧张而一直重复语句的现象，或是准备的稿子不够丰富，简单重复着已有的观点和表达，这都是需要我们去注意和克服的。

5. 避免口头禅

说话过程中，应尽量避免使用口头禅，例如：嗯……嗯……，呀……呀……，啊……，这个……，那个……，后来……，反正……是吗，对吧，就是说……，基本上，当然啦，本来嘛……，等等。

四、分类说话训练范文

（一）记叙描述类

我的愿望（或理想）

人是要有愿望（理想）的。人没了愿望（理想），就像发动机没有了动力；人没愿望（理想），就像植物缺少了阳光雨露。人在社会上扮演了多重角色，有着多重的愿望（理想）。我是一位青年，我渴求进步；我是一位子女，我期望父母健康长寿；我是一名学生，我希望自己早日成为栋梁。我有太多太多的愿望（理想），在这儿我要说说其中的一个愿望（理想），想当老师的愿望。

"师者，传道授业解惑也。"师者，既要教书育人，又要教学相长；既要传授知识，又要培养能力。要做好教师，可谓责任重大。自从读书以来，我一直有个美好的愿望（理想）：长大了，要像我敬佩的老师们那样，做一名学生的"良师益友"。十多年来我一直在努力，但仍然觉得现实与愿望（理想）还有一段差距。要缩短差距，必须做好以下努力。

1. 热爱教育，注重情感。我认为教学是师生双向的活动，任何一方未做好，都有可能导致教学的失败。一位教育家说，"爱可以弥补天生的缺陷"，"情可以使寒冷的冬天变得春天般的温暖"。这充满哲理的话语，的确可以启迪许多人的心扉。只要真诚地热爱教育、关心学生，我想对教育的辛勤付出就不会没有回报。

2. 与时俱进，终身学习。教师决不能满足现状，要随时学习，及时调整知识结构，以免知识老化。现代是知识经济、信息革命的时代，你若跟不上时代的步伐，定将是社会历史的淘汰者。

3. 塑造形象，为人表率。教师的形象直接或间接地影响着学生的言行举止，甚至会影响他一生的理想和信念。教师应时时处处养成良好的师德规范，无论是言行举止，还是衣着打扮，都要体现新时代教师的精神风貌。给学生和他人留下美好的印象。

以上三点，若能做好，我想，要做一个"良师益友"的愿望就会更快现实。

我最爱的人

我最爱的人是妈妈。妈妈是我的第一个老师。记得我第一次写作文的时候，我不知道如何下笔，是妈妈带我走出家门，来到野外，走到田边，让我写看到的、听到的、想到的。每逢星期日，妈妈就会带我去公园，观察景物和动物的特点；回到家，妈妈让我把观察到的事物写下来。就这样，在妈妈的精心呵护下，我像一只学飞的小鸟，羽毛一天天丰满了。

每当我写完作文，妈妈总是我的第一个读者，读完后，她总会夸我几句。即使我的词句写错了，妈妈也会和蔼地说："如果这句话这样写就更好了。"我总是做着鬼脸把错误改正过来，感觉轻松又愉快。

在妈妈的鼓励和认可下，我蹒跚走出了写作的第一步。我是那样的高兴，那样的自豪！

妈妈也是我最知心的朋友。我有什么事都会跟妈妈说，因为我不用担心会受到指责。当我苦恼的时候，妈妈毫不吝啬地为我解忧；当我迷茫的时候，妈妈给我指明方向；当我垂头丧气的时候，妈妈会为我鼓气加油；当我失败的时候，妈妈给我信心和勇气。

妈妈是一种神奇的力量，让我健康快乐地成长。妈妈，我爱你，我要告诉全世界：妈妈，我最爱你！

童年的记忆

每当看着活泼可爱、天真无邪的小孩从我身边蹦蹦跳跳经过时，总会勾起我对童年往事的回忆。我的童年快乐而又幸福。那时候的我和许多土生土长的乡下孩子一样，是那么的贪玩、调皮和捣蛋。捉迷藏、做家家、上山采蘑菇、爬树掏鸟窝、下河摸鱼虾……这些可都是我们最喜欢玩的事。特别是下河捉鱼，这是我们最拿手的本领。一有空，我们就呼朋引伴向村边的那条小河奔去。大伙跑到河边时，连小裤管也顾不上挽起来，就争先恐后地纷纷跳进河里。那条小河严格来讲根本不是河，只是两块水田之间宽约一米的小水沟吧！水也不深，只没到膝盖。小河水清澈见底，可以看到一小群一小群的小鱼游来游去。我们下水后，就在水里跑来跑去，小脚丫拍打着水面，"扑通扑通"的，水花乱溅，我们乐得哈哈大笑。不久，原来清澈的水已被我们搞得浑浊不清，甚至连水底的淤泥也翻上来了。这样一来，那些原本逍遥自在游玩的小鱼就会被迫把头浮出水面呼吸，而我们呢，一看到那些小鱼就飞快地把它们从水中捧起来，放进事先就准备好的盛有水的小塑料桶里。这些可怜却又可爱的鱼儿只能乖乖地在桶里游来游去了。每一次，我们都是采用这种方法，先把鱼儿搞得晕头转向，再来个浑水摸鱼，几乎每次都满载而归。但回到家总免不了挨大人一顿责骂，为什么呢？因为每次捉鱼回来，我们总搞得浑身上下湿漉漉的，衣服上、脸上甚至头发上都沾上泥浆，活像一个小泥人。小时候经常会挨大人责骂，但这丝毫没有挫伤我们去玩的积极性。因为小孩贪玩和顽皮的天性已占据了我们幼小的心灵。那条小河，成了我记忆中童年的乐园。

回忆总是美好的。虽然属于我的童年已经远去，但童年那段无忧无虑、快乐无比的日子在我的记忆中将永不褪色。童年的往事，依旧散发着迷人的芬芳。

难忘的旅行

每年的国庆节、劳动节，我们一家人都出去旅游。加上父母是教师，每年还有暑假和寒假，出去旅行的机会还是比较多的。但最让我难忘的旅行是有一次和一些大人去探险。

我已记不清那座山的名字，只知道那天天气很冷，又下着雨，不知是哪位叔叔心血来潮，建议大家去登山。大家也就同意了。到了那里，我们在一个叔叔的带领下，直奔我们要去的山，却发现这是一座没有人走的山，或者路不在我们所走的地方。总之，我是糊里糊涂地去登了一座没有路的山。这是我第一次，也是最后一次的探险活动，因为我天生是个胆小鬼，如果一开始知道要做这样的冒险，打死我也不会去的。但到了那里我就没有退路了，只好硬着头皮往上走。起初，还有一点点路的痕迹，但是当我们爬到一定的高度时，就没有什么可以让人放心走的地方了。冷雨落在身上我都没有感觉，因为我所有的注意力已集中在如何往上爬，偶然一回头，我发现自己已经身处半山腰，下面已是悬崖峭壁。我顿时感到头晕目眩，再也不敢往下看了。走到一处，我们发现一个山洞，几个人就挤在山洞里，让一个叔叔先上去。他上去之后，找来一些藤条，放下来拉我们，我们就这样一个一个地被拉上去。正在这时，有个阿姨的手机却不合时宜地响了起来，大家都被吓了一跳。后来，我们听到了几声鸡叫声，知道山顶上有人家，心里稍微地放松了一些。于是，我们就让我爸爸和一个叔叔先上去问路，后来他们带来了一个山里人和一根非常粗大的绳子，我们就这样一个个被拉了上去。

这样的经历真是难忘，我想以后无论去哪里旅行，都必须事先做好计划，备好急救用品，也不能随意前往不熟悉的地区探险。

我的朋友

我常常觉得网络是个奇怪的东西，将一个个素未谋面的人连接起来。从相识到相知，虽然彼此远隔着万水千山，可这山、水怎能阻挡友谊之手的紧握？这不由使我感到了网络的真诚。

记得上网时，最初的签名是"用真心换你的笑容"，那时我是以一颗真诚之心从现实走上了网络，我忽略了那是一个虚幻的世界，忽视了一个个陌生的网名背后也许仅是一个虚假的面具。我以真诚之心面对着每一个人，可在受伤之时我方知网络的虚情所在，觉得网络是无情之物，将我的真诚抛于网络之外。可在我正伤感于网络的无情时，我遇到了以真心相对之人，而真心与真心的碰撞使我们成了朋友，这些朋友是我一次次离开网络而又转回的理由。当学习疲倦时，朋友送来一杯咖啡，虽仅能望图止渴，可朋友的心意已让我感动；当我心中有事时，便急切地与朋友分享，朋友伸出友谊的手，虽然这些都只在无言中进行，但朋友间的友谊就在这无言中散发着芳香；当我忧伤时，于网络中发出一声叹息，朋友的问候便会如期而至，虽然这一声问候仅为网络中的一句话、一个笑脸或手机中传来的一则短信，可这是朋友出自真心的关怀，有时也会使我感动落泪。有时我庆幸自己来到了网络，庆幸自己结交了这些真心的朋友，虽然现如今时断时续地上着网，与他们也非时时刻刻地联系，可我知道在我们彼此的心中都存有一份牵挂……

我的假日生活

上小学的时候，我最盼着放假了，每次放寒、暑假，我都会用几天的时间把整个假期的作业写完，然后就是天天玩。小时候玩的东西很多，比如跳皮筋儿、踢毽子、过家家等，与小朋友们在一起，每天都过得特别有意思。而上了初中，学习生活就开始变得紧张了，假日生活几乎也是在学习，这种紧张的生活一直延续到高考结束的那一刻。而中学六年的生活，也让我体味到了什么叫作充实！转眼间，我已经是研究生一年级的学生了，大学的假日生活是丰富多彩的，相对于中学的学习生活我们有了许多自由的时间。我从小就喜欢读课外书，看一些文学名著，但一直没有充裕的时间，到了大学，我常常去图书馆看书，这也正是我从小就向往的生活。周末，我总会和室友一起去逛街，买一些自己喜欢的东西。还记得大一时，我们都不会节约用钱，每到月末，就会集体吃几天泡面，想起那段日子，我们总是会心一笑。在大学里，除了学习我们必修的专业课，我们还可以把自己喜欢的课程作为我们的选修课，这不仅满足了我们的求知欲，也丰富了我们的假日生活。为了放松一下一周的心情，我常会在周六的晚上和同学一起去参加舞会，在那里，我也认识了许多其他系的学生。在假日里，我还学到了许多有关网络的知识，没事的时候，我喜欢在自己的博客里放一些近期的照片，或是发表一些个人看法、写一些心得，偶尔看看心里总是会开心好久。除了计算机，我还很喜欢英语，现在学校里有个专门为研究生组织的英语角，我经常去参加活动。这不仅让我锻炼了口语，还增长了知识。我非常喜欢现在的假日生活。

我的成长之路

每一个人都有自己的成长之路，每个人的成长都有他们自己的故事。我的成长之路也和大多数的孩子一样是在学习中度过的。有人说，成长是痛苦的，因为它把一个人从天真无邪、无忧无虑的世界，带入了一个充满世俗烦恼、虚伪的世界。对这种说法，我不敢苟同。其实，成长是快乐的，成长，是一个人在人生旅途中自身的演变。它使我的思想更成熟，使我遇事懂得要三思而后行。成长使我更明白事理，能辨别是非，懂得如何在别人有困难的时候施以援手。我认为，成长就是在不同的时候交很多不同的朋友。我的成长之路平凡而简单，从小到大，我有过很多朋友。有的是小学时的玩伴，我们一起玩捉迷藏、过家家、跳房子等很多很多游戏，是他们陪我度过了我生命中最快乐、最纯真的时光；还有的朋友是初中、高中时的同学，我们一起讨论题目，一起面对考试的压力，一起吃饭学习，是他们陪我度过了我生命中最困难却又最富回忆的时光；现在，我又拥有了许多大学的朋友，除了学习、生活，我们还一起参加活动、组织活动，是他们让我体验到团结的力量和组织的活力。当然，我还有许多不同辈的朋友，是他们告诫我生活中应该怎样克服困难，应该怎样为人处事，让我少走了很多弯路。这些朋友陪伴着我成长，让我懂得了很多人生的道理，让我体验到成长的快乐——当然成长的烦恼也是免不了的。成长的过程就像一本书，书中有泪有笑，有愁也有乐，也会有我的理想与憧憬，我会更加努力继续我的成长旅程。

我的家乡

我的家乡西昌市是凉山州的州府，这里气候宜人，四季如春，是个美丽的地方。

春天，温暖的阳光洒满大地，小鸟叽叽喳喳地叫着，山上百花齐放，有迎春花、梨花等，仿佛是花的海洋。树木也吐出了嫩绿的枝叶。夏天，金色的阳光洒满大地，月季花开了，玫瑰花也开了，树木长得葱葱拢拢，像一片绿色的海洋。秋天，许多树叶纷纷飘落，可是西昌满街的小叶榕依然翠绿。果子熟了，有橘子、苹果、橙子等多种水果。冬天，我国北方到处都是雪，西昌却依然天气晴朗、阳光明媚，放眼望去，满山的松树依然翠绿。

家乡的科技美。西昌卫星发射中心是我国三大卫星发射中心之一，中国的"嫦娥一号"就是在这里发射升空的。伴随着祖国航天事业的发展，西昌也会越来越好！家乡的水美。邛海清澈见底，水面倒映着一座座青翠的高山，一条条小船在海面上漂浮荡漾。家乡的人美。每当火把节时，彝族同胞会点燃火把，跳起舞蹈，欢迎四方宾客，带你品尝香气扑鼻的烤肉，为你献上彝家自酿的美酒。

我的家乡是西昌，我在这里等你来！

我向往的地方

曾记得，小时候听外婆讲，她们的家园都是青瓦土墙，院里院外养着鸡、鸭、猪、兔，还有那条看家狗整天叫声汪汪。屋后的高岗上杨柳成荫，岗下留有自己家的一片鱼塘，鱼儿总喜欢游到岸边的树荫下戏水，外婆和四姨常在塘边喂鱼、放羊。大姨和舅舅们在离池塘不远的果园里嫁接希望。赶到秋天收获的季节，爸爸妈妈也都乘车赶到那里日夜奔忙。果熟、鱼肥把一年的辛劳一扫而光，一大家人都把汗水和喜悦堆到了脸上。当我听到外婆讲过之后，会经常梦见那片人间天堂。她激动的述说常留在我的记忆里，那是我多么向往的地方。

前不久，外婆又来给我讲，她们的家园如今变了样，院前开辟了迎宾大道，院后矗立起一栋栋商业楼房。以前的池塘和果园变成了汽车南站，近处的公路早已通向了四面八方。不远处那商店云集的食品城，已把城市和郊区连缀成网。这天翻地覆的巨变呦，把外婆一家人乐得喜泪成行。如今外婆拿着丰厚的养老金，住宅建得更加宽敞明亮，姨舅们也都进了机关和工厂，富裕的生活一天更比一天强。然而，她们都不会忘记那辛勤劳作的过去，更对未来充满崭新的希望。外婆现在的新家园，让我更加朝思暮想。

啊，外婆今日的家园呦，是我向往的地方。外婆明天的家园，是我梦中的天堂。

（二）说明介绍类

我的学习生活

人常说：活到老，学到老。这足以说明学习应该贯穿人的一生。

我是一个热爱学习的人，从来不以学习为苦，因为学习使我增长知识、开阔眼界。学生时代就是以学习为主要任务，而我也总是把学习放在第一位。还记得我中考前夕，爸爸下班回家，买了许多我爱吃的水果，可当时我正在做一套数学模拟试卷，我给自己规定了答题时间，所以当爸爸叫我快去吃水果的时候，我没有去。我告诉爸爸，我要把这套数学题做完才吃水果。说实话，那时的学习的确很辛苦，因为当时的压力是很大的：

上重点高中是有分数限制的,如果中考达不到规定的分数,就要按照差的分数用钱来补齐,叫作"择校费"。而我是一个很要强的孩子,不想让父母为我上学多拿钱,所以当时的我,压力是很大的。爸爸很理解我,也很心疼我,想让我放松一下精神,缓解一下压力,但最后,他还是没有勉强我,只是把洗好的水果放在了我的桌子上,就悄悄地走出了房间。终于,功夫不负有心人,在那年的中考中,我取得了理想的成绩。

我觉得我的学生时代是成功的,学习任务虽然繁重,尤其是在六年的中学期间。但是,对于我来说,学习生活也是非常充实的,在学习中,我不惧怕困难,因为爸爸总是告诉我:办法总比困难多,而真正的困难是没有胆量去面对困难。每一个人都想成为生命的强者,所以每当我在学习中遇到困难,想要退缩的时候,我总会想起爸爸的这句话,在我每一个阶段的学习生活中,这句话一直都在激励着我。

我喜爱的植物

我喜爱文竹,房间的窗台上就有一盆文竹,那是两年前买的。它与其他的文竹没有什么不同,树枝很细,还精致地分着节,随风摇摆。它的叶子像绒毛一样柔软,湿润,翠色欲滴,看上去弱不禁风。但是这个"平凡"的小不点,却用对生的热爱,战胜了死亡,做到了其他的花卉都无法做到的事情。当年买它是因为如果买两盆,价格会便宜许多。我把它放在了阳台上,浇了一点水。它很快适应了阳台,并轻松地舒展起它的羽翼,从害羞走向成熟,它的绿色爬满了我的阳台,缠绕着阳台上复杂的装饰物,留下了一片阴凉。养一盆花,定时浇水是很重要的。当然,每一个星期我都会为它浇水,不过,也有疏忽的一次。一到暑假,人就变懒了,每天的生活就是:睡懒觉,看书,吃饭,看电视,上网……文竹已被我冷落了快一个月。过了好久,我到阳台,傻了眼,昔日茂盛的文竹已奄奄一息。我急忙浇了一点水,等了两个星期,但是可怜的文竹不见一丝好转,我放弃了。那天下午,我在书桌上挥汗如雨时,偶然抬头放松一下快要爆炸的大脑,却瞥见那让我以为早已身赴黄泉的文竹上出现了一丝新绿。我欣喜若狂,忙为它浇了一些水。我又苦苦等了两个星期。终于,我的文竹抛弃了早已枯萎的枝叶,重新长出了茂盛的绿枝,重新把根深深地插在土壤里,吸收着土地的精华。它的复活让我再忙也不敢忘了照料花草,它教会了我要热爱生命,保护生命。

我的文竹,它终日为我的房间添加色彩,它早已融入我的房间,我的世界。

我喜爱的职业

我喜欢的职业是教师。为什么我喜欢教师这个职业呢?主要有两个原因:第一个原因是我初中的一位教师,她是我初中三年的班主任李老师。她对工作非常热爱,对学生也很关心。记得有一次,她生病了,可是为了不影响我们的学习,她坚持带病上课。在课堂上,她不停地咳嗽,脸色苍白,我们都叫她停下来休息,可是她摇摇头说,不能因为自己的病情而耽误了我们学习的进度。这样的事情还有很多,她就是这样的无私贡献。我敬佩她这样的精神,也就是在那时我立志当一名教师,当一名像李老师这样的教师。

第二个原因是我喜欢做教师的时间安排。比如说教师一年有寒假和暑假两个长假,每星期又有两天的休息日,这样我就可以有更多的时间去做我自己想做的事情,有更多的时间学习,有更多的时间陪我的家人。如果我真的站在讲台上的话,我一定会做好这份自己喜欢的职业。第一,我会备好课,并且上好每一节课。教师的主要工作就是教学,所以我会耐心地向我的学生讲解,直到他们明白为止。第二,我会关心他们的学习,关心他们的生活。课后,我会帮助那些成绩不好的学生复习功课,帮助他们把成绩提上去。除了学习,我还会关心他们的生活,我会主动找他们谈心聊天,帮助他们解决难题。第三,我会对每一个学生一视同仁。我不会以成绩的好坏来评价学生。第四,我会说话算话。答应学生的事情我会尽一切努力去做好。我知道要当一名教师是很难的,当一名优秀的教师更是难上加难。不过我相信凭着我的热情和努力,一定可以做好这份工作。

我喜爱的歌舞艺术形式

流行于凉山彝族自治州布拖县的"朵洛荷",是阿都语系彝族人传统的歌舞形式。

音乐上,朵洛荷是世代相传的歌曲,它是彝族姑娘们的专长和信仰。从歌词内容上看,它大致包含了世间万事万物的起源、历史人物、神话故事、社会制度等。歌词除固定的唱词外,大多由领唱者即兴创作,曲调颇多,风格各异,内容丰富,唱腔优美。每种唱腔都有其固定曲调,形式上通常以乐段的结构来陈述主题,有独唱、合唱,也有对唱,如今多数为一人领唱,众人跟唱。

舞蹈上,朵洛荷是一种古老的女子集体舞蹈形式。姑娘们穿着艳丽的服装聚集到宽阔的草地上,围成一个个大小不一的圆圈,或手拉手,或互相牵着头巾,打着黄伞,踩着细腻而富有韵味的舞步,这就是传统的朵洛荷舞了。舞步一般分自由散拍和固定拍子两种。自由拍子比较抒情,按情绪的变化而即兴跳走;而固定拍子以两拍子居多,跟随领唱者的节奏,左右脚跟随重强弱拍不断交替进行,既而踩出一个圆圈来。

朵洛荷出现在极遥远的年代,它伴随着彝族祖祖辈辈的脚步,伴随着火的内涵的日益丰富而走到了今天,它本身也成了彝人与火的关系史的伴随物,是极为珍贵的彝族非物质文化遗产。

我的业余生活

我的兴趣爱好很多,尤其喜欢读书与写作。在书中可以找到现实生活中的答案,可以看到人间的欢乐与悲苦,可以窥测人的崇高与卑劣。所以,我爱书。写作,是一种很好的锻炼思维的方式,也是一个提升思想的过程。于是我闲暇时就会写上一点随感、读后感。我喜欢上网,因为网络世界,资源丰富,无奇不有。我利用网络查找学习资料,并且学到很多电脑知识。作为 21 世纪的主人,运用现代化的信息技术来驾驭这个世界应该是我们的目标,在业余生活中,网络已占去了我三分之一的时间。它丰富了我的生活,开阔了我的视野。除此,我还喜欢种花。家里种活的几盆花全归功于我。别人说一朵美丽的花,要用心的浇灌,我认为这句话并不全对,因为我最喜欢的太阳花就不必精心浇灌，却照样能开出美丽的花来。初种太阳花，只需把苗种植在盆内，浇上一点水，其他的可以不用操心，因为无论天气怎样干旱，它都不会向死神屈服。而太阳花结籽，也不必收藏，它自己会落在盆内的土壤中。等到第二年春天，自会破土而出。由此，周而复始，它的生命之火就会永不熄灭。

这就是我丰富多彩的业余生活。

我喜欢的季节

一年四季，春夏秋冬，各有人爱。我最喜欢的季节是冬季。有人说冬天太冷，会冻伤人的心灵；有人说冬天太静，会压抑人的心情；也有人说冬天太冷酷，会扼制生命的激情。我要说：请你专心去感受一下冬天，冬天也具有情趣和意趣，并非无聊与冷酷。她虽然冷，但却不乏热情；她虽然静，却不那么沉默；她虽然冷酷，却也有温馨。

一种事物给人的感受总是多重性的，我看到了冬天的另一面。当你看到冬季里那静静钻出的小草，当你看到冬季里傲然的蜡梅，看到冬季里那玩雪溜冰的孩子们，你会觉得冬季给予了我们一个完全不同的世界，她是那么的和谐，那么的奇妙。她会让你脱离尘世的一切烦恼——虽然少了一份姹紫嫣红；她会让你静静地思考一些平时不愿思考的东西——虽然失去了一些灯红酒绿；她会让你去面对一些平日里不想面对的东西——虽然少了一份愉悦。

当太阳在浓雾中缓缓升起，雾变得稀薄，麦苗上的浓霜也不见了踪影，只留下一颗颗泛着光线的水珠。你不觉得冬天很可爱吗？冬天，是那么的美，那么的静。她无时无刻不在用自己的生命来培养着你，滋润着你。她无时无刻不在向你倾诉着她对生命的理解。我敢保证，只要你专心去感受，专心去倾听，你会越来越喜欢她。

我知道的风俗

彝族婚假风俗中有一个环节是接亲。接亲，也就是结婚仪式。凉山彝族结婚仪式一般在冬天农闲时举行，分为女方男方两处举行，各有重点。第一天是在女方家庭举行，主要目的等男方迎新队伍，并宴请女方亲属和四邻。男方迎亲队伍都是新郎家属，新郎本人和新郎父亲不得参加。迎亲队伍来了之后，往往要经受种种考验，女方家族的年轻女子会用棍棒击打男方迎亲队伍（有些是真的打得很厉害），给男方队员脸上抹锅底灰、泼冰水等。男方不得反抗，可以逃散，但是最终目的是要把新娘背出闺房。

女方的活动包括梳洗新娘，唱哭嫁歌，当然还包括"殴打"男方队伍。第二天在男方家，迎亲队伍把新娘接到，女方再派出送亲队伍，一同将新娘护送到男方家。送到男方家时，新娘一般不会立刻进男方家，而是在男方家门外搭一个草棚或帐篷，新娘一直盖着盖头坐在里面。男方则要现场给新娘家的送亲人员种种礼金，包括舅舅钱、叔伯钱、姑娘钱等，意思是慰劳女方送亲队伍。然后就是通宵达旦的各种娱乐活动和宴饮。新娘一般要到深夜才从帐篷中起身，由姑娘们护送到卧室休息。有些地区，连卧室都不能进，只能在指定房间坐一晚。这个过程中，新郎和新娘一定不能相见。

传统上，婚礼全程新娘都不能离开指定位置，所以不能上厕所，因而形成了新婚要断食的习俗。现代彝族婚礼中，新娘也会象征性地断食，或者在婚礼过程中偷偷吃一些巧克力等高能量食物。

时代在发展，风俗在改变，但是传统风俗所展示的彝族人对美好生活的向往永远不变。

我和体育

说实在的，我从小就不怎么喜欢体育。上学时，我各科成绩都不错，唯独体育成绩一直在及格线上挣扎。我最不喜欢上的就是体育课，偏偏学校提出"德智体全面发展"的口号，体育不及格还不能当"三好学生"。所以，我为此付出了很多辛劳。我不胖，体质也不算弱。但不知道为什么体育就不能达到优秀。最怕跳高与长跑了，仰卧起坐相对而言好些，但也只是达标。我打心底里羡慕那些轻而易举在体育方面拿高分的人！我知道他们努力过，但我付出的也不比他们少，甚至比他们还多，可成效却微乎其微啊。

尽管如此，体育还是给我带来了许多乐趣。初一时我被老师选上参加篮球比赛，记得那次比赛我们班还赢了呢！假如不是因为怕耽误学习，我就继续练下去了。后来我迷上了乒乓球，还参加了课外乒乓球爱好小组。一番折腾下来，还算小有成就，能打两下子了。现在觉得羽毛球不错，有时去打打，技术有点进步。去年又因为世界杯，对足球大有好感。开始爱看球赛，弄清了"角球""越位"等一些术语，并有点后悔上学时怎么没学练足球。最近，我经常早起晨练，我深深地知道，没有一个健康的身体，什么都做不成。体育锻炼是很重要的。

这就是我和体育，苦恼并快乐着。

我喜欢的节日

火把节是中国四川省凉山彝族自治州传统的彝族节日。这个节日通常在每年的农历六月二十四日，是彝族人民除彝族年外最隆重的一个节日。

关于火把节的由来，广为流传的是这个故事：很早以前，天上有个大力士叫斯惹阿比，地上有个大力士叫阿体拉巴。有一天，斯惹阿比要和阿体拉巴比赛摔跤，可是阿体拉巴有急事要外出，临走时，他请母亲用一盘铁饼招待斯惹阿比。斯惹阿比认为阿体拉巴既然以铁饼为饭食，力气一定很大，便赶紧离开了。阿体拉巴回来后，听母亲说斯惹阿比刚刚离去，便追了上去，要和他进行摔跤比赛，结果斯惹阿比被摔死了。天神恩梯古兹知道了此事，大为震怒，派了大批蝗虫来吃地上的庄稼。阿体拉巴便在旧历六月二十四那一晚，砍来许多松树枝、野蒿枝扎成火把，率领人们点燃火把，到田里去烧虫。从此，彝族人民便把这天定为火把节。

在节日当天，人们会点燃火把，穿着传统服装，围着篝火堆跳舞、唱歌。火把通常是由干柴和松脂制成的，非常明亮，火光照亮了整个夜空。人们还会进行各种体育比赛，例如马球比赛、摔跤比赛等。

火把节是彝族人民传统文化的重要组成部分，我喜欢火把节，喜欢浩瀚丰富的彝族传统文化！

我所在的集体

我所在的班集体是一个充满活力、团结互助、温暖快乐的大家庭。我们班同学大多数来自农村，一样的装束，一样的朴素，一样的乡村风俗，使得我们在一起相处得很融洽。我们没有高贵贫贱之分，有的只是平等和互助友爱。我们的班集体是团结的，学校每学期都分年级开展体育比赛活动，有篮球赛、排球赛、足球赛、羽毛球赛等。无论是哪项比赛，只要有我们班参加的，都会看到我们班男女同学在赛场旁观看，做啦啦队，队员们出来休息时，马上会有同学递上一杯矿泉水和擦汗的毛巾。场外同学的团结一致鼓舞了赛场里的队员们，每次比赛，我们班的男女队总会获得奖状。男同学还多次得了篮球赛的冠军。当然，比赛的胜利很大程度上取决于队员们的球技，但如果不能团结一致，赛场内的队员们互不配合，能得到胜利的结果吗？所以，班集团结的力量是巨大的，而我们班的团结友好是取得每次胜利的一个保障。团结、和谐、友爱的班级风气，还让每位同学的心里都感到踏实、温暖，哪位同学有自己不能解决的问题，他（她）首先想到的是班集体，找同学们帮助解决。哪位同学有了困难，首先向他（她）伸出支持之手的是我们班的同学。哪位同学的成绩落后了，班里的同学就组织大家帮他（她）把学习赶上。总之，我们班是一个充满活力，团结、互爱、互助、温暖快乐的大家庭。我爱我们的这个大集体。

我最喜欢的明星

我最喜欢的明星是著名节目主持人杨澜。我喜欢她，因为她是一位敢于挑战自我的女强人。杨澜毕业于北京外国语大学英文系，曾担任中央电视台《正大综艺》节目的主持人，她那出色的口才和充满魅力的人格形象受到了全国观众的一致喜爱，并因此获得了中国首届主持人"金话筒奖"，她的事业就是从这时起一步一步走向成功的。我是从她后来主持的《天下女人》的节目中开始认识她的。《天下女人》节目是一个专门诉说经历过坎坷曲折的成功女性的故事的节目，这个节目道出了女人的心声，鼓励着新时代的女性要勇敢地追求自己的事业。在奥地利维也纳举办的宋祖英音乐会上，我再一次领略到了杨澜的风采。当时是她与另外一名外国主持同台主持这场音乐会，她那流利标准的英文让我惊叹不已。此外，听说她还是一位叱咤风云的女商人。一个方方面面都如此成功出色的女强人，怎能不受人崇拜和喜爱呢？记得著名作家冰心曾说过，"成功的花，人们只惊羡她现时的明艳，然而当初她的芽儿，浸透了奋斗的泪泉，洒遍了牺牲的血雨"。是的，成功的鲜花固然令人羡慕，不过这成功的背后所付出的一切却鲜为人知。从中我悟出了一个道理：不要只羡慕别人的成功，只要自己肯努力付出，成功的鲜花也一样会属于你。

我喜爱的书刊

我最喜欢的一本书是美国作家J.D.塞林格所著的《麦田里的守望者》。作者创造了一种新颖的艺术风格，通过第一人称以青少年的说话口吻叙述全书，用现实主义笔触生动而细致地描绘了一个中产阶级子弟苦闷、彷徨的精神世界，真实地揭露了资本主义社会精神文明的实质。主人公生活的那个时代被史学家称为"懦弱的五十年代"，人民的精神生活贫乏、空虚。本书的主人公是当代美国文学中最早的反英雄形象之一，他的性格较为复杂，有受当时资本主义社会耳濡目染的丑恶一面，但也有反抗现实、追求理想的纯洁一面。

这本书真正值得赞扬的还有它在艺术上的特色。书中的心理描写细致入微，可以说开了当代美国文学中心理现实主义的先河。作者以犀利的洞察解剖青少年的复杂心理，透过现象观察精神实质，栩栩如生地描绘了主人公精神世界的各个方面，既揭示了他受环境影响颓废、没落的一面，也写出了他纯朴、敏感、善良的一面，他不是想要当麦田里的守望者吗？这证明他有一种极其可贵的"救救孩子"的想法。

看过这本书后，想想我国的青少年生长在社会主义祖国，受到党、团的亲切关怀，既有崇高的共产主义理想，又有丰富多彩、朝气蓬勃的精神生活，是多么的幸福啊。

购物的感受

通过日常生活中的种种购物，我觉得，购物也是一种本领，也需要学习，只有学会购物，才会在购物的过程中避免上当受骗，才会买到价廉物美的东西。这是我最深刻的购物感受。购物是什么？购物就是买东西。柴米油盐、衣食住行，哪一样不需要购物，作为购物大军中的一员，我们要注意的有很多。如果买食品的话，要注意商品的质量，看它是否过期，是否有添加化学物质，最好是有绿色食品的标志。还有，我感觉现在东西的价格越来越贵，而质量却没有相应地提高，这不得不使我寻找其他购物方式，网上购物应该就是这样出现的吧。但是网上购物时，你都不知道你买的东西质量到底是怎么样。还有就是现在很多衣服都在打折，但销售商往往都是在提高了原价的基础上再打点折，对于这些，我们都必须清清楚楚，不然自己吃亏了还在那边得意，以为自己占了便宜。

此外，我认为，我们都是经常购物的人，但真正会购物的人并不多。很多人都是买名牌，盲目跟从主流；有些人是看到便宜就买，也不管是否适用。我们应该要学会科学购物。把钱用在点子上，花最少的钱办最多的事，有计划地购物，不攀比，不盲从。比如，看到有减价的商品，一定要看是不是自己需要的，如果不是的话，就是再便宜也不要买。根据自己的实际需要适度消费，不要盲目从众和攀比，量力而行，量入为出。

盲目从众就是看到别人都买的东西，自己也随大流去购买，而买的东西往往并不需要。别人说好的东西，别人都买的东西，有时也并不见得好，即使这些东西比较好，也不一定符合你自己的需要，所以买东西要有自己的主见、有计划，保持头脑冷静，避免盲目。总之，我们应该擦亮眼睛，学做一名理智的消费者。

（三）议论评说类

谈谈卫生与健康

卫生与健康是紧密相关的，讲卫生是拥有健康身体的前提。人们常说病从口入，而一旦生病就必然影响人的身体健康，所以我们一定要保证进入我们口中的食物的卫生清洁，比如，蔬菜水果要清洗干净，餐具要做好消毒处理。如果我们忽视了生活中的一些细节，往往也会因不卫生而导致身体的不适。目前，一些蔬菜水果为了防止生虫而喷洒了化学药品，所以我们在食用前一定要用清水先浸泡一会再清洗，使用菜板时要先切蔬菜类，再切禽肉类，做好食物的清洁是保证我们拥有健康身体的大前提。我们生活环境的卫生也要注意。在家庭中要做好个人的卫生，养成良好的卫生习惯，做到饭前洗手，饭后漱口，勤洗澡，勤换衣；做好个人家庭的卫生清洁，保持居住空间的空气流通清新。大到整个社会环境，做好绿化，做好环境保护，从每个人健康的角度来讲，这也是不容忽视的问题，所以保护环境卫生其实也是在保护着我们个人的身体健康。良好的卫生习惯不是抽象的概念，而是表现为一点一滴的生活小事。比如：要保持个人清洁卫生，衣服要勤换洗，勤洗澡，勤剪指甲；饭前便后要洗手；经常打扫环境卫生；适当参加体育锻炼，增强身体免疫力。我想，这些理论上的知识在我们读小学的时候，老师和家长们就曾经教育过我们。关键是我们得时刻提醒自己，养成非常良好的生活习惯。在这里，我想到了 2003 年禽流感在我国流行那段时间，人们都说不注意个人卫生也会增加感染病毒的可能性，那时我上初中，我们每个人的手中都自备一块香皂，几乎每节课下课都去水房洗手。后来禽流感慢慢消退之后，我们那时养成的勤洗手的习惯也就渐渐地被淡忘了，甚至午饭前也难得洗一回手。为什么非得等到疾病来的时候我们才会注意个人卫生呢？我们需要在平时就养成良好的卫生习惯。疾病是造成人过早死亡的主要原因，人的一生，时刻受到疾病的困扰，要想拥有一个健康的身体，要想健康快乐的生活，就必须讲卫生。所以，你如果想拥有健康的身体，就必须讲究卫生。

学习普通话的体会

我们训练普通话差不多也有半个月了，这段时间我学到了许多真正的知识。读了十几年的书，我的语文成绩一直很好，所以我认为我的普通话还是不错的。但通过几天的课程，我发现自己的普通话存在很大的问题，在读书的时候都没有注意到。因此，我决定加倍努力学习普通话。这一段时间，我每天雷打不动的两个小时就是听我们要考的文章，不仅要听而且还要跟着读，这样才有效。比如，有的字既是翘舌音又是后鼻音，这时我就很难读清楚。没办法，只能读慢一点，把每个音都发准、发满，这样重复读，就能读好。虽然这样我的舌头有点儿不舒服，但想到可以提高普通话水平，这点儿累又算得了什么呢？不仅如此，我还常常利用在寝室的时间，拿着材料读给那些发音比我标准的舍友听，让他们一个字一个词语的给我纠正过来，直至把一篇文章读得准确无误。开始时我一篇文章读起来要错很多，经过一星期的训练，我的普通话终于有点儿起色了，我感到很开心。练习了这么长时间的普通话，我的普通话不仅标准了许多，我的打字速度也加快了。自从知道了学习普通话的好处之后，我就越来越喜欢练习它了。有时读别的文章的时候，还时常通过翻字典来纠正发音。在以后的训练中我还会经常这么做，这不仅仅是为了纠正字音，还可以在学习普通话的过程中寻找乐趣，让我真正领悟到学普通话的好处。

谈谈服饰

俗话说，人靠衣装马靠鞍，服饰对人们是很重要的。大街上的人们穿着各不相同，各有各的特色和美，每个人都会根据自己的个性特点和气质风格来选择适合自己的服饰。这也真的是一门学问，只有在不同的场合穿着最适合的服饰，穿最适合自己个性的服饰，才会给人以和谐的美感。

我认为，对于服饰，每个人都有自己的看法，而随着年龄的增长，我们对服饰的看法也会随之改变。爱美之心，人皆有之，我也一样。上小学时，我不怎么会打扮自己，妈妈给我买什么衣服，我就穿什么样的，只要是新衣服，我都挺喜欢的。小时候就盼着过年，因为一到过年，自己就能穿新衣服啦。小时候要是参加什么活动，妈妈总会在我的脑门儿上点个小红点，那时觉得很漂亮。

后来上了中学，我对于服饰有了自己的看法，一般都是我和妈妈一起去逛街，我会自己选择衣服的款式，总会选那些上面带许多图案的衣服，觉得很可爱，很漂亮！而妈妈主要负责查看衣服的价格与质量。

上了大学，少了父母的陪伴，自己对服饰的看法已经完全独立了。不过，这两年来，我对于服饰的看法也发生了相当大的改变。现在看着大一时自己买的那些衣服，自己往往都不喜欢了。

目前，我还是比较倾向于学生装，我不喜欢太过成熟的装扮。我觉得学生时代是一生中最美好的日子。我认为，保持一个乐观向上的心态尤为重要，穿着打扮要体现气质，有些人虽然穿着一身漂亮的衣装，可脸上却是一副无精打采或心事重重的样子，走起路也没点儿精神，那样将会破坏整体的美感。衣装要与心情、气质相配合，不要只重衣服而没有了气质。总的来说，人无论穿得多么漂亮，打扮得多么花枝招展，这些都只是起到陪衬的作用，最重要的是人本身的自然美和内在美。

谈谈科技发展与社会生活

不知道大家有没有发觉，科技的发展已经深深地影响了我们的生活。进入了二十一世纪后，科技就不断地影响着我们的生活，计算机网络技术、电子信息技术都在飞速发展。手机、电脑几乎成为这个时代的标配。

在这个科技融入生活的社会，我们享受了便利，享受了舒适，没有科技与生活的相容也就没有我们今天的幸福生活。以前，人们穿的衣服质量一般，颜色单一，而现在我们的衣服品种多样，质量也很好。现在，最能体现科技与生活相融的还是在交通和通信方面。中国的科技进步正在影响世界，向世界传播中国理念、中国知识。

疫情出现后，中国的学生靠网课学习，相隔万里的亲人靠手机相互探望，全国人民依靠网络向"战役"前线的医护人员发出鼓励……可以说这场没有硝烟的战争的胜利很大程度上都是依靠着科学技术的进步。

近年来，中国的科技在不断地发展，中国的军事力量也在不断地壮大。科技不仅给我们的生活带来了好处，同时也带来了危害。

我们要利用好科技，用科技造福生活，但也要用生活检验科技。科技和生活是紧密相连的，生活是科技最好的试验品。科技推动社会发展，生活为科技提供发展方向，两者相辅相成，我们的生活也定会因科技的进步而更加精彩。

谈谈美食

坨坨肉是凉山彝族自治州最有名的菜品，也是彝族人民招待远来贵宾，宴请亲朋好友必不可少的一道菜。坨坨肉因其每一块肉的重量均在二三两上下，成"坨"状，故名。彝家人吃肉常以吃大块肉为快，有一句话叫"大块吃肉，大碗喝酒"，从中可以看出彝家人的豪爽畅快。

制作坨坨肉所选用的是粮食猪的猪肉。这种猪的肉质鲜美，软糯，吃上去香而不腻。把猪肉砍成长宽5厘米左右的块状，在大锅里掺入大半锅的清水，再把砍好的肉放入锅中。用旺火煮，煮的过程中火候非常重要。旺火要一直保持着，绝对不能变小。待闻到浓浓的肉香时，在旺火下再煮3~5分钟即可将肉捞出。将捞出的肉放入容器中，撒上蒜末、盐和辣椒面拌匀，坨坨肉就做好了。

坨坨肉配上彝家人特有的酸菜汤，那才是真正的人间美味。将彝族干酸菜放入煮坨坨肉的肉汤中，待闻到酸菜的酸味时酸菜汤就做好了。整个过程非常简单，3分钟左右就可以做好了。酸菜汤不仅使人的食欲大开，还可以帮助消解坨坨肉的油腻，让你愉快地享受美味。

如果你有机会来凉山的话，一定要品尝坨坨肉和酸菜汤，你一定会喜欢这样香糯无比、肥而不腻的坨坨肉和生津可口的酸菜汤的。

谈谈个人修养

气质高雅是一种个人修养的境界，让自己的风格通过得体的穿着、和谐的色彩搭配、高雅的行为举止而营造出一种浑然一体的和谐感。若能学会宽以待人，严以律己，对生活坦然开朗，高雅的气质就会油然而生。提高自身的修养是非常重要的。也许有的人要说，我长得不美怎么办？俊朗的外表、姣好的面容是父母给的。容貌美丽固然是我们都很欣的，但优雅礼貌的行为则是后天学习获得的。许多时候，后天的获得可以弥补先天的不足，使我们可以在普通人中脱颖而出。这就是个人的修养了。

学习可以使人获得修养。学习的最好方法就是读书。书可以让人们的生活丰富，也可以改变人们的思想。阅读一本好书，胜过一个优秀的辅导老师。喜欢看书的人，一定是沉静且有着很好的心态的人。书是全世界的营养品，喜欢看书的人，一定是出口成章且优雅知性的人。认真地阅读，可以让心情平静，书籍里暗藏着很大的乐趣，当遇到一本自己感兴趣的书时，你会发现心情是愉悦的。每一本书里都有着很多智慧，阅读正是汲取这些智慧的方式，相信没有人会喜欢与一个肤浅的人交往。合适的书能够教会人很多哲理，让人学会以一种平和的心态去迎接生活里的痛苦或快乐。忍耐与宽容是个人修养的重要组成部分，我们一定要学会爱，学会微笑。爱，使我们温暖，使我们幸福，使我们生活过得更开心、快乐……

谈谈对环境保护的认识

"环境保护"这个词对我们来说并不陌生，因为从小到大我们都一直被教导着要保护环境，不要乱扔垃圾，不随地吐痰，要爱护花草树木。

保护环境人人有责，我们应该从日常生活做起。诞生于20世纪30年代的塑料袋，在给人类提供便捷的同时，也给人类带来了灾害。废弃塑料袋形成的垃圾，数量多，体积大，重量轻，不降解，带来很多社会问题。塑料袋甚至会威胁到动物的生命。我曾看过一些视频，大海里的大白鲨因被人类乱扔的塑料网缠住而死亡；一只鸟因为嘴巴被瓶盖封住而不能觅食，只能无奈地等待死亡。每次看到这些报道我心里都很难受，甚至不忍心看下去。请少用塑料袋吧，去超市时，用环保袋代替；打包饭时，带上自己的饭盒，尽量少点外卖，减少塑料盒的使用。同时，国家也要严格规范塑料制品的生产和审核，塑料产品必须是可降解、达到环保标准的。

如今汽车已经步入许多家庭，成为人们出行的交通工具，给人们带来很多便利，但同时，汽车尾气对环境有一定的污染。现在国家也在提倡人们使用新能源汽车，给予购买者一定的补贴。我们还应该节约用水。我们可以用洗了菜的水浇花，用洗了衣服的水冲厕所，用完水要马上关好水龙头。

我相信，只要是我们都行动起来，环境一定会越来越好。

参考文献

[1] 吴雨虹，艾虹. 四川省普通话水平测试与培训教程［M］. 成都：四川大学出版社，2021.

[2] 张富翠，取比尔莲. 论凉山彝语对普通话习得的负迁移［J］. 四川师范大学学报（社会科学版），2010，37（05）.

[3] 杨玲. 汉、彝语语音系统比较研究［D］. 重庆：西南大学，2014.

[4] 沈良杰. 彝族学生学习普通话时易出现的语音错误及其纠正方法［J］. 西昌师范高等专科学校学报，2002（04）：129－131.

[5] 陈燕. 西昌新派方言声母、韵母的特点［J］. 西昌学院学报（社会科学版），2008（01）：17－19＋29.